AF798658

DROIT ET PHILOSOPHIE À LA LUMIÈRE DE L'*ENCYCLOPÉDIE*

Oxford University Studies in the Enlightenment
– formerly *Studies on Voltaire and the Eighteenth Century* (*SVEC*),
is dedicated to eighteenth-century research.

General editor
Jonathan Mallinson, Trinity College, University of Oxford

Editorial board
Wilda Anderson, Johns Hopkins University
Matthew Bell, King's College London
Marc André Bernier, Université du Québec à Trois-Rivières
Nicholas Cronk, Voltaire Foundation, University of Oxford
Dan Edelstein, Stanford University
Rebecca Haidt, Ohio State University
Colin Jones, Queen Mary, University of London
Mark Ledbury, University of Sydney
Francesca Savoia, University of Pittsburgh
J. B. Shank, University of Minnesota
Céline Spector, Université Bordeaux 3
Joanna Stalnaker, Columbia University
Karen Stolley, Emory University
W. Dean Sutcliffe, University of Auckland
Alexis Tadié, Université de Paris-Sorbonne
Stéphane Van Damme, European University Institute

http://www.voltaire.ox.ac.uk/www_vf/svec/svec_board.ssi

Senior publishing manager
Lyn Roberts

The Voltaire Foundation is a department of the University of Oxford.
It furthers the University's objective of excellence in research,
scholarship and education by publishing worldwide.

Droit et philosophie à la lumière de l'*Encyclopédie*

LUIGI DELIA

VOLTAIRE FOUNDATION
OXFORD

www.voltaire.ox.ac.uk

© 2015 Voltaire Foundation, University of Oxford
ISBN 978 0 7294 1164 6
Oxford University Studies in the Enlightenment 2015:06
ISSN 0435-2866

Voltaire Foundation
99 Banbury Road
Oxford OX2 6JX, UK
www.voltaire.ox.ac.uk

A catalogue record for this book is available from the British Library

The correct style for citing this book is
L. Delia, *Droit et philosophie à la lumière de l'‘Encyclopédie’*, Oxford University Studies in the Enlightenment (Oxford, Voltaire Foundation, 2015)

Cover illustration: *La Conciergerie en 1790,* dessin de Jean-Louis Prieur le Jeune. © Musée de la Conciergerie, Paris.

MIX
Paper from responsible sources
FSC® C013056

FSC® (the Forest Stewardship Council) is an independent organization established to promote responsible management of the world's forests.

This book is printed on acid-free paper

Printed in the UK by TJ International Ltd, Padstow, Cornwall

Oxford University Studies in the Enlightenment

Droit et philosophie à la lumière de l'*Encyclopédie*

Quelle place occupe le droit dans l'*Encyclopédie* de Diderot et de D'Alembert? Quels rapports le mouvement encyclopédique et l'esprit de la *Déclaration des droits* de 1789 entretiennent-ils? Dans cette étude novatrice, Luigi Delia explore les enjeux du droit dans l'entreprise emblématique des Lumières.

Encadrée par la publication de deux ouvrages fondamentaux – *L'Esprit des lois* de Montesquieu (1748) et le *Traité des délits et des peines* de Beccaria (1765) –, l'*Encyclopédie* propose une nouvelle conception de la justice en faisant dialoguer des cultures juridiques différentes, celle des juristes et celle des philosophes. A partir d'articles 'raisonnés' rédigés par la figure émancipatrice du chevalier de Jaucourt, L. Delia met en relief l'esprit de réforme qui souffle sur deux grands sujets de discussion au XVIIIe siècle: la justice naturelle et le droit pénal. Guerre, esclavage, loi, code, sanction, suicide, duel, torture comptent parmi les thèmes de réflexion abordés. L'ouvrage étudie également Beccaria, autre personnalité essentielle du moment; il souligne l'ascendant de ses idées sur Diderot, De Felice, Merlin de Douai, Jacques-Vincent Delacroix, et en examine la réception dans le cercle d'Yverdon et dans l'*Encyclopédie méthodique* de Panckoucke. Ce faisant, L. Delia dresse un tableau des principales polémiques de l'époque suscitées par trois questions majeures: la torture judiciaire, la peine de mort et la condition des détenus, questions qui anticipent à plus d'un titre les débats contemporains sur la justice et les droits de l'homme.

History of ideas / political philosophy / judicial history

Histoire des idées / philosophie politique / historique judiciaire

Table des matières

Illustrations et tableaux

A Nuria e Gabriel, i miei due amori.

Remerciements

Au cours de la rédaction de l'ouvrage j'ai eu la chance d'échanger avec de nombreux collègues et amis de divers horizons disciplinaires. Leurs remarques et suggestions m'ont aidé à combler les lacunes des versions primitives. Qu'il me soit donc permis de dire ma reconnaissance à Philippe Audegean, Bronislaw Baczko, Jean Bart, Pascal Bastien, Bruno Bernardi, Lorenzo Bianchi, Pierre Bodineau, Josiane Boulad-Ayoub, Pierre Caye, Gérard Chazal, Norbert Campagna, Guillaume Coqui, Nicholas Cronk, Denis de Casabianca, Kathleen Hardesty Doig, Clorinda Donato, Jean Ehrard, Domenico Felice, Jérôme Ferrand, Luigi Ferrajoli, Stefano Ferrari, Benoît Garnot, Laurence Giavarini, Thierry Gontier, Miguel Angel Granada, Martine Groult, Pierre Guenancia, Philippe Hoffmann, Girolamo Imbruglia, Dario Ippolito, Kevin Ladd, Maria Laura Lanzillo, Florence Lotterie, Marie Leca-Tsiomis, Jeff Loveland, Francine Markovits, Rolando Minuti, Pierre-François Moreau, Robert Morrissey, Mark Olsen, Irène Passeron, François Pépin, Alain Pons, Michel Porret, Alberto Postigliola, Stéphane Pujol, Paolo Quintili, Gabrielle Radica, Glenn Roe, Martin Rueff, Mariafranca Spallanzani, Céline Spector, Antonio Trampus, Serge Trottein, Frédéric Vengeon et Catherine Volpilhac-Auger.

Ce travail a bénéficié de l'accueil scientifique de nombreux centres de recherche: qu'ils soient remerciés le *Collegio Superiore* et le département de philosophie de l'Université de Bologne, le Centre Georges Chevrier de l'Université de Bourgogne, le département de philosophie de l'Université de Milan, l'Institut d'Etudes Avancées – *Collegium* de Lyon, l'équipe Montesquieu de l'Ecole Normale Supérieure de Lyon, le groupe THETA du Centre Jean Pépin du CNRS, le Laboratoire d'Excellence en 'Histoire et Anthropologie des Savoirs, des Techniques et des Croyances' de l'Ecole Pratique des Hautes Etudes, l'Institut de Recherches Philosophiques de l'Université de Lyon 3 et le Collège International de Philosophie.

La dernière partie de ces recherches a été réalisée grâce au soutien financier du Laboratoire d'Excellence 'Constitution de la Modernité' (ANR-11-LABX-0041) de l'Université de Lyon, dans le cadre du programme 'Investissements d'Avenir' (ANR-11-IDEX-0007) géré par l'Agence Nationale de la Recherche (ANR).

Ouvrage publié avec le soutien financier du Centre Georges Chevrier – UMR CNRS 7366 – de l'Université de Bourgogne.

Tous mes remerciements aussi aux membres des sociétés savantes SFEDS, SISSD et Diderot, pour les échanges fructueux, ainsi qu'aux collègues et amis de l'équipe ARTFL de l'University of Chicago.

Je souhaite exprimer ma vive et profonde gratitude à Madame Ethel Groffier de l'Université McGill, dont la lecture attentive de ce manuscrit m'a permis de l'améliorer considérablement. Elle reconnaîtra ici l'écho de nos échanges. Ce livre est aussi le fruit de ses questions savantes et de ses encouragements bienveillants.

Abréviations

ARTFL	American and French Research on the Treasury of the French Language (online database http:// encyclopedie.uchicago.edu)
CH	De Felice (éd.), *Code de l'humanité, ou la Législation universelle, naturelle, civile et politique, avec l'histoire littéraire des plus grands hommes qui ont contribué à la perfection de ce code* (Yverdon, De Felice, 1778), 13 vols
DP	Cesare Beccaria, *Dei delitti e delle pene, Des délits et des peines*, trad. et éd. Philippe Audegean (Lyon, 2009)
DHS	*Dix-huitième siècle*
EL	Montesquieu, *De l'esprit des lois* (en chiffres romains le livre, en chiffres arabes le chapitre dans les éditions de 1748-1750)
ENC	D'Alembert, Diderot (éd.), *Encyclopédie ou Dictionnaire des sciences, des arts et des métiers, par une société de gens de lettres* (en chiffres romains le volume, en chiffres arabes les pages) (Paris, Briasson, David, Le Breton, Durand, 1751-1772), 28 vols
Ferrière	Claude-Joseph de Ferrière, *Dictionnaire de droit et de pratique* (Paris, Damonneville, 1758), 2 vols
Guyot	Joseph-Nicolas Guyot, *Répertoire universel et raisonné de jurisprudence civile, criminelle, canonique et bénéficiale, ouvrage de plusieurs jurisconsultes* (Paris, Panckoucke, 1775-1783), 64 vols
JEM	*Dictionnaire de jurisprudence* (1782-1789) de l'*Encyclopédie méthodique*, 'par une société de jurisconsultes' (Paris, Liège, Panckoucke, 1782-1789), 8 vols.

MRF	Jacques-Vincent Delacroix, *Des moyens de régénérer la France, et d'accélérer une paix durable avec ses ennemis* (Paris, Buisson, 1797)
OCV	*Œuvres complètes de Voltaire*, éd. Th. Besterman (Genève, Banbury, Oxford, 1968-)
Pensées	Montesquieu, *Mes pensées*, éd. Louis Desgraves (Paris, 1991)
Proust 1995	Jacques Proust, *Diderot et l'Encyclopédie* (1962; Paris, 1995)
RDE	*Recherches sur Diderot et sur l'Encyclopédie*
RF	*Jacques-Vincent Delacroix, Réflexions philosophiques sur l'origine de la civilisation et sur les moyens de remédier à quelques-uns des abus qu'elle entraîne* (Paris, Le Jay, 1778)
SVEC	*Studies on Voltaire and the eighteenth century*
Venturi 1965	Cesare Beccaria, *Dei delitti e delle pene con una raccolta di lettere e documenti relativi alla nascita dell'opera e alla sua fortuna nell'Europa del Settecento* (Turin, 1965), éd. Franco Venturi.

Introduction

> Aucun homme n'a reçu de la nature le droit de commander aux autres. La liberté est un présent du ciel, et chaque individu de la même espèce a le droit d'en jouir aussitôt qu'il jouit de la raison.[1]

Le présent volume se propose d'examiner la question du droit dans l'*Encyclopédie* de Diderot et D'Alembert, pour déterminer la place qu'il occupe au sein de sa complexe architecture et tenter de dégager ses multiples enjeux philosophiques et sociétaux. Bien que les études sur ce monument emblématique de l'âge des Lumières soient légion, il ne semble pas qu'on ait déjà entrepris de l'aborder avec quelque constance sous cet angle.[2]

Les quinze années sur lesquelles le projet encyclopédique s'échelonne (1751-1765), marquées par la publication de deux ouvrages clés – *L'Esprit des lois* de Montesquieu (1748) et *Des délits et des peines* de Beccaria (1764) – représentent, en effet, l'affirmation d'une nouvelle conception de la justice. Ce constat chronologique ainsi que le succès scandaleux remporté par l'*Encyclopédie* en France et au-delà de ses frontières,[3] invitent à croire que l'abondante nomenclature juridique, et les idées réformatrices que l'ouvrage recèle, ont pu jouer un rôle considérable dans

1. *ENC*, Autorité politique, par Diderot, t.I (1751), p.898a. L'orthographe des citations a été modernisée.
2. Exception faite de l'édition commentée d'articles de droit romain de Witold Wolodkiewicz, *Le Droit romain et l'Encyclopédie* (Naples, 1986), et de quelques études sur la justice naturelle, politique et pénale disséminées dans différents ouvrages collectifs et revues (les principales références bibliographiques sont précisées dans le cours du livre), le droit encyclopédique n'a pas fait l'objet d'un examen synoptique et circonstancié.
3. Robert Darnton a fait observer qu'environ 24 000 exemplaires de l'*Encyclopédie* sortirent avant 1789. 'Au moins 11 500 d'entre eux atteignent des lecteurs français et 7257 exemplaires français sont des in quarto. Ainsi l'*Encyclopédie* devient un best-seller dans le pays où elle est née et où elle a été le plus persécutée.' Lire *L'Aventure de l'Encyclopédie (1775-1800): un best-seller au siècle des Lumières* (Paris, 1982), p.47.

l'évolution de la culture du droit dans l'Europe du second XVIIIe siècle. Occasion est ainsi donnée de revenir sur une question classique de l'historiographie, concernant les 'origines culturelles'[4] de la Révolution française et les conditions d'apparition du discours des droits de l'homme: celle de savoir s'il existe un rapport de 'rupture' ou de 'continuité' entre l'*Encyclopédie* et l'esprit de la *Déclaration* de 1789.[5]

Le droit encyclopédique

Chercher à réintégrer l'*Encyclopédie* à l'histoire des idées juridiques conduit à se poser des questions liminaires tant sur le contexte et sur la place que cette matière prodigieusement ramifiée occupe dans le système des sciences, que sur l'apport des rédacteurs d'articles juridiques: ce sera l'objet de notre premier chapitre, consacré avant tout à la classification encyclopédique du droit.

Ouvrage collectif et 'raisonné', l'*Encyclopédie* est rétive à la pensée unique et encline à promouvoir le pluralisme des perspectives. Son statut polyphonique favorise la rencontre entre philosophes et juristes, rendant possible ce que ni un texte de droit, ni un traité philosophique ne permettent: faire dialoguer, dans la même page, et sur un même objet, deux points de vue distincts. Ainsi, nombre de notions, que nous dirions de nos jours être du ressort de la philosophie du droit – droit naturel, guerre, esclavage, loi, code, peine, suicide, torture – peuvent faire l'objet d'articles descriptifs ou prescriptifs, techniques ou critiques, neutres ou prospectifs, les uns disant l'être du droit, les autres le devoir être, selon le domaine où ces notions sont classées, en 'Jurisprudence', en 'Droit naturel', en 'Morale' ou en 'Droit politique'. Au fil des huit premiers chapitres de ce livre, il sera montré précisément que l'*Encyclopédie* reflète, de façon générale, deux manières de penser le droit: celle des juristes, attentifs à l'histoire, à la réalité et à la diversité des lois; et celle des

4. Roger Chartier, *Les Origines culturelles de la Révolution française* (Paris, 2000).
5. Jacques Chouillet, 'De l'*Encyclopédie* à la *Déclaration des droits de l'homme*: rupture ou continuité?', *RDE* 8 (avril 1990), p.55-66. Voir aussi Josiane Boulad-Ayoub (éd.), *Les Lumières et la Déclaration des droits de l'homme: rupture ou continuité?* (Québec, 1990).

philosophes et des moralistes, moins soucieux de ce qui est légal que de ce qui est légitime. Les uns décrivent la législation positive existante et son évolution historique, tandis que les autres œuvrent pour la réformer, en la ramenant à une super-norme idéale ou naturelle de justice. Traversée par cette double tendance, l'*Encyclopédie* offre alors une ressource précieuse, parce qu'elle se situe au point de jonction de cultures juridiques différentes et les met en relation. Ce faisant, une méthode d'investigation pour l'étude du droit au siècle des Lumières est mise à la disposition des chercheurs: elle consiste à ne pas dissocier fait juridique et discours normatif, description de l'ordre juridique établi et prescription philosophique d'un paradigme idéal de justice.

Or, l'âme réformatrice de l'*Encyclopédie* est incarnée par l'éclectique chevalier de Jaucourt, dont l'inlassable engagement au service du projet encyclopédique fut indispensable à son accomplissement. Cet auteur, encore peu étudié dans la perspective du droit et parfois réduit au rang de simple compilateur ou de glossateur prolixe, se sent investi d'une mission: contribuer à la réforme du système juridique. Dans l'article LOI (*Droit naturel, moral, divin et humain*), Jaucourt déclare que 'Justinien s'avisa dans un temps de décadence de réformer la jurisprudence des siècles éclairés. Mais c'est dans des jours de lumières qu'il convient de corriger les jours de ténèbres' (*ENC*, p.646a). Doué d'une prodigieuse érudition, lecteur attentif des théoriciens de l'école moderne du droit naturel, à la fois théologiens et philosophes protestants (Grotius, Locke, Buddaeus, Cumberland, Pufendorf, Thomasius, Burlamaqui[6] et Barbeyrac[7]), et admirateur de la

6. Jaucourt étudie la théologie réformée à l'Académie de Genève. En 1723, il a peut-être rencontré le professeur Jean-Jacques Burlamaqui, qui venait d'entamer ses enseignements de droit naturel (1723-1739) destinés à marquer un clivage dans la culture jusnaturaliste du second XVIIIe siècle (voir ch.2, p.47-48 et 12, p.227-28).

7. Sans compter les crypto-citations, Jaucourt mentionne cet auteur dans une vingtaine d'articles. Très souvent, c'est pour rendre ses lettres de noblesse au traducteur et annotateur du traité de Pufendorf, *Les Devoirs de l'homme et du citoyen tels qu'ils lui sont prescrits par la loi naturelle*: 'M. Barbeyrac y a donné un nouveau prix par sa belle traduction française, accompagnée d'excellentes notes. Cette traduction est entre les mains de tout le monde', écrit Jaucourt dans l'article MISNIE OU MEISSEN, en *géographie*. Une étude ciblée reste à faire sur

philosophie juridique de Montesquieu,[8] Jaucourt réécrit *L'Esprit des lois* dans une optique jusnaturaliste. De fait, il en recompose plusieurs textes dans l'*Encyclopédie*, en fonction des nouvelles exigences émancipatrices du combat des Lumières contre le 'droit barbare d'inégalité, appelé loi du plus fort' (*ENC*, I, p.iij), selon les mots militants que D'Alembert utilise dans le *Discours préliminaire des éditeurs*, et qui donnent le ton à l'ouvrage. Dans les chapitres deux à huit, il est montré que la construction de la plupart des articles de Jaucourt ayant pour objet le droit ou la justice, ne relève pas de la juxtaposition acritique d'extraits de doctrines incohérentes: bien au contraire, son usage critique de l'emprunt, fruit d'une intertextualité complexe, révèle une véritable intelligence de la citation.

Sans viser l'exhaustivité, que l'ampleur du sujet rend difficile à atteindre, et pour ne pas se perdre dans l'immensité de la tâche, il a fallu faire une sélection des thèmes juridiques et établir des critères: évolution, réforme, contexte social, intérêt philosophique. Ainsi, des questions qui relèvent davantage de l'économie politique naissante, comme la nature inégalitaire et vexatoire du système fiscal, n'ont pu qu'être évoquées, tantôt par des allusions aux préconisations d'une répartition plus équitable des ressources, tantôt par la mention des critiques de certains privilèges nobiliaires. De façon encore plus nette, tout le domaine des contrats a été écarté, la législation sur cette matière n'ayant pas connu une véritable évolution.

En revanche, l'accent a été mis sur deux grands thèmes de discussion au XVIIIe siècle: la justice naturelle et le droit pénal. Le droit pénal est aussi sujet de réformes. Un large éventail de thèmes et de questions a pu ainsi être pris en considération.

---

le rôle que les idées jusnaturalistes et anticatholiques de Barbeyrac ont joué dans la formation intellectuelle du chevalier. Une telle étude serait d'autant plus intéressante que Jaucourt a fréquenté les cours de Barbeyrac à Groningue, lors de son séjour en Hollande, entre 1728 et 1737. Voir J. Haechler, *L'Encyclopédie de Diderot et... de Jaucourt: essai biographique sur le chevalier de Jaucourt* (Paris, 1995), p.572-73.

8. Elu à l'Académie de Bordeaux en 1746 et à la Royal Society de Londres le 8 janvier 1756, Jaucourt est sans doute entré en contact avec Montesquieu par l'intermédiaire de Tronchin. Il a assisté le Président pendant sa dernière maladie.

Tout d'abord, le droit naturel est envisagé dans ses multiples acceptions éthiques et politiques, au sujet de problématiques aussi différentes que l'origine de la justice, la légitimité du pouvoir, le droit familial (mariage, condition des femmes)... En effet, des encyclopédistes comme Boucher d'Argis, Diderot et Jaucourt portent des regards différents sur ce savoir, même s'ils affichent une position commune sur l'immutabilité de l'idée de justice, et opposent une même fin de non-recevoir au positivisme légal de Thomas Hobbes. Ce que nous avons surtout mis en relief dans notre deuxième chapitre, c'est la fonction critique et réformatrice que les auteurs, Jaucourt en tête, ont assignée à cette matière. En effet, nombre d'articles munis du désignant[9] droit naturel sont mis au service d'une stratégie de contestation de la culture jus-politique de l'absolutisme de droit divin.

Les réflexions que les encyclopédistes développent sur la guerre, sur l'esclavage, sur la loi et sur le droit de punir ressortent également, ne serait-ce qu'en partie, au droit naturel. Pour un souci de clarté dans l'exposition, il nous a paru opportun d'examiner ces réflexions séparément, les unes après les autres.

Les enjeux du droit des gens sont analysés dans le troisième chapitre, consacré au droit à la guerre (problème de la guerre juste) et au droit dans la guerre. Signataire ou cosignataire des articles CONQUÊTE, DÉGÂT, DÉSERTEUR, ENNEMI, GUERRE, PRISONNIER DE GUERRE, REPRÉSAILLES, Jaucourt mobilise tout un pan de considérations dans l'objectif d'humaniser le *jus belli* et de subordonner la justice des armes aux impératifs naturels de la raison morale. Ne retrouvons-nous pas ici, énoncés dans la forme discontinue de l'alphabet, les ancêtres des principes du droit humanitaire contemporain?

La critique de la doctrine esclavagiste fait l'objet du quatrième chapitre, où la conversion du droit naturel en 'droits de l'humanité' apparaît au grand jour dans le langage abolitionniste de Jaucourt (articles ESCLAVAGE et TRAITE DES NÈGRES). Cet auteur

9. Ce terme technique s'applique aux sous-titres des articles, c'est-à-dire à la signalétique qui suit la vedette des entrées et marque, entre parenthèses et en italique, les champs disciplinaires concernés. Sa fonction est d'attribuer le sujet de l'article à une matière.

pousse ses critiques plus loin encore que ses devanciers Locke et surtout Montesquieu. 'Si quelqu'un a jamais combattu pour rendre aux esclaves de toute espèce le droit de la nature, la liberté, c'est assurément Montesquieu. Il a opposé la raison et l'humanité à toutes les sortes d'esclavage',[10] écrit Voltaire en 1778. Pourtant, ce champion de l'antiesclavagisme que fut Montesquieu n'a pas explicitement réclamé la suppression de la traite négrière, alors que Jaucourt va l'assimiler à un 'crime contre l'humanité'.

Le chapitre cinq retrace les aspects saillants de la réflexion métajuridique sur la signification de la notion de loi et sur les bonnes règles à suivre dans la composition des normes positives, que Jaucourt expose dans les articles LOI, LOI CIVILE, LOI CRIMINELLE, en vue de favoriser l'unification du droit commun français, et de poser les bases pour un recueil de principes pénaux. Ce faisant, son activité d'encyclopédiste prolonge le processus codificateur en marche depuis le XVIe siècle, tout en s'écartant du relativisme juridique de Montesquieu: transférant thèses, analyses, *exempla* de *L'Esprit des lois* vers le contexte polémique et pédagogique de l'*Encyclopédie*, Jaucourt ne vise plus la compréhension historique de la diversité des systèmes normatifs. Moins modéré, et surtout moins 'sociologue' que son auteur de référence, le Chevalier œuvre pour l'avènement d'un ordre juridique unifié.

Le chapitre six étudie l'arrangement encyclopédique de ce que l'on pourrait considérer comme l'ébauche d'un paradigme du droit de punir plus rationnel et économique, qui affleure de la lecture attentive des articles CRIME et surtout PEINE, inspirés de plusieurs réflexions que Montesquieu énonce dans les livres VI et XII de *L'Esprit des lois*. En l'occurrence, Jaucourt sélectionne et collationne, dans une efficace synthèse didactique, tout un pan de passages concernant la catégorisation des crimes, l'exigence de graduer les sanctions sur la nature des délits, ainsi que la modération et l'utilité sociale des peines. Le mouvement qui se dégage vers un certain adoucissement des châtiments ne finit-il pas par remettre en cause l'évidence de la peine de mort et par dénoncer

10. *Commentaire sur L'Esprit des lois* (1777), dans *Montesquieu: mémoire de la critique*, éd. Catherine Volpilhac-Auger (Paris, 2003), p.532.

les défauts de la culture suppliciaire de la justice du roi, qui met en danger la liberté du citoyen?

Le crime de lèse-majesté est examiné dans le chapitre sept, tant en lui-même, en tant que crime politique 'énorme', autorisant une législation pénale d'exception (article LÈSE-MAJESTÉ, crime de, et LIBELLE), que dans les formes particulières du duel d'honneur et de l'homicide de soi-même (articles DUEL, HONNEUR, SUICIDE). Est-il légitime de poursuivre pour le même crime un régicide et un diffamateur? Faut-il punir par l'infamie les gentilshommes qui se sont affrontés au nom de l'honneur aristocratique, de l'amour propre et du désir de réputation? Se donner volontairement la mort est-il un crime de lèse-majesté? Est-il, plus fondamentalement encore, un acte criminel?

La première partie de ce volume s'achève par l'examen critique de la torture judiciaire, autour de l'article QUESTION. Le chapitre huit s'applique à souligner la complémentarité des points de vue proposés par Boucher d'Argis et par Jaucourt sur ce dispositif marquant de l'ancienne procédure criminelle. Le premier, juriste de formation, s'en tient à des considérations historiques et techniques, tandis que le second défend, en philosophe des Lumières, le propos abolitionniste. A plusieurs égards, l'argumentation que Jaucourt déploie fait écho au fameux chapitre XVI du traité *Des délits et des peines* de Cesare Beccaria, qui pointe, dans les mêmes années, 'l'intolérable torture', que rien ne peut, ou ne peut plus, légitimer.

Le moment Beccaria[11]

Si l'*Encyclopédie*, tributaire de la logique jusnaturaliste et des leçons philosophiques de *L'Esprit des lois*, a paru un observatoire privilégié pour dresser un tableau des discussions sur la justice naturelle et positive jusqu'à 1765, les entreprises encyclopédiques suivantes, filles de celle de Diderot et de D'Alembert, permettent d'étendre l'enquête jusqu'à l'épisode révolutionnaire, et même au-delà. Dans le domaine particulier du droit pénal, le seul que notre deuxième partie prendra en considération, les

11. Nous empruntons l'expression à Michel Porret, *Beccaria: le droit de punir* (Paris, 2003), p.116.

encyclopédistes qui s'intéressent au droit sont dans une large mesure les héritiers de la philosophie de Beccaria, dont la pénétration dans la culture européenne du second XVIIIe siècle n'est plus à démontrer.[12]

Beccaria, marquis, homme de lettres et économiste milanais (1738-1794), est notamment le plus connu des réformateurs de la justice criminelle du siècle des Lumières. Son *Des délits et des peines*, publié en italien en 1764, est unanimement reconnu comme l'acte fondateur de la justice pénale moderne.[13] Porté aux nues en 1766 par les encyclopédistes André Morellet, auteur de la première traduction française du *Traité des délits et des peines*,[14] et Voltaire, auteur d'un célèbre *Commentaire*[15] sur ce traité, qui en assurent la diffusion en France et le succès européen, Beccaria ne fait pas œuvre de technicien de la justice, mais plutôt de philosophe. Le regard nouveau qu'il porte sur l'origine, la signification et les finalités du droit de punir amorce un virage qui débouche sur des perspectives inédites et modifie incontestablement la perception sur le système pénal d'Ancien Régime. Dans une lettre écrite à l'auteur *Des délits et des peines* en juillet 1766, Morellet relève l'action lente mais inexorable que les écrits philosophiques exercent sur l''opinion publique', formée par les hommes de lettres et l'élite intellectuelle: 'Mon cher ami, c'est sur l'opinion publique qu'il faut compter. Ni M. Voltaire, ni

12. Voir Venturi 1965 et Michel Porret (éd.), *Beccaria et la culture juridique des Lumières* (Genève, 1997).
13. Voir par exemple Jacques Pierre Brissot de Warville, 'Discours préliminaire', *Bibliothèque philosophique du législateur, du politique, du jurisconsulte* (Paris, Defauges, 1782), t.I, p.xii-xiii; Karl Ferdinand Hommel, 'Vorrede', in *Des Herrn Marquis von Beccaria unsterbliches Werk von Verbrechen und Strafen* [s.l., 1778], (Berlin, 1977), p.8.
14. Publié fin décembre 1765, le livre est 'traduit de l'italien, d'après la troisième édition, revue, corrigée et augmentée par l'auteur, avec des additions de l'auteur, qui n'ont pas encore paru en italien'. Morellet modifie l'ordre des chapitres et la contexture du volume en transférant des passages d'un chapitre à un autre. Voir Jean Pandolfi, 'Beccaria traduit par Morellet', *DHS* 9 (1977), p.291-316, Dorothy Medlin, 'André Morellet, translator of liberal thought', *SVEC* 174 (1978), p.189-201, ainsi que Kathleen Hardesty Doig, 'The principle of order in André Morellet's thought', *SVEC* 2003:10, p.3-29.
15. Le *Commentaire sur le livre 'Des délits et des peines'* de Voltaire a fait récemment l'objet d'une édition critique, établie par Christophe Cave dans le cadre des *OCV*, éd. Nicholas Cronk, t.61A, *Œuvres de 1766 (II)*, (Oxford, 2012).

M. d'Alembert, ni Rousseau, ni vous, ni aucun philosophe ne produiront sur l'esprit de ceux qui gouvernent un effet immédiat. On agira sur l'opinion publique et l'opinion publique subjuguera enfin les fanatiques et même les tyrans.'[16]

Sortant des sentiers battus, les quatre chapitres de notre deuxième partie étudient la migration des idées de Beccaria chez des philosophes, des juristes et des encyclopédistes comme Diderot, De Felice, Merlin de Douai et Jacques-Vincent Delacroix. Ces études voudraient donner un aperçu des polémiques que le *Traité des délits et des peines* a suscitées autour de trois questions majeures: la torture judiciaire, la peine de mort et la réclusion carcérale.

En particulier, le chapitre neuf examine les notes de lecture que (probablement) Diderot a rédigées en 1766, en marge du traité de Beccaria. Le codirecteur de l'*Encyclopédie* y soutient la nécessité de maintenir la torture 'préalable', celle administrée après la sentence de condamnation à mort, pour obtenir révélation des noms d'éventuels complices. L'anti-abolitionnisme de Diderot, fondé sur les principes de son anthropologie et de sa philosophie politique, restitue la complexité du débat sur la torture, regardée comme un moyen d'enquête dangereux et cruel, mais également indispensable à assurer, dans certaines circonstances, l'intérêt public. Comment faut-il comprendre cette approche qui pense la torture comme un mal nécessaire? Est-elle un premier pas vers l'abolition de la torture ou, au contraire, une manière de légitimer sa permanence dans l'ordre juridique?

La réception des thèses de Beccaria dans trois travaux encyclopédiques des années 1770 et 1780 est étudiée dans le dixième chapitre. Les réponses divergentes que l'*Encyclopédie* d'Yverdon (1770-1780), le *Répertoire universel et raisonné de jurisprudence* de Joseph-Nicolas Guyot (1775-1783) et le *Dictionnaire de jurisprudence* de l'*Encyclopédie méthodique* (1782-1791) ont apportées à la double question de savoir si la peine de mort est juste et utile dans un gouvernement bien organisé et si le droit de punir peut s'étendre jusqu'à faire périr sur l'échafaud un homme coupable,

16. André Morellet, *Lettres*, éd. Dorothy Medlin *et al.*, 3 vols (Oxford, 1991-1996), Lettre 17, vol.I, p.59.

donnent la mesure des conflits d'opinions autour d'un thème épineux, hautement symbolique et qui ne laisse, à l'époque, personne indifférent. Ce faisant, ces répertoires enregistrent le va et vient d'un débat particulièrement fluctuant, mais qui aide à mieux apprécier l'émergence d'une idéologie pénale s'opposant à la justice d'élimination.

Célébré par les réformateurs, parfois contredit par les philosophes, âprement critiqué par les tenants de l'ancien droit, Beccaria ne fait pas moins l'objet de lectures nuancées et contrastées. Le chapitre onze entreprend d'éclairer les enjeux de la réception de l'humanisme beccarien dans les *Réflexions philosophiques* (1778) du juriste Jacques-Vincent Delacroix (1743-1831). Collaborateur progressiste du *Dictionnaire de jurisprudence* de l'*Encyclopédie méthodique*, Delacroix préconise l'adoucissement des peines, la suppression de la torture judiciaire et l'amélioration des conditions des détenus par une réforme des prisons. Esprit pondéré, éloigné de l'utopie et tourné vers la pratique, son souci principal est de rechercher un équilibre entre répression du crime et humanisation des peines. Dans ses écrits, qui nourrissent la réflexion contemporaine sur les conditions de la peine juste, Delacroix ne suit pas toujours la voie tracée par Beccaria. En témoigne sa réfutation méthodique du projet abolitionniste en matière de peine de mort pour les crimes de droit commun, publiée en 1797, dans l'essai *Des moyens de régénérer la France, et d'accélérer une paix durable avec ses ennemis*. La comparaison entre la doctrine de Beccaria et celle de Delacroix fait ressortir l'immémoriale difficulté d'arriver à réconcilier l'idéal du renforcement des droits de la défense avec les nécessités de la répression sécuritaire pour protéger l'ordre public.

Combattant les idées reçues concernant les Lumières du pénal, tantôt caricaturées en corps unifié de doctrine unanimement humaniste, tantôt idéalisées en défenseurs acharnés des droits de l'homme, opposées à la torture judiciaire sans réserve, et majoritairement hostiles à la peine de mort (alors que l'abolitionnisme de Beccaria est une position extraordinaire dans le paysage intellectuel du second XVIIIe siècle), le tableau de la justice pénale que ce volume s'efforce de brosser fait place aux dissonances, aux ambigüités, aux incertitudes et aux dilemmes qui traversent le *mouvement* des Lumières à la lumière de l'*Encyclopédie*. Autant de doutes, d'objections, de perplexités, de piétinements qui demeurent, peu ou prou, les nôtres.

Or, si le fil conducteur de la justice des Lumières, que nous avons suivi à travers le réseau de l'*Encyclopédie* et de ses suites jusqu'aux dernières années du XVIIIe siècle, a permis de parcourir une multitude de sujets dont l'actualité ne s'est pas démentie depuis, il était impossible de terminer ce tour d'horizon sans que la question structurant le rapport des droits de l'homme à l'encyclopédisme du siècle des Lumières ne soit posée. C'est la raison pour laquelle, le lecteur trouvera, dans le douzième et dernier chapitre, une enquête autour d'un répertoire encyclopédique de 'justice naturelle et civile', que l'on peut considérer comme un premier dictionnaire européen des droits de l'homme. Intitulé *Code de l'humanité*, mis en ordre par l'encyclopédiste De Felice avec l'aide de plusieurs collaborateurs, parmi lesquels figure Jaucourt, et publié à Yverdon en 1778, entre les déclarations des droits américaine et française, cette somme d'une richesse insoupçonnée, fille juridique de l'*Encyclopédie* chrétienne d'Yverdon,[17] est le lieu où la conceptualité jusnaturaliste, fortement inspirée des idées du citoyen et professeur genevois Jean-Jacques Burlamaqui (1694-1748), rencontre la rationalité politique des Lumières (Locke, Montesquieu, Rousseau, Beccaria...) et interfère avec l'engagement éthique d'inspiration calvinienne. Si cette rencontre confirme que la culture réformée imprègne l'encyclopédisme du siècle des Lumières, de Bayle[18] à De Felice, elle invite aussi à réinterroger la force d'attraction des Lumières en milieu prot-

17. Dans le sillage de Jacques Proust, nous croyons que cette encyclopédie est moins 'une tentative réactionnaire de réécriture, tendant à refaire celle de Paris à l'intention d'un public timoré', qu'une révision très étendue s'adressant avant tout aux lecteurs protestants des pays du Nord de l'Europe. Dans un cadre intellectuel différent, elle propage 'l'essentiel des acquis de l'*Encyclopédie* de Paris, sans compromission avec le catholicisme dominant au Sud, mais sans concession non plus aux tenants les plus rigides de la tradition calviniste' (*Diderot et l'Encyclopédie*, préface à la troisième édition (Paris, 1995), p.xi.

18. Voir Pierre Rétat, *Le Dictionnaire de Bayle et la lutte philosophique au XVIIIe siècle* (Paris, 1971), pour les relations entre Bayle et l'*Encyclopédie*, p.399-419. Voir aussi Lorenzo Bianchi, 'Du *Dictionnaire* de Bayle à l'*Encyclopédie*: la remarque et l'ordre', *Corpus, revue de philosophie* 51 (2007), p.21-41.

estant: en effet, s'il y a une culture religieuse capable d'être mise en relation avec l'esprit des Lumières, c'est bien le christianisme reformé. Peut-être parce qu'il est né d'une révolte, et de la conviction que, pour aimer Dieu, l'homme devait être autonome et penser par lui-même. Quoi qu'il en soit, cette réunion de traditions culturelles diverses que le *Code de l'humanité* favorise n'ouvre-t-elle pas d'intéressantes perspectives pour questionner les frontières entre le droit, la morale, la politique et la religion? Ne permet-elle pas de reconsidérer, à la veille de la Révolution et de la déclaration française des droits, les enjeux du nouveau rapport qui s'établit entre le pouvoir et la personne?

I

L'*Encyclopédie*, ou le moment Montesquieu

1. Classification juridique et contributeurs

Ordre et désordre du droit

Domaine parmi les plus composites de l'ouvrage, la 'Jurisprudence' présente une nomenclature vaste et technique. Le terme de jurisprudence lui-même en témoigne: alors que de nos jours il désigne l'ensemble des règles résultant de l'activité des tribunaux, au XVIIIe siècle il embrasse l'ensemble des discours juridiques produits par les différents professionnels de la justice. Ainsi, sont du ressort de la jurisprudence la science doctrinaire, l'activité du juriste et la pratique judiciaire. D'après l'article éponyme de l'*Encyclopédie*, ce mot recouvre essentiellement deux sens:

> [...] la science du Droit, tant public que privé, c'est-à-dire, la connaissance de tout ce qui est juste ou injuste. [...] les principes que l'on suit en matière de Droit dans chaque pays ou dans chaque tribunal; l'habitude où l'on est de juger de telle ou telle manière une question, & une suite de jugements uniformes sur une même question qui forment un usage.

La Jurisprudence a donc proprement deux objets, l'un qui a trait à la connaissance du Droit, l'autre qui consiste à en faire l'application (*ENC*, JURISPRUDENCE, IX, 81b).

Seulement le dernier sens correspond à la jurisprudence telle que nous l'entendons actuellement. Dans un sens plus large, elle embrasse, selon Boucher d'Argis, la religion, la géographie, la chronologie, l'histoire. Elle demanderait aussi 'une connaissance générale de toutes les choses, tant sacrées que profanes, auxquelles les règles de la justice et de l'équité peuvent s'appliquer' (JURISPRUDENCE, IX, 81b). En termes plus modestes, nous dirions maintenant que pour comprendre un litige ou rendre un jugement, le juriste ou le juge doivent avoir une culture étendue.

Ce chapitre est une version amendée de mon article: 'Le droit dans l'*Encyclopédie*: cartographies, enjeux, contributeurs', *RDE* 48 (2013), p.143-67. Le chapitre reprend et développe des passages publiées dans mon étude, 'La "science des lois" et ses formes encyclopédiques, *Studi Filosofici* 35 (2012), p.123-37.

Au niveau quantitatif, le droit occupe une place très significative dans l'*Encyclopédie*. L'édition électronique réalisée dans le cadre du projet ARTFL-Université de Chicago permet de détecter trois mille articles environ, reparties en une quarantaine de matières juridiques. Voir le tableau 3 (p.39) à la fin du chapitre. Le nombre total des articles ayant affaire au droit est néanmoins plus élevé. Trois remarques permettent d'expliquer ce décalage. Il faut d'abord considérer que les articles pourvu d'un contenu juridique n'ont pas tous été rubriqués dans des branches de la jurisprudence, les auteurs ayant parfois décidé de les classer autrement, par exemple en *Morale*, en *Politique*, en *Gouvernement*, voire en *Histoire*. Les objets de *L'Esprit des lois*, source majeure des encyclopédistes, ne figurent pas toujours dans le domaine du droit: les réflexions de Montesquieu sur le duel judiciaire, pour ne prendre que cet exemple, se trouvent dans l'article CHAMPION, classé en *Histoire moderne*. Il est notoire que l'article DROIT NATUREL de Diderot est classé en *Morale*. L'article DROIT DE COPIE du libraire David l'aîné, en *Terme de librairie*; l'article LÉGISLATEUR, de la main de Saint-Lambert, est muni du désignant *Politique*; l'article PAIRS de Jaucourt relève de l'*Histoire d'Angleterre*, nonobstant des considérations sur le jury anglais[1] y soient développées; et l'article USURE de Faiguet de Villeneuve est classé en *Morale*, bien qu'il contienne de nombreux développements juridiques et jusnaturalistes. En un mot, certains objets juridiques échappent à la catégorie *Jurisprudence*, et à ses multiples articulations.

Deuxièmement, des encyclopédistes comme Toussaint ne précisent pas toujours la matière de l'article: tel est le cas, par exemple, des articles vedettes ABONNEMENT, AMNISTIE et ASSASSINAT, qui ont un contenu explicitement juridique mais sont démunis de désignant. Le moteur de recherche ne saurait donc, en principe, reconnaître ces articles comme juridiques. Enfin, une grande quantité d'articles sont dépourvus de l'indication du champ disciplinaire. Des auteurs comme Boucher d'Argis assortissent du désignant uniquement la vedette et non

1. Le droit anglais occupe une place limitée dans l'*Encyclopédie*, la France étant un pays de droit romano-germanique, où le droit n'est pas de type jurisprudentiel comme dans les pays anglo-saxons de *Common Law*, mais relève pour une grande partie des ordonnances, des déclarations et des édits royaux.

pas les sous-entrées qui suivent. Par exemple, l'article vedette CODE est muni du désignant *Jurisprudence*, alors que les 54 sous-entrées suivantes (de 'Code des aides' à 'Code de la voierie') n'affichent aucun désignant. On pourrait multiplier les exemples de cas où Boucher d'Argis fait l'économie de l'indication disciplinaire dans ces articles. On n'en retiendra que dix: CHANCELLERIE, CONTRAT, DROIT, FEMME, JUGE, JUSTICE, LOI, MARIAGE, PEINE, USURE.

Malgré la difficulté de chiffrer exactement le nombre d'articles de droit, on peut raisonnablement l'estimer par défaut à environ cinq mille, ce qui permet d'affirmer que le domaine du droit représente, à peu près, un quatorzième de l'ouvrage.[2] Cette donnée est d'autant plus considérable que la philosophie ne compte que 167 articles. Le nombre de cinq mille articles pour le droit s'obtient en faisant la somme des articles vedettes et des sous-entrées rédigés par les encyclopédistes ayant contribué au moins un article juridique. Boucher d'Argis, à lui seul, est l'auteur d'environ 4500 morceaux, Toussaint et Jaucourt en ont rédigés, ensemble, plus de 600. Aussi faut-il préciser que les objets juridiques dépassent les 7000 si l'on tient compte des très nombreux articles de *Commerce* (environ 2000). En effet, à la lumière même du *Système figuré*, le commerce, avec ses multiples divisions en 'intérieur, extérieur, de terre et de mer', peut être considéré comme une branche externe de la jurisprudence. Cette nomenclature n'intègre que partiellement les dictionnaires de droit de l'époque, ayant plutôt tendance à faire l'objet de dictionnaires spécialisés, comme le *Dictionnaire universel de commerce, contenant tout ce qui concerne le commerce qui se fait dans les quatre parties du monde, par terre, par mer, de proche en proche, & par des voyages de long cours, tant en gros qu'en détail*, mis en œuvre par Jacques Savary Des Brûlons, inspecteur général de la Douane sous le règne de Louis XIV, et publié en trois volumes entre 1723 et 1730. Plusieurs contributeurs rédigent des articles placés dans le domaine du '*Commerce*', parfois accompagné d'autres indications disciplinaires. Retenons ici *Manufactures, Arts mécaniques,*

2. Wolodkiewicz estime que le droit et la jurisprudence font près de 20% de l'œuvre (*Le droit romain et l'Encyclopédie'*, p.x). L'auteur n'explique pas comment il est arrivé à ce chiffre qui paraît trop élevé.

Géographie, Œconomie rustique, police, monnaie, jurisprudence, Histoire, Grammaire, Arithmétique, Arpentage, Architecture, Politique, Finance. Plusieurs auteurs signent des articles sur le commerce: Mallet, Toussaint, Diderot, Dufour, Forbonnais, Jaucourt. Le juriste Boucher d'Argis n'en signe que trois: CHARGE, ETALON et LIQUIDATION, ces derniers étant munis du désignant combiné *Jurisprudence et Commerce.*

Comment cette masse d'articles, formant un véritable dictionnaire de droit incorporé à la substance de l'*Encyclopédie*, est-elle organisée? Comment la branche de l'arbre encyclopédique qu'est la jurisprudence se ramifie-t-elle? Si le système figuré montre que cette matière plonge ses racines dans la 'Morale', dans la 'Science de l'homme' et, en dernière instance, dans la 'Philosophie', l'exploration du dictionnaire permet de découvrir une réalité de la jurisprudence qui est plus brouillée et complexe.

Entre ce système d'inspiration baconienne, que les éditeurs ont apposé au commencement de leur entreprise[3] pour définir l'ordre dans lequel devraient s'insérer les notions auxquelles l'encyclopédie consacre des articles, et l'ordre des connaissances juridiques qui se dessine dans le corps du dictionnaire par le biais du système des branches du droit, les décalages plus que les similitudes sautent aux yeux. La cartographie que nous avons constituée témoigne de cet écart. Cette 'carte particulière et fort détaillée', pour parler comme D'Alembert (*ENC*, I, p.xv), ou cette représentation en tableau d'une 'région' particulière de la 'mappemonde' que les encyclopédistes ont dessinée, montre que le droit touche des secteurs différents du savoir, et que les articles juridiques sont souvent placés aux interfaces des matières. Gardant la métaphore botanique, on dira que la configuration spéciale du sous-ensemble de la jurisprudence forme comme un tronc robuste se ramifiant en six grandes branches (*Finances, Termes de palais, Droit naturel, Droit politique, Police, Termes de pratique*), en six branches de taille moyenne (*Droit coutumier, Droit civil, Droit public, Droit romain, Eaux et forêts, Termes de chancellerie*), et en une trentaine de petites branches: *Matière bénéficiale, Droit canonique, Droit féodal, Droit germanique, Droit français,*

3. Le *Système figuré* est reproduit dans l'encart dépliant de *RDE* 40-41 (2006).

Tableau 1: Détail du *Système figuré des connaissances humaines* de l'*Encyclopédie*.

- **Philosophie**
  - SCIENCE DE L'HOMME
    - MORALE
      - Générale
        - Science du bien et du mal en général
      - Particulière
        - Science des loix ou Jurisprudence
          - Naturelle
          - Economique
            - commerce
          - Politique

Droit moral, Droit des gens, Droit des barbares, Droit des seigneurs, Droit de la guerre.

Boucher d'Argis précise que les règles formant 'le fond de la Jurisprudence, se puisent dans trois sources différentes, le droit naturel, le droit des gens & le droit civil' (*ENC*, IX, p.82a). Là encore, la terminologie de l'ancien droit est à manier avec précaution. Par droit civil, il faut comprendre le droit positif. Selon un autre dictionnaire spécialisé du XVIIIe siècle, le *Dictionnaire de droit et de pratique* de Ferrière, le droit civil est 'le droit de chaque peuple en particulier'.[4] Il comprend donc aussi le droit pénal. Ce dernier ne constitue pas encore un savoir à part entière à cette époque. A l'exception de quelques articles munis du désignant *Matière criminelle* ou *Procédure criminelle*, la culture pénale relève, pour l'*Encyclopédie*, de la *Jurisprudence*,[5] du *Droit naturel* et du *Droit civil*. Des précisions sont également nécessaires au sujet de la matière *Eaux et forêts*, que Boucher classe en *Jurisprudence* dans l'article homonyme qu'il lui consacre:

> Sous les termes conjoints d'eaux & forêts, la Jurisprudence considère les eaux, & tout ce qui y a rapport, comme les moulins, la pêche, le curage des rivières; elle considère de même les forêts, & tous les bois en général, avec tout ce qui peut y avoir rapport. Les eaux & forêts du prince, ceux des communautés & des particuliers, sont également l'objet des lois, tant pour déterminer le droit que chacun peut avoir à ces sortes de biens, que pour leur conservation & exploitation [...] (*ENC*, V, p.204ab).

La locution 'matière bénéficiale' appelle aussi des éclairages. Boucher d'Argis définit la JURISPRUDENCE BÉNÉFICIALE, comme 'l'usage que l'on suit dans la décision des questions qui se présentent au sujet des bénéfices ecclésiastiques' (*ENC*, IX, p.82b). Or, en droit canonique, un bénéfice est un office ecclésiastique auquel est joint un certain revenu. Les bénéfices sacerdotaux en sont un exemple. Enfin, on trouve, surtout chez Toussaint, plusieurs articles assortis du désignant *Termes de palais* et *Termes de chancellerie*. Les premiers concernent l'usage qui est

4. Ferrière, *Droit civil*, t.I, p.526a.

5. Tandis que le désignant utilisé dans les *Suppléments à l'Encyclopédie* est *Jurisprudence criminelle*, le *Dictionnaire de jurisprudence* de l'*Encyclopédie méthodique* utilise souvent la locution *Code criminel*.

observé au barreau ou au palais pour l'ordre judiciaire; tandis que les deuxièmes se réfèrent au vocabulaire de la chancellerie, qui est un lieu où certaines lettres sont scellées pour les rendre authentiques.

Ces quelques précisions faites sur les multiples sous-branches du droit, tournons-nous vers l'usage assez désinvolte que les encyclopédistes font des désignants juridiques. Pour indiquer l'ensemble des lois et des règlements adoptés par les autorités catholiques, sont utilisées des expressions différentes comme *droit canonique, droit canon, droit ecclésiastique, droit divin, droit d'église,* sans qu'il soit possible de savoir en quoi ces syntagmes se distinguent conceptuellement les uns des autres. De surcroît, ces qualifications ne sont pas toujours homogènes: *droit féodal* coexiste avec *jurisprudence féodale* et *droit de Seigneurs*; *droit maritime* avec *droit de naufrage*... Certaines catégories semblent arbitraires comme la distinction entre *droit coutumier* et *droit coutumier français,* alors que les articles de droit coutumier sont de droit français. Même chose pour *droit naturel* et *droit moral.* On expliquera ce flou terminologique par le fait que différents auteurs ont œuvré à différentes époques, chacun d'entre eux n'ayant pas été constant dans l'attribution à un domaine.

Aussi faut-il relever l'absence du désignant 'histoire du droit', mais sans pour autant en conclure que les termes de droit ne font pas l'objet d'un traitement historique. Les morceaux de Boucher d'Argis se caractérisent bien, la plupart du temps, par une érudition historique sans défaut. Les articles juridiques combinent souvent plusieurs désignants, articulant la jurisprudence ou le droit à d'autres champs disciplinaires: la morale, la grammaire, le gouvernement, la théologie, le commerce, et, bien entendu, l'histoire, soit-elle ancienne, moderne, ecclésiastique, sacrée ou profane, ou encore féodale. L'effet d'hétérogénéité qui se dégage de l'écriture classificatoire du droit a encore une autre explication. C'est que dans une œuvre de l'envergure de l'*Encyclopédie,* il n'a pas toujours été possible aux directeurs de mener un véritable travail éditorial d'uniformisation:

> Il y a tel ouvrage dont l'édition suppose plus de connaissances qu'il n'est donné à un seul homme d'en posséder. L'Encyclopédie est singulièrement de ce nombre. Il semble qu'il faudrait pour sa

> perfection, que chacun fût *éditeur* de ses articles; mais ce moyen entraînerait trop de dépenses & de lenteur.
>
> Comme les *éditeurs* de l'Encyclopédie ne s'arrogent aucune sorte d'autorité sur les productions de leurs collègues, il serait aussi mal de les blâmer de ce qu'on y pourra remarquer de faible, que de les louer de ce qu'on y trouvera d'excellent.
>
> Nous ne dissimulerons point qu'il ne nous arrive quelquefois d'apercevoir dans les articles de nos collègues, des choses que nous ne pouvons nous empêcher de désapprouver intérieurement, de même qu'il arrive, selon toute apparence, à nos collègues d'en apercevoir dans les nôtres, dont ils ne peuvent s'empêcher d'être mécontents.
>
> Mais chacun a une manière de penser & de dire qui lui est propre, & dont on ne peut exiger le sacrifice dans une association où l'on n'est entré que sur la convention tacite qu'on y conserverait toute sa liberté (*ENC*, EDITEUR, en *Belles-lettres*, V, p.396).

Chez certains auteurs, comme Jaucourt, l'usage du désignant juridique est néanmoins plus constant. En témoigne le cas du droit naturel, que nous étudions dans le prochain chapitre.

Revenant à la ramification de la jurisprudence, il convient de se demander si elle répond à des principes d'ordre. On a vu que le système figuré reflète une image réductrice de la façon dont le droit est traité par la suite. La jurisprudence est assimilée à la ‘Science des loix’ et divisée en ‘naturelle, économique et politique’. Le mot droit n'est pas employé. La police, qui concerne fondamentalement le domaine du droit public, brille par son absence. Aucune allusion n'est faite aux nomenclatures de palais, de pratiques, de chancellerie, d'eaux et forêts, qui représentent pourtant un groupement de cent-cinquante articles environ. L'organisation du droit dans l'*Encyclopédie* ne semble pas non plus obéir à la classification des différents types de droits positifs établie par Montesquieu dans *L'Esprit des lois* (I, 3, ‘Des lois positives’), selon qu'ils concernent les relations entre les Etats (droit des gens), les relations entre gouvernants et gouvernés (droit politique) et les relations entre citoyens du même état (droit civil). Ces trois domaines figurent bien dans l'*Encyclopédie*, mais ils ne rassemblent pas beaucoup d'articles: la rubrique ‘Droit des gens’ n'en réunit que trois: CONQUÊTE, ENNEMI, HÔTEL D'UN AMBASSADEUR.

Contextes et contributeurs

Si l'architecture encyclopédique du droit ne relève pas d'une pressante exigence de systématicité, c'est qu'au début de l'entreprise les directeurs de l'*Encyclopédie* n'ont pas accordé à cette matière beaucoup d'importance. Au lieu d'en faire un savoir à part entière, ils pensent le droit comme une sous-catégorie de la morale. En témoigne ce passage de l'*Explication détaillée du système des connaissances humaines*:

> La Morale, dont nous avons fait la seconde partie de la Science de l'homme, est ou générale ou particulière. Celle-ci se distribue en Jurisprudence naturelle, Economique et Politique. La Jurisprudence naturelle est la science des devoirs de l'homme seul; l'Economique, la science des devoirs de l'homme en famille; la Politique, celle de devoirs de l'homme en société. Mais la Morale serait incomplète, si ces traités n'étaient précédés de celui de la réalité du bien et du mal moral; de la nécessité de remplir ses devoirs, d'être bon, juste, vertueux, etc., c'est l'objet de la Morale générale.
>
> Si l'on considère que les sociétés ne sont pas moins obligées d'être vertueuses que les particuliers, on verra naître les devoirs des sociétés, qu'on pourrait appeler Jurisprudence naturelle d'une société; Economique d'une société; Commerce intérieur, extérieur, de terre et de mer; et Politique d'une société (I, p.xlvij).

A cette époque, bien avant de rédiger son éloge de *L'Esprit des lois* de Montesquieu,[6] D'Alembert ne tenait pas la science juridique en grande estime. D'après lui, elle ne serait qu'une conséquence malencontreuse de la vie en société:

> Un des principaux fruits de l'étude des Empires & de leurs révolutions, est d'examiner comment les hommes, séparés pour ainsi dire en plusieurs grandes familles, ont formé diverses sociétés; comment ces différentes sociétés ont donné naissance aux différentes espèces de gouvernements; comment elles ont

6. Ce texte, dont on ne saurait surestimer l'importance, est paru en 1755, quelques mois après la mort de Montesquieu, à la suite de l'*Avertissement des éditeurs* (p.iii-xviii), en tête du t.V de l'*Encyclopédie*. Voir Laetitia Perret, 'Eloge de Montesquieu par Jean-Baptiste de Secondat et D'Alembert', *RDE* 42 (2007), p.95-105.

> cherché à se distinguer les unes des autres, tant par les lois qu'elles se sont données, que par les signes particuliers que chacune a imaginées pour que ses membres communiquassent plus facilement entre eux. Telle est la source de cette diversité de langues & de lois, qui est devenue pour notre malheur un objet considérable d'étude (*Discours préliminaire,* I, p.xi).

La justice ne figure pas non plus dans le frontispice de l'*Encyclopédie.* Les symboles, les allégories et leurs significations en sont complexes; la gravure fait apparaître, dans une sorte de compilation sur différents plans imbriqués: les arts, les sciences et les facultés humaines (mémoire, imagination raison), la quête de la vérité, et, enfin, le concept de l'instruction.

Dans le *Salon de 1765*, Diderot commente la gravure pour la *Correspondance littéraire* de son ami Grimm:

> C'est un morceau très ingénieusement composé. On voit en haut la Vérité, entre la Raison et l'Imagination; la Raison qui cherche à lui arracher son voile, l'Imagination qui se prépare à l'embellir. Au-dessous de ce groupe, une foule de philosophes spéculatifs; plus bas, la troupe des artistes. Les philosophes ont les yeux attachés sur la Vérité; la Métaphysique orgueilleuse cherche moins à la voir qu'à la deviner. La Théologie lui tourne le dos, et attend sa lumière d'en haut.[7]

De justice point.

Malgré l'importance quantitative du droit encyclopédique, les éditeurs le mentionnent à peine dans leurs premiers articles programmatiques: *Prospectus*, *Discours préliminaire*. Pourquoi cette méfiance vis-à-vis du droit? Bien qu'il eût étudié le droit, D'Alembert s'en était détourné au profit des mathématiques. L'absence de formation juridique de Diderot ne l'avait pas empêché d'écrire un article de droit naturel. Mais, dira-t-on, il s'agit moins de jurisprudence que de philosophie. Cette méfiance s'explique en partie par la critique du droit romain 'symbole de la routine' et des 'vieilles institutions'.[8] Ainsi Voltaire raille le droit romain dans son *Dialogue entre un conseiller et un ex-jésuite*: 'Quant à l'étude des lois, dans laquelle nous entrions en sortant de chez

7. Denis Diderot, *Œuvres complètes*, 15 vols, éd. G. Lewinter (Paris, 1973), t.VI, p.243-44.
8. Wolodkiewicz, *Le Droit romain et l'Encyclopédie*, p.xi.

Figure 1: Gravure du frontispice de l'*Encyclopédie* (t.I, 1751).

vous, c'était encore pis. Je suis de Paris, et on m'a fait étudier pendant trois ans les lois oubliées de l'ancienne Rome; ma coutume me suffirait, s'il n'y avait pas dans notre pays cent quarante-quatre coutumes différentes'.[9] Ainsi les encyclopédistes participent de la polémique européenne sur les dysfonctionnements et le caractère pléthorique du droit, déjà vivement dénoncés en 1742 par l'historien et philosophe modénais Lodovico Antonio Muratori, dans son pamphlet *Des défauts de la jurisprudence*:

> On peut et on devrait la purger [la jurisprudence], sinon de tous les défauts et opinions qui la déforment (ce qui est impossible), au moins d'une grande partie d'entre eux. On le peut, dis-je, parce que cela n'exige qu'une seule chose, à savoir que les princes, détenteurs de l'autorité de faire de nouvelles lois et de changer, de réformer et d'abolir les anciennes, et de donner des règles à la justice aussi bien civile que criminelle, veuillent bien consacrer leur zèle paternel à prescrire, quand c'est possible, une meilleure méthode de juger, et à détruire une infinité de doutes, controverses et opinions qui ont fait intrusion dans la jurisprudence.[10]

Les juristes aussi n'ont pas toujours une bonne réputation. Dans le *Plan d'une université ou d'une éducation publique dans toutes les sciences* (1775), Diderot s'attaque à leur formation:

> Notre faculté de droit est misérable. On n'y lit pas un mot du droit français; pas plus de droit des gens que s'il n'y en avait point; rien de notre code ni civil ni criminel; rien de notre procédure; rien de nos lois; rien de nos coutumes; rien des constitutions de l'Etat; rien du droit des souverains; rien de celui des sujets; rien de la liberté; rien de la propriété; pas davantage des offices et des contrats. – De quoi s'occupe-t-on donc? – On s'occupe du droit romain dans toutes ses branches, droit qui n'a presque aucun rapport avec le nôtre; en sorte que celui qui vient d'être décoré du bonnet de

9. Voltaire, art. EDUCATION, *Questions sur l'Encyclopédie*, IV, dans *OCV*, éd. Christiane Mervaud, t.40 (Oxford, 2009), p.623.

10. Ludovico Antonio Muratori, *De' difetti della giurisprudenza* (Venise, Pasquali, 1742), ch.II, dans *Dal Muratori al Cesarotti t.I: Opere di Lodovico Antonio Muratori*, éd. Giorgio Falco et Fiorenzo Forti (Milan-Naples, 1964) p.869. Nous traduisons. Voir Luigi Delia, 'Entre Domat et Beccaria: Muratori et la codification de la jurisprudence', *Archives de philosophie du droit*, 57 (2014), p.401-13.

docteur en droit, est aussi empêché si quelqu'un lui corrompt sa fille, lui enlève sa femme ou lui conteste son champ, que le dernier des citoyens.[11]

François-Vincent Toussaint, qui avait quitté le barreau pour se consacrer aux lettres, traduit le sentiment général des justiciables: 'Le palais de *Thémis*, écrit-il dans *Les Mœurs*, est une douane ruineuse, où cent exacteurs avides se succèdent l'un à l'autre pour dévorer la substance de l'infortuné plaideur.'[12] Les magistrats sont impliqués dans les querelles entre les parlements et le pouvoir royal. Si la lutte des parlements à tendance janséniste contre les religieux qui refusaient les derniers sacrements aux malades qui n'avaient pas signé un billet de confession pouvait sembler sympathique à certains, le refus de toute réforme fiscale menaçant les privilèges des classes aristocratiques l'était nettement moins. Dans une lettre à Voltaire du 24 février 1759, D'Alembert désignait amèrement le Parlement comme 'ce tribunal respectable qui ne s'embarrasse guère que le peuple ait du pain, pourvu qu'il ait les sacrements'.[13] Quelques décisions iniques dont certaines affaires célèbres sont des exemples – Calas, Sirven, le Chevalier de la Barre – leur attirèrent la haine de Voltaire[14] et de ses amis. Les magistrats se recrutaient dans la noblesse. Comme les charges étaient vénales et d'un prix élevé, il fallait aussi être riche: '[...] ceux qui ont acheté pour un peu d'argent le droit d'être injustes', disait Voltaire.[15] La formation des magistrats laissait souvent à désirer. 'De toutes les professions, écrit Toussaint, celle de magistrat est, je crois, la plus importante pour la société; mais j'ignore s'il en est quelque autre parmi nous pour laquelle on n'exige moins d'épreuves; tout sujet y est propre, dès qu'il a pris ses degrés en droit, et dès qu'il est en

11. Diderot, *Œuvres complètes*, t.XI, p.754-55.
12. François Vincent Toussaint, *Les Mœurs* (1748), nouvelle éd. revue et corrigée (Berlin, s.n., 1757), p.217.
13. Jean Le Rond D'Alembert, *Œuvres complètes*, 5 vols (Genève, 1967), t.V, p.62.
14. Voir Ethel Groffier, *Criez et qu'on crie! Voltaire et la justice pénale* (Québec, 2011), p.55-79.
15. Lettre à Lavaysse père du 4 août 1762, in *Correspondence and related documents*, éd. Th. Besterman, dans *OCV*, t.85-135 (Genève, Banbury, Oxford, 1968-1977), t.109 (1973), p.73.

état de payer les provisions de sa charge.'[16] Beccaria et D'Holbach blâmeraient davantage l'extrême complexité des lois pour expliquer la mauvaise préparation des juges.[17]

Diderot probablement exagère dans sa critique des études de droit. Il est vrai que le droit romain occupe le plus clair des deux premières années du *curriculum* qui en comprend trois. Mais le droit romain, dans l'Ancien Régime, était en vigueur dans les pays de droit écrit et était ailleurs le complément de la législation coutumière. Si en première année les étudiants ne suivent d'autres cours que les *Institutes*, le droit canon vient s'ajouter en deuxième année, droit nécessaire pour les multiples matières mixtes – serment, mariage, état civil. Enfin, en troisième année, vient s'ajouter un cours de droit français, indispensable en vertu de la Déclaration du 6 août 1682[18] pour être reçu au serment d'avocat.[19] Certes, ce cours était insuffisant pour se retrouver dans le dédale des multiples coutumes et le jeune homme qui finissait ses études à dix-neuf ans – l'âge d'admission à la faculté de droit était seize ans – était bien jeune et ne savait pas grand-chose. Mais il y avait les années d'apprentissage pratique. Une fois le serment prêté, il devenait avocat écoutant, c'est-à-dire qu'il devait suivre les audiences régulièrement pour se familiariser avec la procédure pendant un temps qui varia suivant les villes et les époques, généralement de deux à cinq ans.

En dépit de l'idée que Diderot et D'Alembert se font de l'enseignement du droit et des techniciens de la justice, et en dépit de l'attention plus que modeste qu'ils accordent au droit dans le *Prospectus* et dans le *Discours préliminaire*, cette matière finira par prendre une place considérable dans l'ouvrage, surtout à partir de 1753, avec le départ de Toussaint.

16. Toussaint, *Les Mœurs*, p.210.

17. *DP*, p.137, 'Au lecteur'; Paul-Henri Thiry, baron d'Holbach, *Ethocratie ou Le Gouvernement fondé sur la morale*, ch.VI, 'Législation morale relative à la magistrature & aux gens de Loi' (Amsterdam, Rey, 1776), p.84-88.

18. François-André Isambert, *Recueil général des anciennes lois françaises depuis l'an 420 jusqu'à la révolution de 1789*, 29 vols (1821-1833), t.XIX, p.1025.

19. Baron François Delbeke, *L'Action politique et sociale des avocats au XVIIIe siècle* (Louvain, 1927), p.45 et sq.

Tableau 2: Les auteurs d'articles juridiques dans l'*Encyclopédie*.

Nº	Auteurs	Branches juridiques	Vedettes	Tomes
1	Boucher d'Argis, Antoine G.	Jurisprudence, Droit, Droit romain, Droit public, Eaux et Forets, Finances, Matière bénéficiale, Matière criminelle, Matière féodale, terme de Justice, de Palais, de Police.	2175	III-XVII
2	Toussaint, François Vincent	Terme de Droit, de Palais, de Pratique, de Coutume, de Police, de Chancellerie, Droit, Finances, Jurisprudence.	188	I-II
3	Jaucourt, Louis de	Droit naturel, Jurisprudence, Finances, Droit romain, coutumier, civil, Police, Droit féodal, des gens, canonique, de la guerre, moral, divin, germanique, Procédure criminelle, Termes de chancellerie, palais	234	III-XVII
4	d'Holbach	Droit public germanique, politique, Jurisprudence, Police	28	II-XVII
5	Diderot	Droit, Jurisprudence, Police	28	I-XVII
6	Mallet, Edmé	Droit ecclésiastique, Jurisprudence, Finances	16	I-IV
7	Pesselier, Charles-Etienne	Finances, Terme de droit (SUBSIDE)	4	VI
8	Bouchaud, Marie-Antoine	Jurisprudence canonique	3	III-IV
9	D'Alembert	Droit canonique, Droit de la guerre, Jurisprudence	3	II-IV
10	Dufour	Finances	3	V
11	Durival le jeune	Jurisprudence + art. FAUTEIL, (droit de), (*Police mil.*)	2	VI-VII
12	Lamotte-Conflans, Pierre Masson de,	Jurisprudence	2	IV-V
13	Boulanger, Nicolas-Antoine	Ponts & Chaussées	1	IV
14	Yvon, abbé	Droit naturel	1	XII
15	Faiguet de Villeneuve	Terme de pratique	1	VI
16	Turgot, A. Robert Jacques	Politique et Droit naturel	1	VII

Comme pour les autres branches du savoir, les éditeurs ont fait appel à des spécialistes. François-Vincent Toussaint fut le premier à s'occuper de la jurisprudence.[20] Né à Paris le 21 décembre 1715, mort à Berlin le 22 juin 1772, il fit des études de droit et fut reçu comme avocat au Parlement de Paris en 1741. D'abord attaché au jansénisme, il se rapprocha du cénacle des Philosophes[21] et fit la connaissance de Diderot.[22] Celui-ci se l'adjoignit en 1744 pour faire la traduction du *Medicinal dictionary* de Robert James (1746-1748). En 1748, Toussaint publia *Les Mœurs*, ouvrage condamné au feu par le Parlement de Paris, dès sa parution, le 6 mai 1748, ce qui contribua fortement à son succès. Il fut réédité plusieurs fois entre 1748 et 1752. Ce traité de morale naturelle contient des affirmations qui durent irriter profondément les autorités ecclésiastiques. Son auteur ne se contente pas de dire qu'"on aime de même son Dieu et sa maîtresse',[23] mais il place le culte intérieur bien au-dessus du culte extérieur au point d'affirmer que la nécessité de rendre à Dieu un culte extérieur ne prouve rien en faveur de tel ou tel culte en particulier. Les 'caractères' dont Toussaint illustre ses préceptes moraux sont pâles à côté de ceux de La Bruyère. Ses critiques de la société n'en vont pas moins du fanatisme des prêtres à la dureté du droit pénal. Bon nombre d'entre elles se retrouvent dans l'*Encyclopédie*, qu'il y ait eu, comme dans certains cas, copie ou que les idées aient eu cours dans les cercles encyclopédiques. *Les Mœurs* contenaient un message important: l'auteur voulait séculariser la morale. La religion et la morale sont pour lui deux domaines différents. Il n'est plus nécessaire qu'il y ait une religion, une révélation, pour que les hommes connaissent la morale. Toussaint donnait une forme précise à cette morale du bonheur séculier qu'on ne trouvait chez les autres que

20. Sur la biographie de Toussaint l'étude de référence est celle de Stefano Ferrari (éd.), *Il Piacere di tradurre: François-Vincent Toussaint e la versione incompiuta dell'Histoire de l'art chez les anciens di Winckelmann* (Rovereto, 2011), p.55-125.
21. Sur ce cénacle, voir Frank A. Kafker, 'L'*Encyclopédie* et le cercle du baron d'Holbach', *RDE* 3 (1987), p.118-24.
22. Vers 1748-1749, Diderot et Toussaint logeaient rue de l'Estrapade. Voir Emanuel Boussuge et Alain Mothu, 'Autour de Diderot: archives policières de la Bastille, 1748-1749', *La Lettre clandestine* 19 (2011), p.318.
23. Toussaint, *Les Mœurs*, p.11.

timidement, par allusions ou par fragments. Le principe de laïcité est ainsi implicitement affirmé. Les allusions ironiques et sceptiques à l'égard des religions dogmatiques ne manquent pas. Toussaint refuse de faire le moindre crédit à l'autorité et à la foi. Il ne croit qu'à la raison. 'Qu'est-ce que la vertu? C'est la fidélité constante à remplir les obligations que la raison nous dicte.' Or, ce qu'elle nous dicte c'est ce qu'avaient déjà dit ou insinué Saint-Evremond, Mandeville, Voltaire: l'homme cherche son bonheur; il ne peut être heureux que par la satisfaction de ses passions; 'non seulement les passions ne sont point mauvaises en elles-mêmes, mais elles sont bonnes, utiles et nécessaires'. La raison, cette 'portion de sagesse divine dont le créateur a orné nos âmes',[24] suffit pour les éclairer sur leurs devoirs. C'est cela qui parut si dangereux aux autorités ecclésiastiques. L'imprimeur Durand fit fortune avec *Les Mœurs*, alors que le pauvre Toussaint, qui avait cédé ses droits pour 500 livres, resta besogneux.[25] Il continua de gagner sa vie grâce aux petits travaux qui nourrissent les écrivains faméliques: traductions, lecture d'épreuves, tout en publiant ses propres écrits quand il le pouvait.

Qu'en est-il de sa contribution encyclopédique? Toussaint signe quelques centaines d'articles, qui figurent, à trois exceptions près, dans les deux premiers volumes. Dans le *Discours préliminaire*, D'Alembert évoque son collaborateur en ces termes: 'La *Jurisprudence* est de M. Toussaint, Avocat en Parlement & membre de l'Académie royale des Sciences & des Belles-Lettres de Prusse; titre qu'il doit à l'étendue de ses connaissances, & à son talent pour écrire, qui lui ont fait un nom dans la Littérature' (*ENC*, I, p.xii). Pourquoi l'homme de lettres et moraliste Toussaint a-t-il été recruté pour écrire les articles de jurisprudence? Et pourquoi interrompe-t-il son rapport de coopération en 1753?

A défaut d'éléments factuels, toute réponse n'a qu'une valeur conjecturale. Plusieurs raisons peuvent néanmoins être avancées pour expliquer le choix des éditeurs de confier le droit à Toussaint. A cette époque, nous l'avons souligné, Diderot et D'Alembert négligent le droit et il est peu probable qu'ils aient connu beaucoup de juristes au moment où ils commencent les

24. Toussaint, *Les Mœurs*, respectivement p.9, p.40, p.21.
25. Voir Proust, *Diderot et l'Encyclopédie*, p.91-92.

travaux. Or, c'est précisément dans ces années qu'éclate le scandale des *Mœurs*, ouvrage qui n'a pas dû déplaire aux éditeurs de l'*Encyclopédie*. En outre, Toussaint avait toutes les cartes en règle pour être recruté: la formation juridique, la pratique d'avocat au Parlement de Paris depuis 1741 et la rédaction de plusieurs chapitres de ses *Mœurs* consacrés à la 'Justice'. En particulier, il a envisagé le droit pénal (vol, calomnie) et le droit civil (mariage, chasteté), sans ménager ses critiques contre les 'frais de justice, injustes et exorbitants', 'la lenteur des juges inexcusable', 'les appels', qui prolongent inutilement les procès; 'les formalités vétilleuses introduites dans la procédure'; 'l'incapacité de la plupart des juges'.[26] La critique des défauts de la justice est sans doute récurrente à cette époque: il n'est pourtant pas anodin qu'elle émane d'un avocat. Toussaint connaît bien, de surcroît, l'œuvre de Montesquieu, au point qu'en 1749, il a rédigé la table des matières analytique de l'édition Huart de *L'Esprit des lois*.[27]

Alors que plusieurs éléments aident à comprendre pourquoi Toussaint fut engagé, il demeure difficile d'expliquer son départ après la parution du second volume.[28] On peut supposer que ce fut par crainte des autorités à la suite du scandale de la thèse jugée impie de l'abbé de Prades et de la condamnation de l'*Encyclopédie* qui s'en suivit en 1752; ou bien que Toussaint n'ait pas apprécié les nombreux emprunts aux *Mœurs* fait par certains collaborateurs de l'*Encyclopédie*, par exemple dans l'article non signé AMOUR CONJUGAL. L'abbé Yvon n'a pas hésité, de son côté, à copier littéralement des *Mœurs* l'article AVARICE (*Morale*) qui porte sa signature (X).[29] Mais la raison qui nous semble être la plus plausible est que Diderot et D'Alembert aient marqué leur déception devant la qualité médiocre des articles de Toussaint. Souvent laconiques et peu documentés, d'un style assez plat, ces articles éclairent rarement le lecteur sur la genèse et l'histoire des

26. Toussaint, *Les Mœurs*, p.211.
27. Voir Catherine Volpilhac-Auger, *Un auteur en quête d'éditeurs? Histoire éditoriale de l'œuvre de Montesquieu (1748-1964)* (Lyon, 2011), p.92.
28. On lit d'ordinaire que sa participation est limitée aux deux premiers volumes, 1751-1752, lettres A-C. En réalité, Toussaint a écrit trois articles supplémentaires de théologie et histoire ecclésiastique, publiés dans les tomes successifs: Invisibles (t.VIII), Rhetoriens (t.XIV) et Sagesse, livres de (t.XIV).
29. *ENC*, I, 862b, à comparer avec *Les Mœurs*, p.95.

termes juridiques, et ne portent que rarement un regard polémique, critique ou prospectif.[30] D'Alembert regrette que Toussaint n'ait pas traité 'cette importante matière [...] avec le détail & la dignité qu'elle mérite' (*ENC*, III, p.iii). Grimm et le juriste Lerasle lui font écho. Le premier fait observer, le 15 novembre 1753, que le public, qui n'était guère satisfait des articles de Toussaint, a accueilli favorablement son remplacement par Boucher d'Argis: 'On a refait à neuf plusieurs parties dont le public avait paru moins satisfait dans les volumes précédents; telle est la jurisprudence [...] c'est M. Boucher d'Argis qui s'en est chargé à la satisfaction du public.'[31] Le deuxième, qui fut le premier directeur du *Dictionnaire de jurisprudence* de l'*Encyclopédie méthodique*, fait état, en 1782, des difficultés qu'il a éprouvées à laisser subsister les articles de jurisprudence de la première encyclopédie. Selon lui, presque toutes les notices des premiers tomes étaient défectueuses.[32]

Combien d'articles exactement Toussaint apporte-t-il à l'*Encyclopédie*? D'après le moteur de recherche de ARTFL, 429 articles affichent la signature (*H*). Ses articles font souvent l'objet d'additions éditoriales de la part de Diderot et D'Alembert, mais aussi d'autres collaborateurs: Mallet, Le Blond, Yvon. Toussaint entame sa participation avec l'article *ABACUZ. Succinct, coécrit avec Diderot, cet article porte sur 'les biens de ceux qui meurent sans laisser d'héritiers' (*ENC*, I, p.7a). Curieusement, son dernier article concerne de nouveau l'héritage: l'article CONSISTANCE (*en terme de pratique*), désigne 'ce en quoi consistent [...] les effets d'une succession, ou les domaines & dépendances d'un héritage' (*ENC*, IV, p.47a). Ses quelques 400 articles abordent presque tous la culture juridique, bien qu'il arrive à Toussaint de s'occuper d'histoire et de grammaire, d'histoire moderne et encore

30. L'article ADULTÈRE est une exception.

31. Grimm, *Correspondance littéraire*, novembre 1753, édition Tourneux, 16 vols (Paris 1880), t.II, p.299.

32. *JEM*: 'La partie de Jurisprudence, dans la première édition du Dictionnaire Encyclopédique, contient certainement un grand nombre d'articles, qui ont été très bien traités; mais on ne peut se dissimuler que la nomenclature des termes de Droit y est incomplète; que plusieurs objets se trouvent légèrement discutés; que quelques-uns d'entre eux pèchent, ou par des omissions nuisibles, ou par des erreurs graves', 'Avertissement', t.I (1782), p.v.

d'histoire ecclésiastique, agriculture, chasse, commerce et théologie.[33] Pour rester sur sa contribution juridique, Toussaint touche à plusieurs aspects du droit. Plus d'un tiers de ses articles affichent les désignants *Jurisprudence*, *Droit* et *Termes de palais*, mais il se penche aussi sur les nomenclatures de *Police*, *Finances*, *Eaux et forêts*, *Pratique*, *Droit canonique*, *coutumier*, *civil et romain*. Il s'occupe des termes techniques de *Chancellerie romaine* et des termes usités dans les *Cours des aides*, qui sont des cours souveraines d'Ancien Régime créées pour traiter du contentieux des finances. Parfois, il invente des désignations que ses confrères ne réutiliseront pas: tel est le cas, par exemple, de l'article AGGREGÉ, classé dans les *Ecoles de droit*. Ce désignant est un *apax* dans le système des branches. Bien qu'il ait consacré un traité tout entier à défendre la morale naturelle, aucun article de sa main ne relève du droit naturel. Toussaint n'utilise cette locution qu'une seule fois, lorsqu'il condamne l'anatocisme, un contrat usuraire où l'on stipule l'intérêt de l'intérêt. Il en parle comme de 'la plus criminelle espèce d'usure [...] contraire au droit naturel & divin' (*ENC*, I, p.409a). Ses articles se trouvent parfois développés par d'autres auteurs. D'Alembert et Diderot proposent un double développement 'philosophique' de l'article CADAVRE, où Toussaint s'était cantonné à rappeler qu'"il est des cas où ne pouvant procéder contre la personne d'un criminel, parce qu'il est mort avant que son procès pût lui être fait, on le fait au *cadavre*, s'il est encore existant, sinon à la mémoire', et que 'le juge doit nommer un curateur au *cadavre* ou à la *mémoire*', curateur qui représentera le défunt lors de la procédure (*ENC*, II, 510b). Toussaint fait allusion au procès au cadavre, pratiqué pour juger les suicidés. D'Alembert ajoute un paragraphe préconisant que les cadavres soient mis à la disposition des médecins pour faire avancer la recherche en anatomie: 'Il est pourtant nécessaire que les magistrats ferment jusqu'à un certain point les yeux sur cet abus [qui consiste à déterrer les cadavres pour les disséquer], qui produit un bien considérable. Les *cadavres* sont les seuls livres où on puisse bien étudier l'Anatomie' (*ENC*, II, p.511a). Diderot, de

33. Il consacre une entrée, non pas un article, à la *Philosophie*: le terme Anticipation ne comporte pas de définition, mais seulement le désignant et un renvoi: '*Voyez* Prénotion (*H*)' (*ENC*, I, p.500a).

son côté, renchérit contre la superstition des prêtres qui entrave le progrès scientifique:

> *La conservation des hommes & les progrès de l'art de les guérir, sont des objets si importants, que dans une société bien policée, les prêtres ne devraient recevoir les *cadavres* que des mains de l'Anatomiste, & qu'il devrait y avoir une loi qui défendit l'inhumation d'un corps, avant son ouverture. Quelle foule de connaissances n'acquerrait-on pas par ce moyen! (*ENC*, II, p.510-11)

Toussaint ne consacre que quelques lignes assez plates aux articles ACCUSATION, ASSASSIN, BANNISSEMENT, BLASPHÈME, qui auraient sans doute mérité un traitement plus conséquent. Ce n'est pas un hasard si, dans le premier volume des *Suppléments à l'Encyclopédie* de 1776, les articles ACCUSÉ et ASSASSINAT de Toussaint seront remplacés par des articles 'raisonnés'. L'article BRODEQUINS (*Jurisprudence*) est paradigmatique de l'attitude neutre de Toussaint, qui ne prend pas position entre défenseurs de l'ancien droit et réformateurs. Dans cet article, qui porte sur l'une des modalités parmi les plus répandues d'arracher l'aveu de culpabilité par les tourments, l'encyclopédiste aurait pu critiquer la torture judiciaire et dénoncer son inutilité pour l'établissement de la preuve légale. Tel n'est pas le cas, Toussaint se limitant à une froide description technique de cette forme de Question qui se donnait avec des planches et des coins, dont on serrait fortement les jambes de l'accusé. En définitive, on ne peut s'empêcher de penser que Toussaint écrivait ses articles un peu comme un pensum. Davantage lexicographe qu'encyclopédiste, il s'adonne plus à compiler qu'à participer aux débats d'idées. Moins jurisconsulte que praticien, c'est-à-dire versé dans la pratique judiciaire, Toussaint ne fait pas preuve dans ses articles d'allier

> la théorie du Droit avec la pratique, [d']être profond dans la science des lois, [d']en savoir l'origine & les circonstances qui y ont donné lieu, les conjonctures dans lesquelles elles ont été faites, [d']en pénétrer le sens & l'esprit, [de] connaître les progrès de la Jurisprudence, les révolutions qu'elle a éprouvées (*ENC*, JURISCONSULTE, en *Jurisprudence*, IX, p.70, par Boucher d'Argis).

Bien que quantitativement sa contribution juridique soit importante, elle ne permet de positionner Toussaint ni dans le camp des défenseurs de l'ancien ordre juridique, ni dans celui des partisans d'une rénovation du droit pour une cité juste. Tout se passe comme si l'auteur des *Mœurs* n'avait pas vraiment pris la mesure du potentiel réformateur de l'*Encyclopédie*. Cela est d'autant plus dommageable qu'il connaissait cet ouvrage clé du courant réformateur que fut *L'Esprit des lois*, ouvrage que Toussaint ne mentionne quasi jamais dans ses articles.[34]

Dans l'*Avertissement des éditeurs* au volume III, D'Alembert annonce le changement de collaborateur pour la jurisprudence:

> Grâces aux soins de M. Boucher d'Argis, très connu par ses excellents ouvrages, la Jurisprudence, cette science malheureusement si nécessaire, & en même temps si étendue, va désormais paraître dans l'Encyclopédie avec le détail & la dignité qu'elle mérite. Nous doutons qu'aucun livre de l'espèce du nôtre soit aussi complet, aussi riche, & aussi exact sur cette importante matière (*ENC*, III, p.iii).

En réalité, deux collaborateurs prennent la relève à partir de 1753, date qui marque un clivage dans l'histoire de l'*Encyclopédie*: le jurisconsulte Boucher d'Argis et le jusnaturaliste Jaucourt. La contribution juridique de ces auteurs sera étudiée tout au long des sept prochains chapitres. Antoine-Gaspard Boucher d'Argis (1708-1791) était fils d'un avocat au Parlement de Paris, issu d'une vieille famille de juristes d'origine lyonnaise.[35] A l'époque où il commence à collaborer à l'*Encyclopédie*, Boucher d'Argis a un peu plus de 40 ans. Il a publié des ouvrages de qualité qui ont assuré sa réputation dans le monde judiciaire. Ami de Turgot et de Malesherbes, Boucher d'Argis ne publie pas seulement des traités de droit privé, mais se consacre également à la révision et augmentation de plusieurs recueils techniques: retenons ici le *Dictionnaire de droit et de pratique* de Ferrière (à partir de 1740) et le *Recueil par ordre alphabétique des principales questions de droit qui se jugent dans les différents tribunaux du royaume*, de Barthélemy-Joseph Bretonnier, à partir de la troisième édition, publiée en 1739. Il est

34. A notre connaissance, Montesquieu n'est cité que dans l'article ASSASSIN (*ENC*, I, p.766).

35. Voir Jean-Christophe Gaven, 'Boucher d'Argis Antoine-Gaspard', dans *Dictionnaire historique des juristes français XIIe-XXe siècle*, éd. Patrick Arabeyre *et al.* (Paris, 2007), p.113-15.

probable que Diderot ait été conduit à solliciter Boucher d'Argis en raison de l'étendue de ses connaissances et du rigoureux travail lexicographique qu'il était en train d'accomplir sur l'immense nomenclature du droit contenue dans ces répertoires. Comme encyclopédiste, Boucher d'Argis fut aussi prolifique que fidèle. Il est le troisième contributeur en quantité, après Jaucourt et Diderot, et le premier pour ce qui concerne le droit, avec plus de 4 000 articles, ce que lui vaut le titre de 'jurisconsulte'[36] de l'ouvrage. Si l'*Encyclopédie* est le seul répertoire non spécialisé dans lequel les lecteurs des années 1750-1760 peuvent trouver des informations assez complètes sur le droit, c'est essentiellement grâce à lui. Que l'*Encyclopédie* ait été condamnée par l'archevêque de Paris en 1752 ne semble pas l'avoir fait hésiter à y collaborer. La révocation du privilège en 1758 ne semble pas davantage l'avoir troublé. Il continua d'envoyer ses articles à l'ouvrage devenu clandestin. Bon catholique, traditionaliste,[37] il n'en était pas moins libéral avec un souci agissant de l'équité. Il fut un des cosignataires des mémoires qu'Elie de Beaumont avait rédigés à la demande de Voltaire en faveur des Calas, puis de Sirven. Boucher d'Argis était avant tout historien du droit plutôt que critique. Sa méthode, employée dans chaque article, consiste, après avoir tenté une définition, à remonter aux plus lointaines origines de l'institution étudiée, à en trouver si possible les raisons d'être, à en retracer l'évolution dans toutes ses phases et, à la différence de son confrère Toussaint, à mentionner la liste aussi complète que possible des sources consultées.

36. Au temps de l'*Encyclopédie*, le terme de juriste désigne avant tout les 'étudiants en droit' (art. JURISTE OU LÉGISTE en *Jurisprudence*, IX, p.83a), alors que le mot jurisconsulte qualifie 'un homme versé dans la Jurisprudence, c'est-à-dire dans la science des lois, coutumes, & usages, & de tout ce qui a rapport au droit & à l'équité'. Dans l'article JURISCONSULTE (*Jurisprudence*), Boucher d'Argis liste les jurisconsultes romains, allemands et français les plus célèbres (*ENC*, IX, p.70-72).

37. Voir Marjorie Dupuis-Berruex, 'La question pénale dans l'*Encyclopédie*: aperçu sur la lutte opposant le parti des Lumières au parti de la tradition', *L'Irascible: revue de l'Institut Rhône-Alpin de Sciences Criminelles* 4 (2013), p.46-54. S'appuyant sur les articles juridiques ROUE et SODOMIE, l'auteur montre la dette que Boucher d'Argis a contractée avec les *Institutes au droit criminel* (Paris, Le Breton, 1757) de Muyart de Vouglans.

A la différence de Boucher d'Argis, le protestant Jaucourt,[38] dont la biographie est désormais assez connue,[39] adopte souvent un style contestataire. Nous verrons que son usage critique de *L'Esprit des lois*[40] et d'autres matériaux empruntés à la riche constellation jusnaturaliste,[41] participe d'un vaste projet réformateur: en effet, Jaucourt préconise l'humanisation du *jus belli* et du système pénal (voir ci-dessous, les chapitres 3 et 5), la suppression de la loi de l'esclavage et de la torture judiciaire (voir les chapitres 4 et 7), la libéralisation de la censure (dans l'article LIBELLE (*Gouvernement politique*), une redistribution plus équitable des richesses[42] et la tolérance en matière de religion (dans l'article LIBERTÉ DE CONSCIENCE). Contrairement à l'idée reçue selon laquelle il serait nécessairement conservateur, le droit peut véhiculer des messages potentiellement transformateurs des rapports politiques.

Relai d'idées et pôle critique au service d'idéologies parfois concurrentes, l'*Encyclopédie* favorise la rencontre d'une pluralité de styles et points de vue doctrinaux. Boucher d'Argis et Jaucourt ne travaillent pas pour autant en rivales. Leurs contributions se

38. Voir Jacques Proust, ‘Le protestantisme dans l'*Encyclopédie*’, *DHS* 17 (1985), p.52-66.

39. Voir le livre déjà cité de Haechler, *L'Encyclopédie de Diderot et... de Jaucourt*, ainsi que l'utile monographie de Madeleine Morris, *Le Chevalier de Jaucourt, un ami de la terre, 1704-1780* (Genève, 1979). Signalons aussi un premier volume collectif en cours d'achèvement, sur ‘Encyclopédisme, éclectisme, critique: les figures philosophiques de Jaucourt’ (éd. Gilles Barroux et François Pépin).

40. Voir Georges Benrekassa, ‘*L'Esprit des lois* dans l'*Encyclopédie*: de la liberté civile à la contribution citoyenne, des droits subjectifs au pacte social’, dans *Le Temps de Montesquieu*, éd. Michel Porret et Catherine Volpilhac-Auger (Genève, 2002), p.253-74; Céline Spector, ‘Y a-t-il une politique des renvois dans l'*Encyclopédie*? Montesquieu lu par Jaucourt’, *Corpus, revue de philosophie* 51 (2007), p.215-47.

41. Sur l'usage de Pufendorf, lire Gabrielle Radica, ‘Trois interprétations de la notion de “loi fondamentale” au XVIIIe siècle’, dans *Les Lumières en mouvement: la circulation des idées au XVIIIe siècle*, éd. Isabelle Moreau (Lyon, 2009), p.229-53. Sur la dette contractée à l'égard de Burlamaqui, voir Bruno Bernardi, ‘Consécration et crise du droit naturel: Burlamaqui et l'*Encyclopédie*’, in Bruno Bernardi, *Le Principe d'obligation* (Paris, 2007), p.223-44.

42. Voir Francine Markovits, ‘Droit et politique dans l'*Encyclopédie*’, in Francine Markovits, *Le Décalogue sceptique: l'universel en question au temps des Lumières* (Paris, 2011), p.393-423.

complètent à bien des égards: alors que le premier explique, en technicien, la réalité de l'ancien droit, le deuxième, en philosophe, plaide pour une législation conforme aux principes de justice naturelle qu'il estime avoir dégagés. Entamé en 1753, l'engagement encyclopédique de Jaucourt ne s'arrête pas en 1765. Certains de ses articles sont repris dans l'*Encyclopédie méthodique*. De surcroît, sa participation à l'équipe réunie par De Felice afin de mettre en place les treize volumes de discours du *Dictionnaire universel raisonné de justice naturelle et civile ou Code de l'humanité* (Yverdon, 1777-1778), confirme le prestige que Jaucourt a acquis dans la culture jus-politique de l'Europe des Lumières (voir le chapitre 12, p.226 et p.235-36).

Annexe

Tableau 3: Les branches juridiques dans l'‘*Encyclopédie*’.

Nº	Matières	Auteurs	Art.	Ex. articles vedettes
1	Jurisprudence (ancienne, moderne, française, etc.)	Boucher, Toussaint, Diderot, d'Holbach, Jaucourt, Mallet	2829	DROIT, JUGE, MARIAGE
2	Termes de palais (en style de palais)	Toussaint, Boucher, Jaucourt	75	BARREAU, CASSATION, EXTRA
3	Finances (de France)	Toussaint, Mallet, Boucher, Dufour, Pesselier, D.J, Le Blond	68	FERMES, IMPÔTS, TAILLE
4	Droit naturel	Jaucourt, Yvon, Turgot	66	ESCLAVAGE, LOI, PEINE
5	Droit politique, (d'Angleterre)	d'Holbach, Jaucourt	59	CLEMENCE, FIEF, OTAGE
6	Police (ancienne, moderne, de Rome, de Paris, de mer, maritime, de rivière, de manufacture, militaire, terme de)	Boucher, Diderot, Durival, d'Holbach, Forbonnais, Mallet, Toussaint, Jaucourt	43	BOUEUR, FIACRE, MALADRERIE
7	Termes de pratique (ou de Praticien)	Toussaint, Boucher, Faiguet de Villeneuve, Jaucourt	39	BAILLEUR, CERTIFICATEUR
8	Eaux & Forêts	Toussaint, Diderot, Boucher, Jaucourt	28	BALISEUR, BOQUETEAU, PEROT
9	Droit canon ou canonique	Jaucourt, Mallet, Toussaint	27	ANNEXE, BIGAME, CENSURE

Nº	Matières	Auteurs	Art.	Ex. articles vedettes
10	Droit coutumier (ancien, de France)	Jaucourt, Toussaint	23	AVENAGE, GANTS
11	Droit civil (ancien, moderne, d'une nation)	Jaucourt, Toussaint	23	ABIGEAT, PRIX, VOLEUR
12	Droit public (germanique)	Boucher, Diderot, d'Holbach, Jaucourt, Toussaint	18	CITOYEN, DICTATURE, EXIMER
13	Droit romain	Boucher, Jaucourt, Mallet, Toussaint	17	AFFRANCHI, FAMILLE, USURE
14	Termes de chancellerie	Toussaint, Mallet, Jaucourt	15	REFUTATA, REVISEUR
15	Matière bénéficiale	Boucher d'Argis	9	COMMANDE
16	Droit ecclésiastique	Toussaint, Mallet, Diderot, D.J.	7	AMOVIBLE, PANNOMIE
17	Droit féodal	Jaucourt	7	LAYER, SEGRÉGAGE
18	Droit (public) germanique	Jaucourt, d'Holbach	6	ELECTEURS, EMPEREUR, LUBECK
19	Matière criminelle	Boucher d'Argis	5	
20	Droit français	Toussaint, Jaucourt	5	ANNION, MACHINATION
21	Droit moral	Jaucourt	5	JUGE, LOI, TORT
22	Droit des gens	Jaucourt	3	CONQUETE, ENNEMI
23	Histoire et droit des barbares	Jaucourt	3	COMPOSITION, JUREUR
24	Droit des seigneurs	Jaucourt	3	PLASSAGE, SACCAGE, STÉLAGE
25	Droit de la guerre	D'Alembert, Jaucourt	2	DEGAT, PRISONNIER DE GUERRE
26	Droit divin	Jaucourt	2	LOI, LOI DIVINE
27	Justice (terme de)	Boucher + anonyme	2	CHAÎNE, CHAMBRE
28	Ancien droit anglais, Droit anglais	Non signé	2	PRESENT MORTUAIRE
29	Droit commun	Toussaint	1	
30	Procédure criminelle	Jaucourt	1	QUESTION
31	Droit maritime	Jaucourt	1	LAGAN
32	Droit saxon	Jaucourt	1	WEREGILD

Nº	Matières	Auteurs	Art.	Ex. articles vedettes
33	Lois, Jurisprudence	Non signé	1	Lois malmutines
34	Lois civiles et naturelles	Jaucourt	1	Sanction
35	Dans quelques anciens Jurisconsultes	Toussaint	1	Cautele
36	Dans les écoles de droit	Toussaint	1	Aggregé
37	Droits honorifiques	Jaucourt	1	
38	Droit des fermes	Non signé	1	
39	Droit de naufrage	Jaucourt	1	Salvage
40	Droit d'église	Jaucourt	1	Séquelle, dixme de
41	Ponts & Chaussées	Boulanger	1	Corvée

2. Le droit naturel

Autonomie et immutabilité de l'idée de justice

Les collaborateurs de l'*Encyclopédie* faisaient face à un double problème décrit par Ernst Cassirer: 'D'un côté le droit devait affirmer son originalité et son autonomie intellectuelle à l'égard des dogmes de la théologie et échapper à ses dangereux embrassements; d'autre part, il fallait définir et délimiter clairement la sphère juridique par rapport à celle de l'Etat et la mettre à l'abri, dans sa spécificité et sa valeur propre, de l'absolutisme étatique.'[1] Leur démarche pour se libérer de l'emprise de l'Eglise remonte à l'*etiamsi daremus* de Grotius, une sorte de mise entre parenthèses de la foi pour pouvoir bâtir un système politique ou moral indépendant, clairement exprimé par Pufendorf: 'dans l'explication du droit naturel on suppose certaines choses fondées sur ce que l'on peut découvrir par la raison toute seule, il n'y a là rien qui choque les lumières plus distinctes et plus étendues que la Révélation nous fournit sur le même sujet; ce sont seulement des hypothèses, sur lesquelles on raisonne en mettant à part la Révélation.'[2]

Au cours des XVIIe et XVIIIe siècles, les cadres de référence vont se modifier par un glissement d'une organisation religieuse à

Ce chapitre est une version amendée de mon article 'Jaucourt, Montesquieu et la discipline *Droit naturel* dans l'*Encyclopédie*', dans *Les Lumières et l'idée de nature*, éd. Gérard Chazal (Dijon, 2011), p.139-53. Le chapitre reprend et développe des passages publiés dans Luigi Delia, Ethel Groffier éd., *La Vision nouvelle de la société dans l'Encyclopédie méthodique*, vol.1, *Jurisprudence* (Québec, 2012), p.52-64.

1. Ernst Cassirer, *La Philosophie des Lumières*, trad. fr. P. Quillet (Paris, 1966), p.243.
2. *Les Devoirs de l'homme et du citoyen tels qu'ils lui sont prescrits par la loi naturelle*, traduit du latin par Jean Barbeyrac, 2 vols (Caen, 2002), p.xl. La même idée se retrouve chez Descartes: après avoir mis à part 'les vérités de la foi qui ont toujours été les premières en ma créance, je jugeai que pour tout le reste de mes opinions, je pouvais librement entreprendre de m'en défaire' (*Discours de la méthode*, *Œuvres complètes*, éd. Charles Adam et Paul Tannery, 11 vols (Paris, 1996), t.VI, p.28).

une éthique politique et économique.[3] Montesquieu reprend, dans sa 81e lettre persane, l'idée de Grotius en la poussant sans doute un peu plus loin que son prédécesseur n'avait voulu le faire: '[...] quand il n'y aurait pas de Dieu, nous devrions toujours aimer la justice; c'est-à-dire faire nos efforts pour ressembler à cet être dont nous avons une si belle idée, et qui, s'il existait, serait nécessairement juste. Libres que nous serions du joug de sa religion, nous ne devrions pas l'être de celui de l'équité.'[4] L'espace de la morale et par conséquent du droit, qui en découle selon l'arbre de la connaissance, devient indépendant de celui de la religion. Les encyclopédistes vont aussi repousser la doctrine théocratique qui déduisait le droit de la volonté divine sans intervention de la volonté humaine. Jaucourt donne à la morale, dans l'article du même nom, la prééminence sur la foi. Mais l'idée de l'indépendance du droit vis-à-vis de la révélation n'est pas partagée au même degré. Il y a hésitation chez Boucher d'Argis, élimination de Dieu chez Diderot, le chevalier de Jaucourt se situant entre les deux.

D'autre part, les encyclopédistes vont en outre lutter contre l'idée, de plus en plus présente depuis Machiavel et Bodin, que le droit était l'émanation du prince sans condition ni restriction. Ils soumettent le prince non seulement au droit naturel mais encore aux lois en général. 'La vraie et légitime puissance a donc nécessairement des bornes', écrit Diderot dans AUTORITÉ POLITIQUE.

> Le prince tient de ses sujets mêmes l'autorité qu'il a sur eux; & cette autorité est bornée par les lois de la nature & de l'état [...] il ne peut jamais employer cette autorité pour casser l'acte ou le contrat par lequel elle lui a été déférée [...]. Ce n'est pas l'état qui appartient au prince, c'est le prince qui appartient à l'état. (*ENC*, I, p.898b)

3. Pour cette évolution, voir Michel de Certeau, *L'Ecriture de l'histoire* (Paris, 1975), p.178-241.
4. *Lettres persanes* 81, dans *Œuvres complètes I*, éd. Jean Ehrard et Catherine Volpilhac-Auger (Oxford-Naples, 2004), p.360-61. Sur le jusnaturalisme de Montesquieu, voir Dario Ippolito, 'Montesquieu et le droit naturel', dans *(Re)lire L'Esprit des lois*, éd. Luigi Delia et Catherine Volpilhac-Auger (Paris, 2014), p.83-103.

Même le prudent Boucher d'Argis, dans son article DROIT DE LA NATURE ou DROIT NATUREL, reproche spécialement à Hobbes d'attribuer aux rois une autorité sans bornes, non seulement dans les affaires d'Etat, mais en matière de religion (*ENC*, IV, p.91).[5] Ce dernier reproche est moins innocent qu'il n'y paraît dans un contexte où le roi a imposé une religion unique, où les protestants n'ont plus le droit de pratiquer leur religion depuis la révocation de l'Edit de Nantes et où le roi se range le plus souvent du côté du clergé contre le parlement dans la lutte qui les oppose à propos des billets de confession.[6]

Dans son article DROIT NATUREL, Diderot situe son exposé sur le plan de la morale et se trouve obligé de constater: 'que de toutes les notions de la Morale, celle du droit naturel est une des plus importantes & des plus difficiles à déterminer.' Dans l'impossibilité de trouver une définition satisfaisante, il va se borner à 'résoudre les difficultés les plus considérables qu'on a coutume de proposer contre la notion du droit naturel' (*ENC*, V, p.115b).[7] Il veut donner à sa théorie une base scientifique. Il la voit dans la volonté générale inhérente à l'espèce humaine, ce que lui permet de récuser implicitement l'origine transcendante des lois naturelles. Pourtant, ce n'est pas tellement le fondement religieux, au sens le plus large, auquel il s'oppose, lui qui affirme dans l'article AUTORITÉ POLITIQUE que l'homme 'a un maître supérieur au-dessus de tout, à qui seul il appartient tout entier'[8] (*ENC*, I, p.898ab). C'est plutôt par le rejet de la notion de

5. Sur la réception de Hobbes dans l'*Encyclopédie*, on peut encore utilement se reporter à l'article de Leland Thielemann, 'Thomas Hobbes dans l'*Encyclopédie*', *Revue d'histoire littéraire de la France* (juillet-septembre 1951), p.333-46. Voir aussi Yves Glaziou, *Hobbes en France au XVIII*[e] *siècle* (Paris, 1993).

6. Le Parlement de tendance janséniste décrète de prise de corps les religieux qui refusent les sacrements aux fidèles qui n'acceptent pas la bulle Unigenitus. Cette bulle signée par le pape Clément XI le 8 septembre 1713 avait été enregistrée sur l'ordre de Louis XIV le 15 février 1714. Elle condamnait 101 propositions contenues dans l'ouvrage du janséniste Pasquier Quesnel intitulé *Réflexions morales sur le Nouveau Testament.*

7. Pour l'analyse de la technique dialectique, voir Patrick Hochart, 'Le droit en débat', *RDE* 36 (2003), p.61-68. Voir aussi Eliane Martin-Haag, 'Droit naturel et histoire dans la philosophie de Diderot', *RDE* 26 (1999), p.37-47.

8. Sur l'article AUTORITÉ POLITIQUE et les polémiques qu'il a suscitées, voir Proust, *Diderot et l'Encyclopédie*, p.350-56.

libre-arbitre,[9] auquel il ne croit pas,[10] que Diderot s'écarte des auteurs sources.

Boucher d'Argis et Jaucourt, eux, se réfèrent aux deux grands maîtres de la discipline, Grotius et Pufendorf, mais interprétés par Barbeyrac et Burlamaqui. Les encyclopédistes sont convaincus qu'il existe des normes juridiques universelles et immuables, indépendantes des fluctuations historiques et supérieures aux vicissitudes du temps. Mais cette conviction n'est pas sans leur poser quelques problèmes étant donné leur théorie sensualiste de la connaissance: 'Toutes nos connaissances directes se réduisent à celles que nous recevons par les sens; d'où il s'ensuit que c'est à nos sensations que nous devons toutes nos idées' (*Discours préliminaire*, I, ii). L'immutabilité de l'idée de justice se concilie mal avec la thèse que toute connaissance provient des sens et se fonde sur les expériences sensibles. Ils s'en tirent en soutenant que les êtres humains sont conformés de façon à découvrir grâce à la raison les principes de ce droit fondamental. Ainsi Jaucourt peut affirmer que 'ces règles de conduite que l'on appelle *lois naturelles*, sont tellement proportionnées à notre nature, aux dispositions primitives, & aux désirs naturels de notre âme, à notre constitution, à nos besoins, & à l'état où nous nous trouvons dans ce monde, qu'il paraît manifestement qu'elles sont faites pour nous' (*ENC*, SANCTION (*Lois civiles, lois naturelles*), XIV, p.608b). De façon générale, ils se trouvent d'accord sur l'apriorisme du caractère immuable de la loi naturelle:

> Que ce soit donc une maxime pour nous incontestable, que les caractères de la vertu sont écrits au fond de nos âmes: de fortes passions nous les cachent à la vérité quelques instants; mais elles ne les effacent jamais, parce qu'ils sont ineffaçables. Pour les comprendre, il n'est pas besoin de s'élever jusqu'aux cieux, ni de percer dans les abymes; ils sont aussi faciles à saisir que les principes des arts les plus communs: il en sort de toutes parts

9. Proust, *Diderot et l'Encyclopédie*, p.383. Aussi Diderot défend le postulat déterministe dans les articles INVOLONTAIRE (*Grammaire*), PASSIONS (*Philosophie, Logique, Morale*) et VOLONTÉ (*Grammaire et Philosophie morale*).

10. Voir la Lettre à Landois publiée dans la *Correspondance littéraire*, juillet 1756, III, p.249-55. Il s'agit d'une réponse à un texte de morale de Landois, qui ne nous est pas parvenu, peut-être un article refusé (Paolo Casini, 'Lettre à Landois', *Dictionnaire de Diderot*, éd. Raymond Trousson et Roland Mortier (Paris, 1999), p.277 et sq.).

des démonstrations, soit qu'on réfléchisse sur soi-même, ou qu'on ouvre les yeux sur ce qui s'offre à nous tous les jours. En un mot, la *loi naturelle* est écrite dans nos cœurs en caractères si beaux, avec des expressions si fortes & des traits si lumineux, qu'il n'est pas possible de la méconnaître. (*ENC*, LOI NATURELLE (*Morale*), IX, p.666a)

Le jusnaturalisme de Jaucourt

Auteur de la presque totalité des articles redevables du *Droit naturel* – à l'exception de 6 entrées non signées, il en rédige 42 à lui seul – Jaucourt est le véritable jusnaturaliste de l'*Encyclopédie* (voir le tableau 4 à la fin du chapitre, p.58).

Cet encyclopédiste a cru bon d'ajouter lui aussi un long article, NATURELLE, LOI (*Droit naturel*) à ceux de Boucher d'Argis et de Diderot.[11] Sa définition de la loi naturelle est plus proche de celle du premier, c'est-à-dire de celle de Burlamaqui, que de celle de Diderot:

On définit la loi naturelle, une loi que Dieu impose à tous les hommes, & qu'ils peuvent découvrir par les lumières de leur raison, en considérant attentivement leur nature & leur état. Le droit naturel est le système de ces mêmes lois, & la jurisprudence naturelle est l'art de développer les lois de la nature, & de les appliquer aux actions humaines. (*ENC*, XI, p.46a)

Le chevalier s'inspire également du livre I de *L'Esprit des lois* dans lequel Montesquieu montre que les lois de la nature sont ainsi nommées 'parce qu'elles dérivent uniquement de la constitution de notre état',[12] l'état de nature, c'est-à-dire celui de l'homme avant l'établissement des sociétés. A bonne école avec Burlamaqui,[13] Jaucourt postule que les lois naturelles sont

11. Sur les articles que Diderot et Boucher d'Argis ont consacré au droit naturel voir Proust, *Diderot et l'Encyclopédie*, p.384-93.
12. Jaucourt a su imbriquer, dans ses articles, le comparatisme et le relativisme de Montesquieu avec le contractualisme de Locke et les principes des théoriciens modernes du droit naturel (voir Spector, 'Y-a-t-il une politique des renvois dans l'*Encyclopédie*?, p.215-47).
13. Voir Jean-Jacques Burlamaqui, *Principes du droit naturel* (Genève, Philibert, 1756), seconde partie, ch.4, para.7-18, éd. Jean-Paul Coujou (Paris, 2007), p.109-18.

fondées sur trois principes généraux: la religion, l'amour de soi-même, la sociabilité ou la bienveillance envers les autres hommes. De ces trois principes-clés découlent les caractéristiques des lois naturelles:

1. Les lois naturelles sont suffisamment connues des hommes, on peut les découvrir par l'usage de la raison cultivée;
2. Elles ne dépendent point d'une institution arbitraire mais de l'institution divine fondée d'un côté sur la nature & la constitution de l'homme; de l'autre sur la sagesse de Dieu, qui ne saurait vouloir une fin, sans vouloir en même temps les moyens qui seuls peuvent y conduire;
3. Elles sont universelles, c'est-à-dire qu'elles obligent tous les hommes sans exception;
4. Elles sont immuables, & n'admettent aucune dispense. (*ENC*, XI, p.46-47)

Ces lois naturelles imposent des devoirs envers Dieu, envers nous-mêmes et envers les autres hommes. Ces derniers sont les devoirs de la sociabilité. Ils comprennent trois grands devoirs absolus: ne faire de mal à personne; estimer et traiter les autres comme autant d'êtres qui nous sont naturellement égaux; contribuer autant qu'il est possible à la société.

Jaucourt fait de cette justice naturelle, attachée à la qualité même d'être raisonnable, une arme critique susceptible de contraster l'injustice légalisée et de favoriser ce qui est juste en l'absence de loi. Dans l'article INJUSTICE (*Droit naturel*), au nom du primat absolu des lois naturelles, qui confèrent à l'homme 'un vrai droit de faire ce que la raison lui dicte' (*ENC*, VIII, 754a), se trouve refusé le 'très faux' positivisme juridique de Hobbes, qui prétend que toute injustice envers les hommes suppose des lois humaines. Etant exemplaire, l'outrage odieux que Sextus Tarquin fit à Lucrèce est cité deux fois dans l'*Encyclopédie*: dans l'article LOI NATURELLE (*Morale*, IX, 666) et dans l'article NATURELLE, LOI (*Droit naturel*, XI, 47). De cet épisode de l'histoire romaine, les encyclopédistes concluent que ce n'est pas parce qu'il n'y avait pas encore à Rome de loi écrite interdisant ce genre de violences, que Tarquin n'a pas commis un acte criminel. Tout au contraire: 'Tarquin pécha contra la loi naturelle qui était loi dans tous les temps, & non pas seulement depuis l'instant qu'elle a été écrite.'

Pour Jaucourt, le droit naturel précède et rend possible le droit positif. Si le droit positif est le fruit d'un établissement arbitraire, en étant le produit de l'institution humaine, en revanche le droit naturel coïncide avec la raison humaine et ne découle que des maximes de cette droite raison et des règles immuables d'une justice tenue pour universelle. Ces maximes et ces règles se veulent consubstantielles à l'esprit humain et en accord parfait avec la raison éternelle qui gouverne l'univers. C'est pourquoi, lit-on encore dans l'article INJUSTICE (*Droit naturel*),

> une personne innocente a droit à la conservation de sa vie, à l'intégrité de ses membres, aux aliments nécessaires; & sans toutes ces choses, elle ne pourrait pas contribuer à l'avancement du bien commun: ainsi on lui ferait certainement une criante injustice de lui ôter la vie, de lui retrancher quelque membre, parce que *toute atteinte donnée aux droits d'autrui, est une injustice, quelle que soit la loi humaine, en vertu de laquelle on a acquis ces droits* (*ENC*, VIII, p.754a).

On remarquera le caractère anti-hobbesien de la phrase que nous soulignons. Elle restitue le propos de Jaucourt: faire appel à la supériorité du droit naturel permet d'ériger un rempart 'contre les dangereux embrassements de l'Etat Léviathan', pour parler comme Cassirer.[14] La même idée est défendue dans l'article SUJET (*Gouvernement civil*), où il est commode à Jaucourt de contester Hobbes par l'évocation de la tragédie d'*Antigone* de Sophocle:

> En promettant au souverain une fidèle obéissance, on n'a jamais pu le faire que sous la condition tacite qu'il n'ordonnerait rien qui fût contraire aux lois de Dieu, soit naturelles, soit révélées. 'Je ne croyais pas, dit Antigone à Créon, roi de Thèbes, que les édits d'un homme mortel tel que vous, eussent tant de force, qu'ils dussent l'emporter sur les lois des dieux mêmes, lois non écrites à la vérité, mais certaines & immuables; car elles ne sont pas d'hier ni d'aujourd'hui; on les trouve établies de temps immémorial; personne ne sait quand elles ont commencé; je ne devais donc pas par la crainte d'aucun homme, m'exposer, en les violant, à la punition des dieux.' (*ENC*, XV, p.643b)

A côté de ces devoirs absolus, qui sont ceux de tous les sujets (juges, soldats, citoyens) vis-à-vis du souverain, il y a ce que

14. Cassirer, *La Philosophie des Lumières*, p.243.

Jaucourt appelle des 'devoirs conditionnels': ceux qui résultent des engagements – contrat, promesse – élaborés dans l'article ENGAGEMENT (*Droit naturel, morale*) et qui peuvent se subsumer dans le devoir général de tenir inviolablement sa parole et de ne tromper personne; ceux qui découlent de la propriété et qui se résument au respect de la propriété d'autrui, avec l'exception du temps de guerre; ceux qui découlent des 'états accessoires' – mariage, filiation, service domestique.

Enfin, la règle générale qui renferme tous les devoirs du souverain est le bien du peuple. Ses devoirs particuliers sont énumérés et seront développés notamment dans l'article DEVOIR (*Droit naturel, morale*). A partir de cette construction, Jaucourt va formuler des critiques qui, souvent, suggèrent implicitement des réformes, dans un certain nombre de domaines: le gouvernement, l'acquisition de la propriété, les contrats, la famille. 'La loi souveraine de tout bon gouvernement est le bien public, *salus populi, suprema lex est*: aussi dans le partage où l'on est sur les formes du gouvernement, on convient de cette dernière vérité d'une voix unanime' (*ENC*, GOUVERNEMENT, VII, p.790).

La Pologne est donnée en exemple de mauvais gouvernement. Ecrites au début de la Guerre de Sept Ans, ces lignes peuvent aisément s'appliquer à la France:

> Ce serait des défauts dans un gouvernement, si les lois & les coutumes d'un état n'étaient pas conformes au naturel du peuple, ou aux qualités & à la situation du pays. Par exemple, si les lois tendaient à tourner du côté des armes un peuple propre aux arts de la paix; ou si ces mêmes lois négligeaient d'encourager, d'honorer le commerce & les manufactures, dans un pays situé favorablement pour en retirer un grand profit. Ce serait des défauts dans un gouvernement, si la constitution des lois fondamentales n'était avantageuse qu'aux grands; si elle tendait à rendre l'expédition des affaires également lente & difficile (*ENC*, GOUVERNEMENT, VII, p.790).

La critique du pouvoir absolu se précise dans l'article MONARCHIE (*Gouvernement politique*). Elle devient vigoureuse:

> La monarchie se corrompt, lorsque des âmes singulièrement lâches [...], croient que ce qui fait que l'on doit tout au prince, fait que l'on ne doit rien à sa patrie; & plus encore, lorsque

l'adulation tenant une coquille de fard à la main, s'efforce de persuader à celui qui porte le sceptre, que les hommes sont à l'égard de leurs souverains, ce qu'est la nature entière par rapport à son auteur [...].

La monarchie se perd, lorsqu'un prince croit qu'il montre plus sa puissance en changeant l'ordre des choses, qu'en le suivant; lorsqu'il prive les corps de l'état de leurs prérogatives; lorsqu'il ôte les fonctions naturelles des uns, pour les donner arbitrairement à d'autres; & lorsqu'il est amoureux de ses fantaisies frivoles [...].

La monarchie se perd, lorsqu'un prince, trompé par ses ministres, vient à croire que plus les sujets sont pauvres, plus les familles sont nombreuses; & que plus ils sont chargés d'impôts, plus ils sont en état de les payer: deux sophismes que j'appelle crimes de lèse-majesté, qui ont toujours ruiné, & qui ruineront à jamais toutes les monarchies. Les républiques finissent par le luxe, les monarchies par la dépopulation & par la pauvreté. (*ENC*, X, p.636)

En dépit des théoriciens de la monarchie absolue,[15] Jaucourt préconise la nécessité de la soumission du roi au droit naturel. Dans l'article DESPOTISME (*Droit politique*), inspiré des analyses de Montesquieu, il se réclame d'abord de l'idée chrétienne de souveraineté :

Dans le Christianisme [...] il ne peut y avoir de souveraineté qui soit illimitée, parce que quelqu'absolue qu'on supposât cette souveraineté, elle ne saurait renfermer un pouvoir arbitraire & despotique, sans d'autre règle ni raison que la volonté du monarque chrétien. Et comment la créature pourrait-elle s'attribuer un tel pouvoir, puisque le souverain être ne l'a pas lui-même? Son domaine absolu n'est pas fondé sur une volonté aveugle; sa volonté souveraine est toujours déterminée par les

15. Dans *La Constitution anglaise, un modèle politique et institutionnel dans la France des Lumières* (Aix-en Provence, 2001), Edouard Tillet a repéré un petit groupe d'articles sur l'Angleterre (COMTE, LONDRES, MILICE, SHIP MONEY, KESTEVEN), dans lesquels Jaucourt joue les hypothèses du gouvernement tempéré et de la monarchie contractuelle, inspirées de Montesquieu et de Locke, contre la doctrine de l'obéissance passive prônée par le mouvement politique jacobitiste (p.302-303). Plus récemment, Céline Spector a abordé la question des liens entre Jaucourt et le républicanisme des *Commonwealthmen* dans une contribution intitulée 'D'un droit de résistance à l'oppression? Jaucourt et le républicanisme anglais', Colloque international 'Chantiers des Lumières', organisé par Florence Lotterie (Paris VII, mars 2013).

règles immuables de la sagesse, de la justice & de la bonté. (*ENC*, IV, p.888)

Jaucourt renforce habilement ce premier argument en faisant appel à l'autorité du Roi soleil lui-même. Dans le *Traité des droits de la Reine de France* (1667), ce souverain 'a reconnu lui-même qu'il ne pouvait rien de contraire aux droits de la nature, aux droits des gens, & aux lois fondamentales de l'état' (p.889). Il est patent que l'appel aux 'règles immuables de la sagesse, de la justice & de la bonté' qui forment l'ossature du droit naturel recouvre la fonction stratégique d'enfermer l'autorité monarchique dans un réseau d'obligations. Les lois naturelles deviennent les cordes qui ligotent le roi à la justice: elles constituent une sorte de contre-pouvoir naturel, original, transcendant, qui limite l'absoluité du pouvoir divin et, *a fortiori*, celui du monarque, représentant de Dieu sur terre. Contrairement au monarque, dont l'autorité se veut circonscrite par les lois naturelles, le despote, lui, méconnait la supériorité du droit naturel et s'arroge la faculté de gouverner exclusivement 'selon ses volontés, n'ayant absolument d'autre loi qui le domine, que celle de ses caprices' (p.886-87). Face à cette forme politique 'monstrueuse' d'organisation de la société appelée du nom de despotisme, 'la nature humaine, écrit le chevalier, se soulève toujours [...]' (p.888). Encore qu'implicitement, et pour ainsi dire en passant, le droit de résistance du peuple – nié tant par Hobbes et Pufendorf que par Diderot lui-même dans l'article AUTORITÉ POLITIQUE (*ENC*, I, 900) – est bel et bien invoqué ici.

Par ailleurs, mais c'est lié, les articles OBÉISSANCE et SOUVERAINS autorisent le peuple à résister à la domination d'un despote et revendiquent comme 'naturel' le droit des citoyens à l'insurrection. Marquées par le désignant combiné *Droit naturel & politique*, ces deux articles font partie de ces rares entrées non signées qui relèvent du droit naturel. Or, c'est précisément le recours à l'autorité supérieure de la loi naturelle qui rend possible la justification du droit politique à la révolte. Une fois de plus, la fonction du droit naturel consiste à déjouer la logique de la force et de l'arbitraire. D'après l'auteur de l'article OBÉISSANCE, les sujets n'ont l'obligation d'obéir à un supérieur que dans la mesure où ils ont affaire 'à un pouvoir légitime'. Dans ce cas, l'auteur explique

que désobéir au souverain serait illégitime, car il reviendrait à ‘renoncer aux avantages de la société’, à attenter à l’ordre constitué et ‘à chercher à introduire l’anarchie’ (*ENC*, XI, p.298). Jamais, pourtant, l’obéissance ne doit être aveugle; jamais elle ne peut forcer les sujets à violer les lois de la nature, affirme cet encyclopédiste caché derrière l’anonymat, qui condense en quelques lignes une pensée de la résistance au pouvoir et de l’insubordination civique. Si le souverain gouverne en prince oppresseur, s’il exerce le pouvoir de façon despotique, alors dans ce cas il est naturel, c’est-à-dire juste, que le sujet s’insurge:

> Lorsqu’un souverain absolu s’arroge le droit de changer à sa volonté les lois fondamentales de son pays; lorsqu’il prétend un pouvoir arbitraire sur la personne & les possessions de son peuple, il devient un despote. Nul peuple n’a pu ni voulu accorder un pouvoir de cette nature à ses souverains; s’il l’avait fait, la nature & la raison le mettent toujours en droit de réclamer contre la violence. (*ENC*, SOUVERAINS, XV, p.424)

Un épisode historique remontant aux guerres de religion vient illustrer, avec une formidable *vis* polémique, la revendication essentielle qu’exprime le droit naturel: c’est-à-dire l’exigence de ne pas accepter comme valeurs ultimes celles qui sont imposées par la force de la classe politique au pouvoir:

> Charles IX, dont la politique inhumaine le détermina à immoler à sa religion ceux de ses sujets qui avaient embrassé les opinions de la réforme, non content de l’affreux massacre qu’il en fit sous ses yeux & dans sa capitale, envoya des ordres aux gouverneurs des autres villes du royaume, pour qu’on exerçât les mêmes cruautés sur ces sectaires infortunés. Le brave d’Orte, commandant à Bayonne, ne crut point que son devoir pût l’engager à obéir à ces ordres sanguinaires. ‘J’ai communiqué, dit-il au Roi, le commandement de V. M. à ses fidèles habitants & gens de guerre de la garnison, je n’y ai trouvé que bons citoyens & braves soldats, mais pas un bourreau: c’est pourquoi eux & moi supplions très humblement V. M. de vouloir employer nos bras & nos vies en choses possibles; quelque hasardeuses qu’elles soient, nous y mettrons jusqu’à la dernière goutte de notre sang.’ Le comte de Tende & Charny répondirent à ceux qui leur apportaient les mêmes ordres, qu’ils respectaient trop le roi pour croire que ces ordres inhumains pussent venir de lui. Quel est l’homme vertueux,

quel est le chrétien qui puisse blâmer ces sujets généreux d'avoir désobéi? (*ENC*, OBÉISSANCE, XI, p.298)

Etant anonymes, les entrées OBÉISSANCE et SOUVERAINS ne sont probablement pas de la main de Jaucourt. Il ne fait pourtant pas de doute que cet auteur en partage le contenu. La dernière phrase de son article CRIME (*Droit naturel*) pour l'*Encyclopédie* n'exprime-t-elle pas ce même concept sous forme d'impératif négatif? 'On ne doit jamais commettre de crimes pour obéir à un supérieur' (*ENC*, IV, p.468). Avec la même hardiesse, l'article ESTIME (*Droit naturel*) accorde au citoyen le droit de désobéir à des ordres officiels qu'il considère contraires à son honneur: 'les actions criminelles qui sont accompagnées d'une véritable ignominie, écrit Jaucourt, ne peuvent être ni légitimement ordonnées par le souverain, ni innocemment exécutées par les sujets.' Ainsi, d'après le chevalier, qui cite l'*Histoire de d'Aubigné*, fut exemplaire la conduite du vicomte d'Orte, qui refusa de faire massacrer les huguenots (*ENC*, V, p.1004).

Jaucourt, on le voit, emprunte souvent ses critiques à *L'Esprit des lois* (VIII, 6-7), mais d'autres auteurs déplorent également que les nobles attirés à la cour négligent leurs propriétés au grand dam de l'agriculture et vivent en courtisans serviles: 'Chacun espère des grâces de la cour. De là vient cette servitude et cette obéissance à la tyrannie du gouvernement quelque mauvais qu'il soit. De là cette impunité de la tyrannie,'[16] pendant que le peuple ployait sous des impôts multiples, inéquitablement répartis et prélevés par une administration lourde, coûteuse et corrompue. L'article SEL (*Economie politique*) est paradigmatique de la démarche de Jaucourt, qui dénonce l'injustice du système des impôts au nom de la loi naturelle: 'La douleur s'empare de notre cœur à la lecture de l'ordonnance des gabelles [...]. Des supplices effrayants sont décernés contre des hommes criminels à la vérité envers le corps politique, mais qui n'ont point violé cependant la loi naturelle' (*ENC*, XIV, p.927).

L'acquisition de la propriété est également examinée sous l'angle du droit naturel, en particulier la prescription acquisitive,

16. René Voyer de Paulmy, marquis d'Argenson, *Mémoires et journal inédit*, 5 vols (Paris, 1858), vol.4, p.167.

dans l'article Usucapion (*Droit naturel et droit romain*). Le principe de droit naturel présidant à l'acquisition de la propriété par prescription semble être la bonne foi. Mais vient s'y greffer la question de l'acquisition de bonne foi d'une chose dont celui de qui on la tient n'était pas le véritable maître, laquelle donne lieu de la part du chevalier de Jaucourt à un intéressant développement:

> Selon les lois romaines, il suffit que l'on ait été dans cette bonne foi au commencement de la possession; mais le droit canonique porte que si avant le terme de la prescription expiré, on vient à apprendre que la chose n'appartenait pas à celui de qui on la tient, on est obligé en conscience de la restituer à son véritable maître, & qu'on la détient désormais de mauvaise foi, si du moins on tâche de la dérober adroitement à la connaissance de celui à qui elle appartient. (*ENC*, XVII, p.526b)

Ce principe semble à Jaucourt plus conforme à la pureté des maximes du droit naturel; l'établissement de la propriété imposant à quiconque se trouve en possession du bien d'un autre, sans son consentement, l'obligation de faire en sorte que la chose retourne à son véritable maître. Mais le droit canonique renchérit encore permettant au clergé romain de recouvrer tôt ou tard tous les biens ecclésiastiques, de quelque manière qu'ils eussent été aliénés et même si ceux entre les mains de qui ils étaient tombés les possédaient paisiblement de temps immémorial. Ce principe fut également utilisé par certains princes pour justifier l'usurpation des terres qu'ils prétendaient réunir à leurs états, sous prétexte que le domaine de la couronne est inaliénable.

> De tout cela il paraît que la maxime du droit canon, quelque air de piété qu'on y trouve d'abord, est au fond contraire au droit naturel, puisqu'elle trouble le repos du genre humain, qui demande qu'il y ait une fin à toutes sortes de procès & de différends, & qu'au bout d'un certain temps les possesseurs de bonne foi soient à l'abri de la revendication [...].
>
> L'artifice du clergé ne consiste pas tant en ce que les décisions des papes exigent une bonne foi perpétuelle dans celui qui doit prescrire, qu'en ce qu'elles font regarder les biens d'église comme inaliénables, ou absolument, ou sous certaines conditions qui donnent lieu d'éluder à l'infini la prescription. (*ENC*, XVII, p.527-28)

On retrouve ici la critique du clergé et des gens de mainmorte si fréquente à l'époque.[17] En droit positif, on ne pouvait acquérir un bienfonds par prescription contre l'Eglise ou contre une communauté qu'après une possession de quarante ans.[18] En outre, les conditions dans lesquelles on pouvait prescrire étaient plus strictes que celles de la prescription contre les laïcs. Ainsi, on avait jugé que, lorsqu'un titulaire avait fait une aliénation irrégulière d'une partie de son bénéfice à quelqu'un qui l'avait revendu peu après comme une chose lui appartenant, la prescription ne devait pas courir ni pendant la vie du titulaire du bénéfice, ni pendant la vacance du bénéfice parce que pendant ce temps l'Eglise n'avait personne à qui elle pût réclamer son bien. Cela pouvait étirer la prescription jusqu'à cinquante ou soixante ans.

Dans l'article MARIAGE (*Droit naturel*), le chevalier de Jaucourt amorce une prudente critique de l'indissolubilité du mariage:

> Mais quoique les besoins des enfants demandent que l'union conjugale de la femme & du mari dure encore plus longtemps que celles des autres animaux, il n'y a rien, ce me semble, dans la nature & dans le but de cette union, qui demande que le mari & la femme soient obligés de demeurer ensemble toute leur vie, après avoir élevé leurs enfants & leur avoir laissé de quoi s'entretenir. Il n'y a rien, dis-je, qui empêche alors qu'on n'ait à l'égard du mariage la même liberté qu'on a en matière de toute sorte de société & de convention: de sorte que moyennant qu'on pourvoie d'une manière ou d'autre à cette éducation, on peut régler d'un commun accord, comme on le juge à propos, la durée de l'union conjugale, soit dans l'indépendance de l'état de nature, ou lorsque les lois civiles sous lesquelles on vit n'ont rien déterminé là-dessus (*ENC*, X, p.106a).

Dans l'article FEMME (*Droit naturel*), Jaucourt soutient que la supériorité du mâle n'est pas de droit naturel, mais bien de droit positif, donc il est possible d'y déroger.

17. Voir, par exemple, Raynal, Guillaume-Thomas, *Histoire philosophique et politique des établissements et du commerce des Européens dans les deux Indes*, nouvelle éd. (Paris, Berry, 1780), IV, p.275 et sq.
18. Robert-Joseph Pothier, *Coutumes des duché, bailliage et prévôté d'Orléans* (Paris, Debure, 1780), titre XIV, p.409.

Il paraît d'abord, 1. qu'il serait difficile de démontrer que l'autorité du mari vienne de la nature; parce que ce principe est contraire à l'égalité naturelle des hommes; & de cela seul que l'on est propre à commander, il ne s'ensuit pas qu'on en ait actuellement le droit: 2. l'homme n'a pas toujours plus de force de corps, de sagesse, d'esprit & de conduite que la femme: 3. le précepte de l'écriture étant établi en forme de peine, indique assez qu'il n'est que de droit positif. On peut donc soutenir qu'il n'y a point d'autre subordination dans la société conjugale, que celle de la loi civile, & par conséquent rien n'empêche que des conventions particulières ne puissent changer la loi civile, dès que la loi naturelle & la religion ne déterminent rien au contraire.

Nous ne nions pas que, dans une société composée de deux personnes, il ne faille nécessairement que la loi délibérative de l'une ou de l'autre l'emporte; & puisque ordinairement les hommes sont plus capables que les femmes de bien gouverner les affaires particulières, il est très judicieux d'établir pour règle générale, que la voix de l'homme l'emportera tant que les parties n'auront point fait ensemble d'accord contraire, parce que la loi générale découle de l'institution humaine, & non pas du droit naturel. De cette manière, une femme qui sait quel est le précepte de la loi civile, & qui a contracté son mariage purement & simplement, s'est par-là soumise tacitement à cette loi civile.

Mais si quelque femme, persuadée qu'elle a plus de jugement & de conduite, ou sachant qu'elle est d'une fortune ou d'une condition plus relevée que celle de l'homme qui se présente pour son époux, stipule le contraire de ce que porte la loi, & cela du consentement de cet époux, ne doit-elle pas avoir, en vertu de la loi naturelle, le même pouvoir qu'a le mari en vertu de la loi du prince? (*ENC*, VI, p.471a)

Cette panoplie de critiques, déployées dans l'horizon moral et politique du droit naturel, et dont nous avons cherché à retracer quelques éléments majeurs, ne doit pas faire penser que l'*Encyclopédie* mette à la disposition du lecteur quelque chose comme un traité jusnaturaliste. Tel ne pouvait être le but d'un ouvrage qui choisit de livrer au jugement du lecteur non pas un *système* de vérités préétablies, mais une multiplicité d'approches et de connaissances. Cependant, bien qu'une doctrine unitaire, indépendante et identifiable du droit naturel, susceptible de représenter le point de convergence des encyclopédistes, fasse défaut, cette matière nous a apparu comme étant systématiquement insérée dans une stratégie discursive ayant pour toile de fond la revendication de l'autonomie de la raison, la lutte contre les formes d'oppression et le souci d'empêcher que la justice ne se dilue dans la force.

Nous en voulons pour témoignage quatre grandes questions que les prochains chapitres vont approfondir: la guerre, l'esclavage, la loi et le droit de punir.

Tableau 4: Les articles classés en 'Droit naturel' dans l'*Encyclopédie*.

N°	Articles	Matières	Auteurs
1	CONSCIENCE	*Droit naturel, Morale*	Anonyme
2	CONTRAT (T. XVII)	*Droit naturel*	Jaucourt
3	CRIME	*Droit naturel*	Jaucourt
4	CULTE	*Théol. Morale, Droit naturel*	Jaucourt
5	DEFENSE DE SOI-MEME	*Religion, Morale, Droit nat. & civ.*	Jaucourt
6	DEMERITE	*Droit naturel*	Jaucourt
7	DEVOIR	*Droit nat., Relig. nat., Morale*	Jaucourt
8	DISPENSE (T. XVII)	*Droit naturel et politique*	Jaucourt
9	EGALITE NATURELLE	*Droit naturel*	Jaucourt
10	ENFANT	*Droit naturel, Morale*	Jaucourt
11	ENGAGEMENT	*Droit naturel, Morale*	Jaucourt
12	ESCLAVAGE	*Droit naturel, Religion, Morale*	Jaucourt
13	ESTIME	*Droit naturel*	Jaucourt
14	ETAT DE NATURE	*Droit naturel*	Jaucourt
15	ETAT MORAL	*Droit naturel*	Jaucourt
16	ETAT ACCESSOIRE	*Droit naturel*	Jaucourt
17	ETRE MORAL	*Droit naturel*	Jaucourt
18	FAMILLE	*Droit naturel*	Jaucourt
19	FEMME	*Droit naturel*	Jaucourt
20	FONDATION	*Politique & Droit naturel*	Turgot
21	FRÈRE (T. XVII)	*Droit naturel*	Jaucourt
22	GAGE (T. XVII)	*Droit naturel*	Jaucourt
23	GAGEURE (T. XVII)	*Droit naturel*	Jaucourt
24	GOUVERNEMENT	*Droit naturel et politique*	Jaucourt
25	GUERRE	*Droit naturel et Politique*	Jaucourt
26	HOMILÉTIQUES	*Droit naturel*	Jaucourt
27	HOSPITALITÉ	*Histoire sacrée & profane, Droit naturel & Morale*	Jaucourt
28	IMPUTABILITÉ	*Droit naturel*	Jaucourt
29	INJUSTE (L')	*Droit naturel*	Jaucourt
30	INJUSTICE	*Droit naturel*	Jaucourt
31	JEU	*Droit naturel et Morale*	Jaucourt

N°	Articles	Matières	Auteurs
32	Liberte naturelle	*Droit naturel*	Anonyme[19]
33	Loi	*Droit nat., moral, divin et humain*	Jaucourt
34	Loi penale	*Droit naturel et politique*	Jaucourt
35	Mariage	*Droit naturel*	Jaucourt
36	Merite	*Droit naturel*	Jaucourt
37	Moralité	*Droit naturel*	Jaucourt
38	Naturelle, loi	*Droit naturel*	Jaucourt
39	Nuptiale, benediction	*Droit naturel*	Jaucourt
40	Obéissance	*Droit naturel & politique*	Anonyme
41	Obligation	*Droit naturel*	Jaucourt
42	Oisivete	*Droit naturel moral & politique*	Jaucourt
43	Paix	*Droit naturel Politique & moral*	Anonyme
44	Peine	*Droit naturel, civil & politique*	Jaucourt
45	Pere	*Droit naturel*	Jaucourt
46	Persécuter	*Droit Nat., Politique & Morale*	Yvon
47	Pouvoir	*Droit naturel et politique*	Anonyme
48	Pouvoir paternel	*Droit naturel et civil*	Jaucourt
49	Premier occupant	*Droit naturel*	Jaucourt
50	Pret a consomption	*Droit naturel*	Jaucourt
51	Pret a interet	*Droit naturel, civil, & canon*	Jaucourt
52	Pret a usage	*Droit naturel*	Jaucourt
53	Primogeniture	*Droit naturel*	Jaucourt
54	Prix	*Droit naturel et civil*	Jaucourt
55	Propriete	*Droit naturel & politique*	Anonyme
56	Protection	*Droit naturel & politique*	Anonyme
57	Puissance	*Droit naturel et politique*	Anonyme
58	Sepulture	*Droit naturel*	Jaucourt
59	Sociabilité	*Droit naturel & Moral*	Jaucourt
60	Solitude, etat de	*Droit naturel*	Jaucourt
61	Souverains	*Droit naturel & politique*	Anonyme
62	Trésor	*Droit naturel & civil*	Jaucourt
63	Vengeance	*Droit naturel*	Jaucourt
64	Vice	*Droit naturel, Morale, &c.*	Jaucourt
65	Vol	*Droit naturel*	Jaucourt
66	Usucapion	*Droit naturel & Droit rom.*	Jaucourt

* NB. Sont exclus du tableau les articles 'Droit naturel' (*Morale*) de Diderot, 'Droit de la nature' de Boucher, 'Loi naturelle' (*Morale*), non signé.

19. Non signé, l'article serait de Diderot selon Assézat et Tourneux; il serait de Jaucourt d'après John Lough, 'The problem of unsigned articles in the Encyclopédie', *SVEC* 33 (1965), p.347. En particulier, cet exégète montre comment l'encyclopédiste emprunte aux *Principes du droit politique* de Burlamaqui (Amsterdam, 1751).

3. Guerre juste et droit de la guerre

Ancienne et actuelle à la fois, la question de la guerre juste n'est pas absente des préoccupations du cénacle philosophique réuni autour de D'Alembert et de Diderot. Ceci n'a rien de surprenant si l'on considère que l'aventure éditoriale des dix-sept volumes de texte de l'*Encyclopédie* (1751-1765) surgit entre deux conflits majeurs du XVIIIe siècle ayant concerné le Royaume de France: la guerre de succession d'Autriche (1740-1748) et la guerre de Sept Ans (1756-1763). A l'aide d'un groupe d'articles signés par Jaucourt, nous allons retracer la présentation des théories du droit à la guerre et du droit dans la guerre qui est proposée dans le contexte politique instable de la moitié du XVIIIe siècle, marqué par le système précaire de l'équilibre des forces en Europe. Alors que Guillaume Le Blond, spécialiste des mathématiques appliquées, adopte la démarche de l'observateur désintéressé en creusant, dans la perspective de l'art militaire,[1] c'est-à-dire d'un point de vue éthiquement désengagé,[2] les questions de stratégie et de tactique, de recrutement et d'armement des soldats, de commandement et de discipline des armées, le chevalier de Jaucourt, lui, s'élève de l'ordre positif du constat à l'ordre normatif du jugement de valeur. Déplaçant la perspective de l'art militaire vers le droit naturel et politique international, il

Ce chapitre est une version amendée de mon article 'Guerre juste et droit de la guerre dans l'*Encyclopédie*', *Montesquieu.it, Biblioteca elettronica su Montesquieu e dintorni* 2 (2010), p.94-108.

1. Sur le thème de l'art militaire dans la lexicographie française du second XVIIIe siècle, voir Marc Bélissa, 'L'art militaire dans l'*Encyclopédie méthodique*', dans *L'Encyclopédie méthodique (1782-1832): des Lumières au positivisme*, éd. Claude Blanckaert, Fabrice Brandli et Michel Porret (Genève, 2006), p.361-79.
2. Au début de son article, Le Blond justifie sa démarche en ces termes: 'Comme les princes n'ont point de tribunal sur terre qui puisse juger de leurs différends et de leurs prétentions, c'est la *guerre* ou la force qui peut seule en décider, et qui en décide ordinairement. Nous n'entrerons dans aucun détail sur les différentes circonstances qui rendent les *guerres* justes ou injustes. Nous renvoyons pour ce sujet au savant traité de Grotius, *de jure belli ac pacis* [...]' (*ENC*, Guerre (*Art militaire et histoire)*, VII, p.985a).

ne cherche plus à comprendre la guerre pour la faire et pour la gagner, mais se concentre sur les implications morales que la guerre nécessairement soulève. Tributaire d'une pluralité de sources classiques et modernes, et nourrie de nombreuses notions forgées à travers l'histoire des doctrines,[3] sa réflexion normative porte tant sur la question de savoir dans quel cas une guerre est juste que sur la déontologie militaire, c'est-à-dire sur les règles qu'un bon soldat a le devoir de respecter sur le champ de bataille. A bonne école avec Grotius, Jaucourt considère que 'la guerre a ses lois, aussi bien que la paix'.[4] L'évaluation morale de la guerre étant au centre de l'article homonyme de Jaucourt, il s'agira ici de mesurer les réponses que cet ami et interprète de Montesquieu a apportées à deux questions traditionnelles du droit des gens:[5] quelles sont les conditions qui doivent être satisfaites pour qualifier une guerre de 'juste' (*jus ad bellum*, ou droit de faire la guerre)? De quelle manière une guerre doit-elle être menée pour être 'juste' (*jus in bello* ou droit dans la guerre)?

Notre enquête vise par là un double objectif: d'un côté, elle cherche à situer la place de l'*Encyclopédie* dans le débat opposant, pour employer la terminologie de la philosophie politique contemporaine, l'idéologie 'réaliste', qui nie toute pertinence à l'évaluation morale de la guerre, à l'idéologie 'pacifiste',[6] qui

3. Dans l'article MORALE (*Science des mœurs*), Jaucourt rappelle les travaux fondateurs de Grotius et Pufendorf en matière de droit de la guerre, ainsi que la traduction française de ces ouvrages, apprêtée, préfacée et copieusement annotée par Barbeyrac, avant de suggérer au lecteur 'l'étude de Shaftesbury, de Hutcheson, de Cumberland, de Wollaston, de la Placette et de l'*Esprit des lois*, qui respire la pure *morale* de l'homme dans quelque état qu'il se trouve' (*ENC*, X, p.702a).
4. Hugo Grotius, *Du droit de la guerre et de la paix*, traduit du latin par P. Pradier-Fodéré, éd. D. Alland et Simone Goyard-Fabre (Paris, 2005), proleg., para.XXVI, p.18.
5. L'article DROIT DES GENS est de Boucher d'Argis. Il définit le *jus gentium* 'une jurisprudence que la raison naturelle a établie sur certaines matières entre tous les hommes, et qui est observée chez toutes les nations'. (*ENC*, V, p.126b).
6. Bien que le terme 'pacifiste' n'appartienne pas au vocabulaire du XVIIIe siècle, le concept est déjà présent à l'époque moderne chez des auteurs comme Erasme, qui rêve d'une concorde universelle, ou chez l'abbé de Saint-Pierre, auteur d'un *Projet pour rendre la paix perpétuelle en Europe* (Utrecht, Southen, 1713), dans lequel est notamment proposée la constitution d'une fédération européenne, présidée par un congrès permanent. Ce livre

affirme au contraire qu'aucune guerre n'est permise.[7] D'un autre côté, elle voudrait examiner la transformation que Jaucourt fait subir à la doctrine de la guerre juste à travers l'élévation de la notion d'humanité au rang de mesure de la justice des armes.

Guerre juste

Situé dans le septième volume de l'*Encyclopédie*, publié en 1757, en pleine guerre de Sept Ans, l'année de *Candide*, l'article GUERRE (*Droit naturel et Politique*) s'ouvre par la même définition que Le Blond emprunte à Grotius: la guerre est avant tout une relation conflictuelle interétatique, 'un différend entre des souverains, qu'on vide par la voie des armes'.[8] Elle 'a régné dans tous les siècles sur les plus légers fondements'; les calamités qu'elle a provoquées ne sont pas moins 'déplorables' qu''ordinaires' (*ENC*, GUERRE, VII, p.996a). En reconduisant l'origine des guerres à des passions humaines telles que la soif de gloire, la convoitise, l'envie et la méchanceté, Jaucourt jette une ombre sur l'ingéniosité des principes de l'art militaire soigneusement décrits par Le Blond. Sans chercher à savoir si l'état de guerre est consubstantiel à la nature humaine, comme le pense Hobbes, ou si à l'inverse, comme le pense Montesquieu, la guerre est liée à l'essence de la société,[9] Jaucourt se contente de remarquer que, depuis l'enfance

---

constitue l'une des toutes premières tentatives d'organisation systématique de la société internationale.

7. Sur l'histoire du concept de 'guerre juste' voir Michael Walzer, *Just and unjust wars* (New York, 1977); Antonello Calore (ed.), *'Guerra giusta'? Le metamorfosi di un concetto antico* (Milano, 2003); Christian Nadeau, Julie Saada, *Guerre juste, guerre injuste: histoire, théorie et critiques* (Paris, 2009).
8. Grotius affirme que 'la guerre est l'état d'individus qui vident leurs différends par la voie de la force' (*Du droit de la guerre et de la paix* , I, 1, para.2, p.34).
9. En revanche, dans l'article NATURELLE, LOI (*Droit naturel*), Jaucourt épouse la thèse de Montesquieu selon laquelle les premières lois naturelles sont découvertes non pas dans l'état civil, mais dans l'état de nature, et qu'elles ne sont pas des normes rationnelles, mais des lois instinctives, communes aux hommes et aux animaux: le désir de paix, de chercher à se nourrir, de procréer, de vivre en société. Voir Domenico Felice, 'Pace e guerra in Hobbes e in Montesquieu, o le alternative della modernità', in Domenico Felice, *Per una scienza universale dei sistemi politico-sociali: dispotismo, autonomia della giustizia e carattere delle nazioni nell'Esprit des lois' di Montesquieu* (Florence, 2005), p.147-70.

du monde, il existe un rapport étroit qui rattache l'art militaire à la passion de l'honneur, au statut de la noblesse et au désir de gloire. ‘Cependant, écrit-il, cet honneur, cette noblesse, et cette gloire consistent seulement à la défense de sa religion, de sa patrie, de ses biens, et de sa personne, contre des tyrans et d'injustes agresseurs’ (*ENC*, GUERRE, VII, p.996a). Dans le sillage de l'école moderne du droit naturel, dont l'article de Jaucourt récapitule synthétiquement les thèses principales consacrées au problème philosophique et juridico-politique de la guerre, l'encyclopédiste ne porte pas contre la guerre une condamnation universelle. A l'instar de Grotius, pour qui ‘la guerre peut être quelque fois juste’,[10] Jaucourt relie le jugement de valeur sur la guerre aux véritables causes qui la produisent: une guerre n'est du ressort de la justice que si les raisons qui l'engendrent sont légitimes. Ce constat permet de cerner la singularité de la voix de Jaucourt dans l'*Encyclopédie* et de la distinguer tant de la conception de Le Blond, redevable de la seule logique des hostilités, que de celle avancée par l'auteur de l'article PAIX (*ENC*, XI, p.768-69), conception que l'on pourrait qualifier de pacifiste avant la lettre.[11] Esquivant la double tentation du discours uniquement militaire (la guerre est au-delà du bien et du mal moral) et du véto absolu contre la guerre (tout conflit est immoral), Jaucourt fait de la guerre une affaire à la fois morale et juridique. Rien d'étonnant, alors, que le critère traditionnel de la *iusta causa* soit convoqué d'emblée: les principes de conservation et de réparation d'un tort subi autorisent un prince à faire la guerre. L'encyclopédiste hérite également de la tradition jusnaturaliste le critère dit de l'‘intention droite’: une guerre n'est juste que si l'intention qui préside à son déclenchement vise ‘une paix solide et durable’ (*ENC*, GUERRE, VII, p.996b).

Etabli qu'il peut y avoir des guerres inévitables, et comme telles

10. Grotius, *Du droit de la guerre et de la paix*, I, II, p.49.
11. Dans cet article non signé de l'*Encyclopédie*, l'éloge de la paix laisse la place à unc condamnation sans équivoque de la guerre et des ambitions conquérantes des monarques: ‘Si la raison gouvernait les hommes, si elle avait sur les chefs des nations l'empire qui lui est dû, on ne les verrait point se livrer inconsidérément aux fureurs de la guerre, ils ne marqueraient point cet acharnement qui caractérise les bêtes féroces’. (*ENC*, PAIX (*Droit naturel, politique et moral*), XI, p.768b).

justes, le chevalier met en garde le lecteur sur l'adoption instrumentale des doctrines de la guerre juste, et en particulier sur les stratégies de propagande que les princes ont utilisées au fil de l'histoire pour légitimer, sur le plan moral, des entreprises militaires engagées pour satisfaire des intérêts économiques et politiques: 'Les souverains sentant la force de cette vérité [que pour être légitime une guerre doit être menée pour de bonnes raisons], ont grand soin de répandre des manifestes pour justifier la *guerre* qu'ils entreprennent, tandis qu'ils cachent soigneusement au public, ou qu'ils se cachent à eux-mêmes les vrais motifs qui les déterminent' (*ENC*, GUERRE, VII, p.996a).

Toute intervention armée officiellement engagée pour se défendre d'une agression ou pour obtenir réparation, mais qui se révèle en réalité uniquement fondée sur la raison d'Etat, l'intérêt ou l'appétit du prince, est évidemment à rejeter comme illégitime. Au lecteur contemporain de mesurer la pertinence et l'actualité de cette observation qui n'est pas moins désenchantée que polémique. Jaucourt de souligner, à ce propos, que les 'exemples de *guerres* modernes entreprises de la même manière, et par des vues également odieuses' sont légion. Aucune allusion aux conflits en cours n'est pourtant explicitement faite. Une précaution méthodologique est avancée pour expliquer ce silence: l'idée selon laquelle il vaut mieux ne pas se prononcer sur des événements 'si près des temps où nos passions nous rendent moins équitables, et peut-être encore moins clairvoyants' (*ENC*, GUERRE, VII, p.996a). On ne saurait pourtant exclure que derrière la précaution de l'historiographe se cache le calcul prudent de l'encyclopédiste attentif à ne pas porter une attaque brutale au pouvoir monarchique en place.[12] Quoi qu'il en soit de cette discrétion vis-à-vis des guerres contemporaines qui ravagent l'Europe et le monde, Jaucourt préfère puiser à la source

12. A la différence de l'auteur de l'article PAIX, qui déplore les comportements des 'chefs des nations' qui ne conduisent, pour des rêves de gloire, qu'au malheur et à la destruction de leurs peuples, en opposition totale avec l'idéal du souverain éclairé; et de La Harpe, qui s'insurge contre les princes causes d'horreurs et fauteurs de troubles, dans son ouvrage *Des malheurs de la guerre et des avantages de la paix* (Paris, Regnard, 1767), l'article GUERRE de Jaucourt se présente comme un appel au monarque pour qu'il se laisse éclairer par la justice des Lumières.

de l'histoire grecque l'exemple lointain dans le temps, mais tout de même révélateur, de la campagne militaire qu'Alexandre a dirigée contre Darius: 'les raisons justificatives qu'employait ce conquérant, roulaient sur les injures que les Grecs avoient reçues des Perses; les vrais motifs de son entreprise étaient l'ambition de se signaler, soutenue de tout l'espoir du succès' (*ENC*, GUERRE, VII, p.996a).

Le motif principal susceptible de légitimer le recours à la guerre de la part d'un souverain est sans doute la nécessité de protéger son Etat d'une agression injustifiée. L'encyclopédiste emprunte à Montesquieu l'argument de la 'défense naturelle': est juste par principe la guerre qui repose sur la défense de soi et de ses droits. Ce critère fondamental de la guerre juste, dit de la légitime défense, figure encore dans la Charte des Nations Unies, article 51.[13] Il procède notamment de l'analogie entre l'agent individuel et l'agent collectif, entre le corps humain et le corps politique. De même que les individus disposent du droit naturel de tuer pour préserver leur intégrité physique et morale, de même les Etats peuvent légitimement recourir à la force armée pour ne pas être anéantis:

> La vie des états est comme celle des hommes, dit très-bien l'auteur de l'*Esprit des lois*; ceux-ci ont droit de tuer dans le cas de la défense naturelle, ceux-là ont droit de faire la *guerre* pour leur propre conservation: dans le cas de la défense naturelle, j'ai droit de tuer, parce que ma vie est à moi, comme la vie de celui qui m'attaque est à lui; de même un état fait la *guerre* justement [l'adverbe 'justement' est ajouté par Jaucourt], parce que sa conservation est juste, comme toute autre conservation (*ENC*, GUERRE, VII, p.996a, voir *EL*, X, 2 (*De la guerre*)).

La justice du *jus ad bello* est fondée avant tout dans la nécessité de se défendre. Cette nécessité constitue une ligne de démarcation nette entre le droit de la guerre et la volonté de puissance,

13. Jaucourt ne remet pas en question la justification de la légitime défense par l'analogie entre le droit d'une personne à se protéger d'un agresseur et celui d'un Etat agressé à se défendre. Sur ce problème voir David Rodin, *War and self-defense* (Oxford, 2002) et Christian Nadeau, 'Autodéfense et conflits internationaux: le problème de l'analogie entre agents collectifs et agents individuels', *Raison publique* 5 (2006), p.67-85.

entre la justice d'un monarque et 'les principes arbitraires de gloire, de bienséance, d'agrandissement, d'utilité' qui 'ne sont pas des droits' mais 'des horreurs' (*ENC*, Guerre, VII, p.996a). C'est la raison pour laquelle, si des conseillers flatteurs entraînent le roi à franchir cette ligne de démarcation fixée par le droit naturel, 'tout est perdu', répète Jaucourt avec Montesquieu. L'énoncé 'tout est perdu' fait référence à l'éventualité néfaste que la souveraineté dégénère en tyrannie. Quelle forme d'oppression plus odieuse que celle d'un prince qui ne craint pas de verser le sang de son peuple pour des raisons iniques? Le chevalier de Jaucourt fait observer que la casuistique est ample, à commencer par les guerres injustes de conquête, qui consistent à attaquer 'les autres pour son propre intérêt, sans qu'ils nous aient fait de tort réel' et plus en général de tout conflit mené 'pour acquérir une vaine gloire, se rendre redoutable, exercer ses troupes, étendre sa domination, etc.' (*ENC*, Guerre, VII, p.996). Or, le droit de la guerre, tel qu'il devrait être d'après Jaucourt, répudie la logique de la domination. A cet égard, les campagnes militaires que les européens ont entreprises au détriment des peuples américains, 'sous prétexte de leur idolâtrie', s'avèrent parfaitement illégitimes: 'Quiconque a l'usage de la raison doit jouir de la liberté de choisir lui-même ce qu'il croit lui être le plus avantageux' (*ENC*, Guerre, VII, p.996b). Ce refus de l'idéologie de l'exportation des lois et des mœurs par la voie des armes[14] est d'autant plus digne d'être relevé que le débat contemporain sur les bienfaits des guerres civilisatrices que certaines grandes puissances mènent contre des pays en voie de développement ne cesse d'être relancé.

Encore faut-il préciser que si dans la plupart des cas une guerre défensive est regardée comme juste alors qu'une guerre offensive est le plus souvent considérée comme injuste, Jaucourt invite néanmoins à ne pas juxtaposer *sic et simpliciter* le couple guerre juste/guerre injuste avec le couple guerre défensive/guerre offensive. Aussi étrange que cela puisse paraître, il peut y avoir des

14. Voir l'article Conquête: '[...] c'est une entreprise hasardée dans le conquérant, de vouloir donner ses lois et ses coutumes aux peuples conquis: cela n'est bon à rien, parce que dans toutes sortes de gouvernements on est capable d'obéir' (*ENC*, III, p.900a; *EL*, X, 11).

guerres offensives justes tout comme des guerres défensives illégitimes. Bien qu'aucun exemple tiré de l'histoire ne soit porté au soutien de cette affirmation, les guerres que de nos jours nous appelons ‘préventives’ semblent rentrer dans la catégorie des guerres à la fois offensives et justes, à condition, bien entendu, que les arguments allégués pour justifier une telle attaque préventive par l'Etat qui déclare la guerre soient incontestablement prouvés.[15] Quoi qu'il en soit, pour accréditer la thèse d'après laquelle une guerre offensive n'équivaut pas nécessairement à une agression illégitime et que, parallèlement, toute guerre défensive n'est pas en tant que telle ‘inséparable de l'équité’, Jaucourt revient sur l'analogie individu/Etat, en l'adaptant en l'occurrence à un cas tiré de la procédure judiciaire: ‘Il en est des princes comme des particuliers en litige: le demandeur qui entame un procès a quelquefois tort, et quelquefois raison; il en est de même du défendeur: on a tort de ne vouloir pas payer une somme justement due, comme on a raison de se défendre de payer ce qu'on ne doit pas’ (*ENC*, Guerre, VII, p.996b).

Ajoutons qu'à l'instar de Montesquieu, Jaucourt ne proscrit pas la guerre de conquête en tant que telle.[16] Un prince conquérant n'est pas *ipso facto* un usurpateur de la souveraineté d'autrui: si son ambition personnelle ou son désir d'hégémonie ne forment pas

15. Sans admettre la légitimité de la guerre préventive, Grotius range la menace d'une offense parmi les justes causes de guerre (voir *Du droit de la guerre et de la paix*, II, I, XVI et XVII, p.176). Pour Montesquieu, on ne saurait attendre d'être défait par l'ennemi pour prendre les armes: ‘[...] le droit de la défense naturelle entraîne quelquefois la nécessité d'attaquer; lorsqu'un peuple voit qu'une plus longue paix en mettrait un autre en état de le détruire; et que l'attaque est, dans ce moment, le seul moyen d'empêcher cette destruction’ (*EL*, X, 2 (*De la guerre*)). La réélaboration du droit des gens que Montesquieu propose en prenant ses distances par rapport à Grotius a été étudiée par Marc Belissa, ‘Montesquieu, *L'Esprit des lois* et le droit des gens’, dans *Le Temps de Montesquieu*, éd. M. Porret et C. Volpilhac-Auger, p.253-74.
16. Sur le droit de conquête chez Montesquieu, voir Marco Platania, ‘Guerre ed equilibrio europeo in Montesquieu’, *Studi settecenteschi* 22 (2002), p.175-206; Michael Mosher, ‘Montesquieu on conquest: three Cartesian heroes and five good enough empires’, *Revue Montesquieu* 8 (2005-2006), p.81-110; Jean Terrel, ‘A propos de la conquête: droit et politique chez Montesquieu’, *Revue Montesquieu* 8 (2005-2006), p.137-50.

une juste cause de guerre, en revanche une campagne militaire ordonnée en raison 'd'un juste sujet' et conduite sans imposer 'rien d'injuste ni d'inhumain' au peuple vaincu, est à même de rendre cette conquête 'légitime' (*ENC*, CONQUÊTE, III, p.900b-901a). Dans l'article CONQUÊTE (*Droit des gens*), très largement inspiré des chapitres 3 et 4 du livre X de *L'Esprit des lois*, Jaucourt rattache le droit de conquête au droit de la guerre: 'si la guerre est juste, la conquête l'est aussi' (*ENC*, CONQUÊTE, III, p.900b). Stigmatisant les 'conquêtes injustes' et la 'soumission extorquée par la violence', Jaucourt invite à ne pas négliger 'les avantages' que le peuple conquis peut tirer du droit de conquête: la libération du joug de l'oppression politique, ou être débarrassé de 'préjugés nuisibles'. Le chevalier précise pourtant que cela n'est vrai que si 'notre droit des gens était exactement suivi' et que ce même droit des gens 'était établi dans toute la terre'. Et l'encyclopédiste d'étayer son raisonnement:

> Quelquefois la frugalité d'une nation conquérante l'a mis en état de laisser aux vaincus le nécessaire que leur ôtait leur propre prince. On a vu des états opprimés par les traitants, être soulagés par le conquérant, qui ne se trouvait pas dans les engagements ni les besoins qu'avait le prince légitime. Une *conquête* peut détruire des préjugés nuisibles, et mettre, si on ose le dire, une nation sous un meilleur génie. Quel bien les Espagnols ne pouvaient-ils pas faire aux Mexicains, et par leurs *conquêtes* destructives quels maux ne leur firent-ils pas? (*ENC*, CONQUÊTE, III, p.900b; voir *EL*, X, 4 (*Quelques avantages du peuple conquis*).

De façon générale, l'article CONQUÊTE est le lieu dans lequel Jaucourt reconduit cette notion à 'un droit nécessaire, légitime et malheureux, qui laisse toujours à payer une dette immense, pour s'acquitter envers la nature humaine' (*ENC*, CONQUÊTE, III, p.899b; voir *EL*, X, 4).[17] Parallèlement, cet article raisonné avalise la thèse

17. Ce passage revient dans l'éloge que D'Alembert décerne à Montesquieu: 'Les Etats ont comme les hommes le droit d'attaquer pour leur propre conservation: du droit de la guerre dérive celui de conquête; droit nécessaire, légitime et malheureux, *qui laisse toujours à payer une dette immense pour s'acquitter envers la nature humaine*, et dont la loi générale est de faire aux vaincus le moins de mal qu'il est possible' (*ENC*, V, xiii, souligné dans le texte).

de fond de Montesquieu, qui ne pense pas la conquête en termes de destruction mais d'"acquisition'. Le principe 'terrible' établi par Grotius, Hobbes et Pufendorf, qui octroie arbitrairement aux conquérants le droit de tuer, de détruire la société et d'assujettir les hommes qui la composent est remplacé par l'idée que 'l'esprit d'acquisition porte avec lui l'esprit de conservation et d'usage, et non pas celui de destruction' (*ENC*, CONQUÊTE, III, p.900a; *EL*, X, 3 (*Du droit de conquête*)).

Par ailleurs, au fil de sa réflexion sur le droit de la guerre, Jaucourt souligne l'exigence de la part du souverain de faire preuve de la plus grande prudence avant d'orienter son peuple vers la voie des armes. Le risque étant celui de la 'destruction totale', c'est un principe de la plus grande importance, qui remonte déjà à la sagesse antique, que l'"on ne doit se porter à cette extrémité terrible qu'après les plus mûres considérations' (*ENC*, GUERRE, VII, p.996b). Sans invalider la doctrine de la légitimité de la guerre dans certaines circonstances exceptionnelles, Jaucourt insiste sur le caractère éminemment destructeur de toute guerre et plaide pour que la solution militaire demeure le dernier recours pour résoudre une controverse entre les peuples. Lorsque c'est la 'nécessité absolue' qui impose ce choix[18] – qui ne doit se faire qu'après avoir mesuré les chances de succès[19] et constaté l'échec irrémédiable des procédures diplomatiques – le souverain est moralement autorisé à recourir à la 'justice des armes', considérée comme une *extrema ratio*: 'le sang du peuple ne veut être versé que pour sauver ce même peuple dans les besoins extrêmes' (*ENC*, GUERRE, VII, p.997a). A côté de la voix des modernes, celle de Grotius et de Montesquieu, résonnent également, sous la plume de Jaucourt, les voix d'auteurs grecques et latins. L'historien Plutarque est d'abord convoqué pour rappeler 'que parmi les anciens Romains,

18. Jaucourt ne s'attarde pas sur le caractère aporétique d'une guerre juste qui procéderait simultanément de la nécessité absolue et d'un choix moral engageant la responsabilité du prince.

19. 'Il faut que l'on ait au-moins quelque apparence probable de réussir dans ses justes projets car ce serait une témérité, une pure folie, que de s'exposer à une destruction totale, et se jeter dans les plus grands maux, pour ne pas en sacrifier de moindres' (*ENC*, GUERRE, VII, 997a).

lorsque les prêtres nommés *féciaux* avaient conclu que l'on pouvait justement entreprendre la *guerre*, le sénat examinait encore s'il serait avantageux de s'y engager'. Au moraliste Cicéron, ensuite, de confirmer, par le poids de son autorité, le discours normatif de l'encyclopédiste: 'toute *guerre* [...] qui ne se fait pas pour la défense, pour le salut de l'état, ou pour la foi donnée, n'est qu'une *guerre* illégitime' (*ENC*, GUERRE, VII, p.996b).

L'enjeu de cette page de l'*Encyclopédie* consiste à préconiser la nécessité de la soumission du roi, et de sa libre appréciation, au droit naturel et au bon usage de la raison. L'appel passionné aux 'principes de prudence et de religion' et 'aux lois de la sociabilité et de l'amour de la paix' suppose une critique du pouvoir politique: les lumières de la raison et de la vraie religion remplissent la fonction stratégique d'enfermer l'autorité monarchique dans un réseau d'obligations éthiques. Sans chercher à ébranler le pouvoir des princes, Jaucourt s'attaque à l'arbitraire, valorise les vertus d'un bon chef et se propose de brider la souveraineté en conditionnant le droit de faire la guerre aux titres exceptionnels de la légitime défense et de la réparation d'un grave tort subi. Les lois naturelles étant les cordes qui ligotent le roi à la justice, elles constituent une sorte de contre-pouvoir naturel, original, qui 'devrait' limiter l'absoluité et le caractère discrétionnaire de la faculté régalienne d'engager une guerre: '[...] aucun souverain ne devrait entreprendre de *guerres*, qu'après avoir reconnu dans sa conscience qu'elles sont justes, nécessaires au bien public, indispensables, et qu'en même temps il y a plus à espérer qu'à craindre dans l'événement auquel il s'expose' (*ENC*, GUERRE, VII, p.997a).

Relevons, ici, non seulement l'adoption d'une phraséologie qui exprime la normativité de façon négative: 'aucun souverain ne devrait', mais encore l'usage du conditionnel, qui apparaît cette fois-ci moins inspiré d'une forme de prudence à l'égard de l'autorité monarchique que de la conviction de la part de Jaucourt que la guerre demeure un phénomène indissociable de l'aventure humaine. Aucun angélisme n'est imputable au discours prononcé par l'encyclopédiste. Jaucourt a bien conscience qu'entre le droit et le fait le décalage est considérable: l'histoire ne cesse de montrer que les souverains se fient beaucoup moins à leur conscience éclairée qu'aux 'conseils flatteurs [...] des courtisans et des ministres' et que leurs choix sont davantage dirigés par des 'fausses idées de gloire' que par la volonté de faire triompher la justice et d'œuvrer pour la félicité publique. Peu importe, toutefois, qu'entre le devoir être et l'être la distance soit telle que presque toujours les rois déclenchent des conflits 'où ils hasardent tout sans nécessité' (*ENC*, GUERRE, VII, p.997a); il reste que le grand thème de la guerre permet à Jaucourt de revendiquer non pas des vœux pieux ou des songes philosophiques, mais l'impératif de la soumission du politique à la raison morale.

Droits dans la guerre

Faire de la guerre un sujet de droit, c'est-à-dire examiner le problème de la guerre du point de vue d'un droit qui fixe les règles universelles de la justice commune à tous les peuples, c'est postuler qu'il existe une normativité naturelle qui ne s'étend pas seulement à la décision de faire la guerre mais qui survit en temps de guerre et en discipline le déroulement. Cette même démarche consiste à prendre position sur le fait que l'emploi de la force armée n'est pas incompatible avec toute espèce de culture juridique, comme le supposaient les thuriféraires d'une certaine raison d'Etat, imaginée par Machiavel, et d'après laquelle la guerre ne serait qu'une entreprise essentiellement politique, visant l'efficacité des actions.[20] Dans l'article non signé RAISON D'ÉTAT (*Droit politique*), on affiche une position commune sur la question de savoir si un souverain a le droit de 'se départir des lois sévères de la probité' pour procurer des avantages à son peuple 'aux dépens des autres peuples'. Pour prouver que ce droit n'en est pas un, l'argument est mis en avant de la nécessité d'éviter l'éclatement d'un conflit permanent entre les représentants des peuples, conflit qui deviendrait inévitable si les souverains ne reconnaissaient pas avoir des droits réciproques. Une fin de non-recevoir est opposée à tout recours à la raison d'Etat dans le but de justifier des actes injustes d'hostilité mettant en danger 'le

20. Sur ce thème, voir Michel Senellart, *Machiavélisme et raison d'Etat* (Paris, 1989) et Christian Lazzeri et Dominique Reynié, *La Raison d'Etat: politique et rationalité* (Paris, 1992).

bonheur du monde': 'ce serait ouvrir la porte à un désordre universel, que d'établir une maxime qui détruirait les liens des nations, et qui exposerait les plus faibles aux oppressions des plus forts; injustices qui ne peuvent être permises, sous quelque nom que l'on cherche à les déguiser' (*ENC*, RAISON D'ÉTAT, XIII, p.776a).

S'inscrire en faux contre l'opinion de ces auteurs qui cherchent à soustraire la politique au discours normatif de la morale pour en faire l'objet d'une connaissance objective des intérêts et des forces en jeu, c'est avant tout pour Jaucourt reconnaître que certaines lois ne sont pas muettes en temps de guerre. Sous ce jour, l'adage cicéronien *inter arma silent leges*[21] ne contient qu'une parcelle seulement de vérité, car si les lois civiles 'doivent se taire parmi le bruit des armes [...], il n'en est pas de même des lois éternelles, qui sont faites pour tous les temps, pour tous les peuples, et qui sont écrites dans la nature' (*ENC*, GUERRE, VII, p.998a). Antérieures à toute loi positive et incorporées à la nature raisonnable et sociable de l'homme, les lois de l'humanité viennent tempérer le commencement comme le déroulement d'un conflit militaire. Ces lois règlent les activités belliqueuses, en en limitant la violence, le désordre et l'arbitraire: 'L'état d'hostilité qui dispense du commerce des bons offices, et qui autorise à nuire, ne rompt pas pour cela tout lien d'humanité [...]'. (*ENC*, ENNEMI, V, p.693a, signé par Jaucourt). Tout n'est donc pas permis en temps de guerre, et le principe de la modération des actes d'hostilité[22] ne vaut pas moins pour la décision d'entrer en guerre que pour l'exécution des ordres par les soldats. C'est la même normativité naturelle qui gouverne tant les dirigeants que les combattants, les uns et les autres ayant l'obligation de rester 'dans les termes de la justice', sans pousser 'les actes d'hostilité au-delà de leurs bornes et de leurs besoins absolus' (*ENC*, GUERRE, VII, p.997a).

Toujours est-il, cependant, que l'état de guerre suspend l'état de société et autorise, dans certains cas, 'des actes d'hostilité, de dégât, de destruction, et de mort' contre l'ennemi. Jaucourt

21. Cicéron, *Pro Milone*, IV, 11. Hobbes reprend à son compte cette idée dans *Elements of law*, I, 19, 2 et dans *De cive* (1642), éd. et trad. Ph. Crignon (Paris, 2010). V, 2.
22. Voir Grotius, *Du droit de la guerre et de la paix*, III, XI-XV, p.701-57.

reproduit les trois règles que Grotius pose à la base de cette discipline qu'est le 'droit de la guerre'.

La première est que 'tout ce qui a une liaison moralement nécessaire avec le but d'une *guerre* juste, doit être permis, et rien davantage'. S'il est licite de tuer celui qui menace notre existence en vertu de la juste défense de soi-même, rien ne doit faire croire que lorsqu'il s'agit de défendre ses droits tout deviendrait, pour cela, loisible et légitime. Dans cette maxime est précisément contenue l'interdiction d'infliger à l'ennemi des maux superflus.

La deuxième règle établit que 'le droit qu'on a contre un ennemi [...] ne doit pas être considéré uniquement par rapport au sujet qui fait commencer la *guerre*, mais encore par rapport aux nouvelles choses qui surviennent durant le cours de la *guerre*'. De fait, le déroulement d'un conflit armé entraîne généralement un complexe de nouvelles causes et situations qui consolident le droit que l'on a contre son ennemi.

La troisième règle, enfin, énonce la doctrine dite du 'double effet', dont l'origine remonte au moins à Thomas d'Aquin.[23] Elle stipule qu''il y a bien des choses, qui, quoiqu'illicites d'ailleurs, deviennent permises et nécessaires dans la *guerre*, parce qu'elles en sont des suites inévitables, et qu'elles arrivent contre notre intention et sans un dessein formel' (*ENC*, GUERRE, VII, p.997ab).[24] Autrement dit, les conséquences négatives escomptées d'une opération militaire – ce que de nos jours nous appellerions, à l'aide d'un euphémisme, des 'dommages collatéraux' – n'emportent pas une condamnation morale si elles ne sont pas l'objet d'une intention de l'agent.

Sans contester la thèse que tant la justice extérieure du droit positif que celle intérieure des lois de la conscience permettent, en temps de guerre, de 'tuer innocemment un ennemi qui a ses armes à la main', ainsi que 'd'endommager les biens de l'ennemi,

23. Thomas d'Aquin, *Somme théologique*, IIa, IIae, q. 64, art. 7. Sur la doctrine du double effet et sa présence dans le débat contemporain, on peut se reporter à Alison McIntyre, 'Doctrine of double effect', *The Stanford encyclopedia of philosophy* (été 2006), éd. E. N. Zalta, http://plato.stanford.edu/archives/sum2006/entries/double-effect/ (dernière visite 6 janvier 2015).

24. Voir Grotius, *Du droit de la guerre et de la paix* , III, I, para.IV, n°1, p.583-84.

et de les détruire', Jaucourt remarque que tout acte belliqueux doit trouver sa limite dans la loi de nature, dont la mesure ultime est l'humanité. La victime d'une agression a certes le droit de se défendre, mais elle ne dispose pas de tous les droits par rapport à son ennemi, ce dernier ne devant surtout pas être assimilé à un hors-la-loi dépourvu de droits. La loi de nature 'veut que l'on considère, si tels ou tels actes d'hostilité contre un ennemi sont dignes de l'humanité ou même de la générosité; ainsi tant qu'il est possible, et que notre défense et notre sûreté pour l'avenir le permettent, il faut toujours tempérer par ces sentiments si naturels et si justes les maux que l'on fait à un ennemi' (*ENC*, GUERRE, VII, p.997b).

Les articles DÉGÂT (*Droit de la guerre*), DÉSERTEUR (*Morale et Politique*), ENNEMI (*Droit des gens*), PRISONNIER DE GUERRE (*Droit de la guerre*), REPRÉSAILLES (*Droit politique*) – tous de la main de Jaucourt, avec parfois le concours de D'Alembert – précisent, renforcent et développent ces propos qui, tout en rejetant la doctrine de l'autonomie de la guerre à l'égard de la morale, c'est-à-dire l'idée de la guerre sans frein, placent le droit de la guerre en dessous d'un droit, pour ainsi dire, 'humanitaire',[25] censé en tempérer la rigueur dans la mesure du possible. On comprendra, alors, que Jaucourt convoque à maintes reprises ce penseur de la modération qu'est Montesquieu pour limiter la puissance des princes et conjurer tout excès dans l'usage de la force armée:

> le droit des gens est fondé sur ce principe, que les diverses nations doivent se faire dans la paix autant de bien, et dans la guerre le moins de mal qu'il est possible, sans nuire à leurs véritables intérêts [*EL*, I, 3 (*Des lois positives*)]: c'est pourquoi, tant qu'on peut l'éviter, les lois même de la guerre demandent que l'on s'abstienne du carnage, et que l'on ne répande pas du sang sans une pressante nécessité (*ENC*, art. ENNEMI, V, p.692b).

C'est sur cette subsomption du droit de la guerre à l'humanité que Jaucourt fonde l'interdiction, pendant le cours de la guerre,

25. Dans le registre juridique contemporain, le syntagme 'droit humanitaire' ne recouvre pas l'expression 'droits de l'homme'. Ces derniers se réfèrent à la protection de la liberté et de la dignité de la personne humaine à l'égard du politique, tandis que le premier concerne uniquement la conduite des soldats en temps de guerre. Voir Mario Bettati, *Droit humanitaire* (Paris, 2000).

du meurtre des civils, ou l'exécution des prisonniers ainsi que toute action injuste et cruelle perpétrée contre les non-combattants (vieillards, femmes, enfants), ou contre les soldats blessés et capturés, que l'on ne devrait pas non plus traiter en esclaves: 'il est plus conforme au bien de l'état et à l'humanité, de racheter les *prisonniers de guerre* [...].' (*ENC*, PRISONNIER DE GUERRE, XIII, p.387a).

L'impératif de la limitation de la violence concerne également les biens et les domaines des ennemis: la justice naturelle interdit de les ravager, à moins que la nécessité militaire et l'utilité de la guerre ne le rende nécessaire: 'toutes les choses qui sont de nature à ne pouvoir être d'aucun usage pour faire la guerre, ni contribuer en quoi que ce soit à la prolonger, doivent être épargnées.' Ainsi, les édifices sacrés, les monuments érigés en l'honneur des morts[26] et 'tout ce qui concerne les arts et les métiers' ne sauraient être pris pour cibles sans enfreindre les 'lois de l'humanité' (*ENC*, DÉGÂT, IV, p.752b).

Faudrait-il conclure de cela que si l'utilité de la guerre le requiert, n'importe quel acte d'hostilité deviendrait en conséquence légitime? Ce n'est pas ce que dit Jaucourt. En apologiste des droits des individus, il déclare que:

> il est encore du devoir des souverains et des généraux d'empêcher le pillage, la ruine, l'incendie des villes prises, et tous les autres actes d'hostilité de cette nature, *quand même ils seraient d'une grande conséquence pour les affaires principales de la guerre*; par la raison que de tels actes d'hostilité ne peuvent être exécutés sans causer beaucoup de mal à un grand nombre de personnes innocentes; et que la licence du soldat est affreuse dans de telles conjonctures, si elle n'est arrêtée par la discipline la plus sévère (*ENC*, DÉGÂT, IV, p.752b, nous soulignons).

Ici comme ailleurs dans l'*Encyclopédie* – que l'on pense au cas de la 'loi de l'esclavage', sur lequel portera notre prochain chapitre, Jaucourt conteste sans appel et sans exception toute action cruelle affectant la vie et la dignité de l'homme. Aucun intérêt

26. Jaucourt: '[...] outre que ce serait fouler aux pieds les lois de l'humanité, un *dégât* de ce genre ne sert de rien, ni pour la défense, ni pour le maintien des droits, ni pour aucune fin légitime de la guerre' (*ENC*, DÉGAT, IV, p.752b).

supérieur des belligérants ne saurait excuser la perfidie du général sanguinaire ou la 'brutalité du soldat effréné' (*ENC*, GUERRE, VII, p.998a). En disciple de Montaigne[27] et de Montesquieu,[28] Jaucourt explique avec éloquence, dans l'article CRUAUTÉ (*Morale*), les raisons de sa haine pour cette 'passion féroce qui renferme en elle la rigueur, la dureté pour les autres, l'*incommisération*, la vengeance, le plaisir de faire du mal par insensibilité de cœur, ou par le plaisir de voir souffrir' (*ENC*, CRUAUTÉ, IV, p.517b). Tout au long de cet article, le terme 'cruauté' est opposé à la vertu morale d''humanité', et permet à Jaucourt d'expliciter le plaisir qui est le sien de

> trouver dans Montaigne ces sentiments et ces expressions [...]. Nous devons aux hommes la justice et la bonté; nous devons aux malheurs de nos ennemis des marques de compassion, quand ce ne serait que par les sentiments de notre bonheur, et de la vicissitude des choses d'ici-bas. Cette compassion est une espèce de souci tendre, une généreuse sympathie, qui unit tous les hommes ensemble et les confond dans le même sort (*ENC*, CRUAUTÉ, IV, p.519a).

Quant à l'emploi de certains moyens non conventionnels de combat, il suscite la même réprobation. D'une part, en dépit des théoriciens ayant émis des doutes au sujet de la condamnation prononcée par Grotius à l'encontre des représailles, Jaucourt refuse de manière catégorique cette méthode de guerre, jugée incompatible avec la justice et l'humanité:

> Malgré toutes ces belles restrictions, les principes sur lesquels on fonde les *représailles* révoltent mon âme; ainsi je reste fermement convaincu que ce droit fictif de société, qui autorise un ennemi à

27. Michel de Montaigne, *Essais*, éd. Pierre Villey (Paris, 2004): 'Je haïs, entre autres vices, cruellement la cruauté, et par nature, et par jugement, comme l'extrême de tous les vices' (II, xi, *De la cruauté* p.429a).
28. Dans la première partie de l'article CRUAUTÉ, Jaucourt s'approprie un passage des *Considérations sur les causes de la grandeur des Romains et de leur décadence* de Montesquieu (ch.XV) et accentue l'inspiration humanitaire de cet auteur: 'Les Romains accoutumés à se jouer des hommes dans la personne de leurs esclaves, ne connurent guère la vertu que nous appelons *humanité*' (*ENC*, IV, p.518a, souligné dans le texte). Sur l'humanisme de Montesquieu, voir Felice, *Per una scienza universale*, p.115-17 et les références bibliographiques données en note, p.116.

> sacrifier aux horreurs de l'exécution militaire des villes innocentes du délit prétendu qu'on impute à leur souverain, est un droit de politique barbare, et qui n'émana jamais du droit de la nature, qui abhorre de pareilles voies, et qui ne connait que l'humanité et les secours mutuels (*ENC*, REPRÉSAILLES, XIV, p.142b-43a).

D'autre part, dans l'article DÉSERTEUR, il est commode à Jaucourt de statuer sur la question épineuse de savoir 's'il est permis de se servir à la guerre des *déserteurs* et des traîtres qui s'offrent d'eux-mêmes, et même de les corrompre par des promesses ou des récompenses' (*ENC*, DÉSERTEUR, IV, p.881a). La distinction introduite par Grotius, d'après laquelle le droit des gens n'autoriserait que l'usage des déserteurs en interdisant de se servir des traîtres, se heurte à une double objection. L'enrôlement des déserteurs pour combattre le régiment qu'ils ont quitté pourrait s'avérer moins utile qu'on ne pense, et parfois même contreproductif, 'par l'exemple qu'on donne aux autres'. En outre, 'c'est toujours un acte de générosité de s'abstenir, tant qu'on le peut, de ces sortes de voies' (*ENC*, DÉSERTEUR, IV, p.881b).

Force est de constater, une fois de plus, que l'encyclopédiste articule dans son argumentation les points de vue utilitaire et humanitaire, sans que la logique de l'efficacité ne l'emporte sur l'exigence supérieure de justice. Le fait est que dans l'optique de Jaucourt, les lois de la justice et de l'humanité, c'est-à-dire, l'accord parfait des Lumières de la droite raison avec la morale de l'Evangile, ne cessent de remplir la fonction de limiter la violence et de modérer les actes de guerre.

Plus soucieuse d'éthique que d'efficacité politique, la façon singulière de penser la guerre proposée par Jaucourt n'engage pas l'*Encyclopédie* tout entière. Elle ne reflète pas moins l'une des positions principales de cet ouvrage polyphonique. Face à cette constante tragique de l'histoire humaine qu'est la guerre, le chevalier n'adopte pas la posture désengagée du réaliste et renonce à s'abriter derrière l'idéalisme de la revendication pacifiste.[29] Il ne théorise pas la disparition des conflits armés, qu'il sait impossible: ce qu'il y a de normatif dans sa pensée

29. L'expression 'le pacifisme de Jaucourt', employée par Madeleine Morris en conclusion de sa monographie *Le Chevalier de Jaucourt*, p.121, est inappropriée, car Jaucourt approuve le principe de la guerre juste.

n'efface pas le sentiment qu'il a de l'inéluctabilité de la guerre. La guerre est un mal parfois nécessaire en vue du rétablissement de la paix, qui est sa fin, et le bien le plus précieux de l'Etat. En se prévalant d'idées bien répandues à l'époque moderne – celles de Grotius et de Montesquieu, notamment, dont des extraits d'ouvrages sont sélectionnés pour être ensuite discutés, entremêlés à d'autres citations et enrichis par des réflexions personnelles et radicales qui en infléchissent le sens – Jaucourt trouve dans la rationalité d'un droit naturel humanisé les critères pour reconsidérer la guerre dans la perspective de la culture juridique des Lumières. A cet égard, le constat de la réalité à la fois incontournable et intrinsèquement abjecte de la guerre n'entre pas en contradiction avec la reconnaissance de l'obligation de s'atteler à limiter autant que possible la violence qu'elle engendre: 'on ne saurait trop limiter, trop adoucir les droits cruels de la guerre; [...] on ne saurait trop inspirer, ni étendre trop loin les principes de la modération, de l'honneur, de la générosité, et si l'on peut parler ainsi, de l'humanité même dans les propres actes d'hostilité, que les usages de la guerre les plus reçus paraissent autoriser' (*ENC*, Ennemi, V, p.692b).

On peut certes constater que rien n'est plus catastrophique pour l'homme que la guerre, avec ses 'brigandages', ses 'crimes' et 'l'effroi, la famine, et la désolation' qu'elle entraîne partout où elle passe. Jaucourt lui-même, au terme de l'article Guerre, dresse le tableau noir de ces effets sur les personnes et sur les biens, sur les vainqueurs et sur les vaincus. La guerre, écrit-il, 'déchire l'âme des mères, des épouses, et des enfants; elle ravage les campagnes, dépeuple les provinces, et réduit les villes en poudre. Elle épuise les Etats florissants au milieu des plus grands succès; elle expose les vainqueurs aux tragiques revers de la fortune: elle déprave les mœurs de toutes les nations, et fait encore plus de misérables qu'elle n'en emporte. Voilà les fruits de la *guerre*. Les gazettes ne retentissent actuellement, que des maux qu'elle cause sur terre et sur mer, dans l'ancien et le nouveau monde, à des peuples qui devraient resserrer les liens d'une bienveillance, qui n'est déjà que trop faible, et non pas les couper' (*ENC*, Guerre, VII, p.998a).

La pacification de l'Europe requiert l'avènement d'une forme nouvelle de droit international, fondée sur la loi naturelle et régie par le principe d'humanité. Même dans l'enfer de la guerre, les droits naturels de l'homme doivent s'affirmer: tel est le message que Jaucourt adresse à ses concitoyens. Ainsi, dans le but d'éclairer les élites et de former les magistrats, il esquisse un projet de juridicisation et d'humanisation de la belligérance qui permet de réintégrer l'*Encyclopédie* à l'histoire du *jus belli.*

4. L'esclavage et la traite

> La règle du juste n'est pas fondée sur la puissance, mais sur ce qui est conforme à la nature
>
> *ENC*, art. ESCLAVAGE

Il serait vain de chercher dans cette entreprise collective et polyphonique que fut l'*Encyclopédie* l'énoncé d'une position unique de condamnation de l'esclavage et des déportations ultramarines. En revanche, on y trouve une confrontation idéologique opposant partisans et détracteurs de l'‘usage des esclaves’, que Jean Ehrard a savamment reconstruite dans son *Lumières et esclavage.*[1] L'*Encyclopédie* s'y donne à voir comme un espace conceptuel dans lequel les propos des tenants du commerce négrier coexistent avec ceux des antiesclavagistes, des abolitionnistes et des collaborateurs qui évitent de porter de jugement. D'une part, les trois directeurs de l'*Encyclopédie* tiennent des discours divergents: D'Alembert endosse la thèse de la fatalité climatique de l'esclavage;[2] Diderot s'oppose à la traite sans réserves; Jaucourt plaide pour l'abolition. D'autre part, dans le tome V, la notion d'esclavage est envisagée de deux manières différentes. L'article ESCLAVE (*Jurisprudence*) de Boucher d'Argis relate ce que dit la loi positive, c'est-à-dire les soixante articles de l'*Edit du Roy touchant la police des isles d'Amérique française*, aussi appelé *Code noir.*[3] Préparé par Colbert et promulgué en mars 1685 par Louis XIV, ce texte réglemente l'exploitation des esclaves noirs dans les colonies françaises jusqu'à la Révolution. Enregistrant sans commentaire la réalité juridique de l'esclavage,

Ce chapitre est une version amendée de mon article: ‘Esclavage colonial et droits de l'homme dans l'*Encyclopédie*’, dans *L'Esclavage en question: regards croisés sur l'histoire de la domination*, éd. Luigi Delia et Fabrice Hoarau (Dijon, 2010), p.43-63.

1. Jean Ehrard, *Lumières et esclavage, l'esclavage colonial et l'opinion publique en France au XVIIIe siècle* (Bruxelles, 2008), p.165-81.
2. Voir *Analyse de l'Esprit des Lois, pour servir de suite à l'Eloge de Montesquieu* (*ENC*, V, viii-xiii).
3. Non signé, l'article CODE NOIR est bref et descriptif (*ENC*, III, 581b-82a).

Boucher d'Argis dresse un état de la question. Au début de son article, il renvoie vers ESCLAVAGE, où sont exposées des opinions hostiles à cette 'loi'.[4]

L'écriture encyclopédique de la dissimulation par le recours aux renvois a fait l'objet d'études savantes.[5] Il faut savoir gré à Véronique Le Ru d'avoir replacé l'esclavage au centre d'une trame raisonnée de renvois. Dans son anthologie *Subversives Lumières*,[6] elle regroupe les articles AUTORITÉ POLITIQUE, CONQUÊTE (*Droit des gens*), ESCLAVE (*Jurisprudence*), ESCLAVAGE (*Droit naturel, Religion, Morale*), TRAITE DES NÈGRES (*Commerce d'Afrique*) sous la rubrique 'Esclavage' qu'elle a constituée. L'occasion est ainsi donnée au lecteur contemporain de mieux suivre, dans ses plis et ses détours, la pensée en réseaux que les encyclopédistes construisent comme une philosophie des rapports. Le choix de commencer par l'esclavage est judicieux, car il met en relief les causes principales de l'esclavage politique et civil: l'oppression de l'absolutisme, d'une part, le droit de la guerre, c'est-à-dire le droit du vainqueur sur la vie du vaincu, d'autre part.

Principes antiesclavagistes

L'article ESCLAVAGE situe en effet cette notion au carrefour de trois domaines: le droit naturel, la religion et la morale. Parallèlement, la dette contractée par Jaucourt à l'égard de l'auteur de *L'Esprit des lois* est déclarée dès les premières lignes: 'pour crayonner l'origine, la nature, et le fondement' de l'esclavage civil et politique, écrit l'encyclopédiste, 'j'emprunterai bien des choses de l'auteur de l'esprit des lois, sans m'arrêter à louer la solidité de ses principes, parce que je ne peux rien ajouter à sa gloire' (*ENC*, V, p.934a).[7] Plaçant sa considération de

4. Boucher d'Argis écrit par erreur ESCLAVE au lieu d'ESCLAVAGE.
5. Sur cette question, voir *Corpus, revue de philosophie* 51, *Ed.* Florent Guénard, Francine Markovits et Mariafranca Spallanzani (2006), sur 'L'*ordre des renvois* dans l'*Encyclopédie*'.
6. Véronique Le Ru (éd.), *Subversives Lumières: l'*Encyclopédie* comme machine de guerre* (Paris, 2007).
7. Jean Erhard montre que l'article de Jaucourt se veut moins un commentaire qu'une reprise raisonnée et radicalisée du livre XV de *L'Esprit des lois*, intitulé 'Comment les lois de l'esclavage civil ont du rapport avec la nature du climat' (*Lumières et esclavage*, p.169-70).

l'esclavage sous le signe du droit naturel et sous l'autorité de Montesquieu, Jaucourt cherche à discréditer les justifications du droit d'asservir mises en avant par les jurisconsultes romains et par les jusnaturalistes modernes (Grotius, Hobbes, Pufendorf, Burlamaqui): ni le droit de la guerre, ni le droit d'acquisition, ni la naissance ne fournissent de bonnes raisons pour faire d'un homme un esclave. Institution contraire à la nature, l'esclavage est condamné sans réserve: 'rien au monde ne peut rendre l'esclavage légitime' (*ENC*, V, p.938a).

Aussi faut-il se demander comment ce droit inique, parce que contraire à la nature, a pu s'établir. Comment les lois ont-elles pu autoriser et régler une pratique aussi détestable? Jaucourt commence par répondre que 'la loi du plus fort, le droit de la guerre injurieux à la nature, l'ambition, la soif des conquêtes, l'amour de la domination et la mollesse introduisirent l'esclavage, qui *à la honte de l'humanité*, a été reçu par presque tous les peuples du monde' (*ENC*, V, p.934b, nous soulignons). Plusieurs pages sont consacrées à retracer cette histoire 'honteuse', depuis son origine jusqu'aux siècles XVII et XVIII, lorsque 'les puissances chrétiennes ayant fait des conquêtes dans ces pays où elles ont cru qu'il leur était avantageux d'avoir des esclaves, ont permis d'en acheter et d'en vendre, et ont oublié les principes de la Nature et du Christianisme, qui rendent tous les hommes égaux' (*ENC*, V, p.936b). Après avoir mobilisé une assez vaste documentation historique, Jaucourt conteste les principes sur lesquels l'esclavage repose. Il veut 'prouver', tour à tour, que la réduction en esclavage blesse la liberté de l'homme, choque les formes des meilleurs gouvernements, et qu'elle est, en dernière instance, contraire aux principes du droit naturel (*ENC*, V, p.936b-37a).

Deux arguments, en particulier, sont mis en avant: le premier repose sur le principe selon lequel tous les hommes ont par nature une égale liberté. Il s'en suit, à la façon d'un corollaire, que personne ne saurait être arbitrairement exclu des bienfaits de la société sans qu'il y ait donné lieu par quelque action criminelle. Or, la 'loi de l'esclavage' s'oppose à cette loi naturelle, en étant 'dans tous les cas contre l'esclave, sans jamais être pour lui; ce qui est contraire au principe fondamental de toutes les sociétés' (*ENC*, V, p.937a; voir *EL*, XV, 2).

Le deuxième argument fait écho à la distinction lockéenne

entre droit de propriété sur les choses et droit de propriété sur les personnes.[8] Si le fait de posséder une chose confère au propriétaire le droit absolu d'en disposer à son gré et donc d'en faire tout ce qu'il veut: l'utiliser, la consommer et, le cas échéant, la détruire; en revanche, il est absurde qu'un homme puisse exercer sur un autre homme un droit de propriété. Le principe d'humanité interdit de faire d'une personne une marchandise, de réduire un être humain 'à une condition où il ne reste aucune trace de l'égalité naturelle de tous les hommes, et par conséquent de le traiter comme une bête, dont on est le maître de disposer à sa fantaisie. Les peuples qui ont traité les esclaves comme un bien dont ils pouvaient disposer à leur gré, n'ont été que des barbares' (*ENC*, V, p.937b). Jaucourt condamne simultanément le droit romain, qui fait de l'esclave une marchandise, et le *Code noir*, dont l'article 44 précise que 'les esclaves sont meubles', c'est-à-dire des biens pouvant être achetés et vendus en obéissant aux formes prévues pour les biens meubles. Issue d'une conception inégalitaire des rapports entre les hommes,[9] la pratique esclavagiste est assimilée par Jaucourt à une injure à l'humanité: l'esclavage n'humilie pas seulement certains individus, il blesse la nature humaine que tous les hommes ont en partage. Dans l'article AUTORITÉ POLITIQUE, Diderot avait rangé l'esclavage politique dans la catégorie des crimes de lèse-majesté divine: 'livrer son cœur son esprit et sa conduite sans aucune réserve à la volonté et au caprice d'une pure créature [...] c'est assurément un crime de lèse-majesté divine au premier chef' (*ENC*, AUTORITÉ POLITIQUE, I, p.898). Or, sous l'Ancien Régime, le crime de lèse-majesté au premier chef est le crime des crimes, et, comme tel, il 'est puni de la mort la plus rigoureuse, qui est d'être tiré et démembré à quatre chevaux' (*ENC*, LESE-MAJÉSTÉ (*Jurisprudence*), IX, p.400b). De son côté, Jaucourt traite l'esclavage d'acte qui dégrade l'humanité: 'l'esclavage n'est pas seulement un état humiliant pour celui qui

8. Voir John Locke, *Second Traité du gouvernement*, trad. fr. Jean-Fabien Spitz (Paris, 1994), V, 'De la propriété', p.21-28.

9. Dans l'article EGALITÉ NATURELLE (*Droit naturel*), Jaucourt affirme que l'établissement de l'esclavage politique et civil ressortit à la violation 'du principe de l'égalité naturelle des hommes' (*ENC*, V, p.415).

le subit, mais pour l'humanité même qui est dégradée' (*ENC*, V, p.938a). Bien qu'il n'adopte pas cette expression, et compte tenu de la profonde différence des contextes historiques, le concept énoncé par Jaucourt n'est pas sans rappeler celui qui nous est familier de 'crime contre l'humanité'. Cette locution n'assume une valeur juridique qu'au terme de la deuxième guerre mondiale: l'expression figure pour la première fois dans l'article 6c du statut du Tribunal militaire international de Nuremberg. L'article 1 de la loi française n°2001-434 du 21 mai 2001 reconnaît que 'la traite négrière transatlantique ainsi que la traite dans l'océan Indien d'une part, et l'esclavage d'autre part, perpétrés à partir du XVe siècle, aux Amériques et aux Caraïbes, dans l'océan Indien et en Europe contre les populations africaines, amérindiennes, malgaches et indiennes constituent un crime contre l'humanité'. Aujourd'hui comme hier, il s'agit de faire ressortir le caractère particulièrement odieux et inhumain, et comme tel jugé criminel, de toute conduite susceptible de provoquer des atteintes graves à l'intégrité physique ou mentale des victimes, en l'occurrence la réduction d'un homme ou d'un peuple en esclavage.[10]

Or, dans l'article ESCLAVAGE est à l'œuvre une stratégie argumentative visant à opposer à 'la loi de l'esclavage', le droit naturel entendu comme droit de la nature humaine. Il est notoire que le mépris dont Montesquieu fait preuve vis-à-vis des théories visant à ramener la pratique esclavagiste à l'ordre naturel ne l'empêche pas de soutenir que les climats tropicaux rendent les hommes peu enclins à des travaux de force s'ils n'y sont pas contraints (*EL*, XV, 7-8). L'esclavage civil serait alors 'plus tolérable' dans les pays despotiques, où les sujets souffrent déjà l'esclavage politique et 'chacun est assez content d'y avoir sa subsistance et la vie' (*EL*, XV, 1). Un type particulier d'esclavage se voudrait 'conforme à la raison' et fondé sur la 'nature des choses' (*EL*, XV, 7). Frôlant l'incohérence, la conception de Montesquieu n'échappe pas à une

10. L'article 7 du Statut de Rome de la Cour pénale internationale (distribué en 1998 et entré en vigueur en 2002), après avoir établit que la 'réduction en esclavage' est un crime contre l'humanité, précise que: 'par "réduction en esclavage", on entend le fait d'exercer sur une personne l'un quelconque ou l'ensemble des pouvoirs liés au droit de propriété, y compris dans le cadre de la traite des être humains, en particulier des femmes et des enfants' (art. 7, 2c).

ambiguïté insidieuse.[11] Quant à Locke, cet auteur considère, d'un côté, qu'un homme, 'n'ayant point de pouvoir sur sa propre vie, ne peut, par aucun traité, ni par son propre consentement, se rendre esclave de qui que ce soit, ni se soumettre au pouvoir arbitraire d'un autre, qui lui ôte la vie quand il lui plaira'.[12] D'un autre côté, le philosophe anglais justifie l'expansion des colonies esclavagistes tout comme l'asservissement des prisonniers de guerre: d'après lui, la servitude des captifs est l'effet du droit de la guerre qui met le vaincu à la discrétion du vainqueur.[13]

Or, les deux principales sources d'inspiration de Jaucourt ne tiennent pas un discours linéaire. Pour Montesquieu, l'esclavage est incontestablement contre la nature, mais dans certains pays, compte tenu des spécificités climatiques, il serait fondé sur une 'raison naturelle';[14] pour Locke, l'esclavage est à bannir en Europe mais l'expansion coloniale de l'Europe du Nord-Ouest est admise. Face à cette ambiguïté, Jaucourt fait le choix d'une condamnation de principe de l'esclavage. A la question de savoir s'il n'y a 'point de cas ou de lieux où l'esclavage dérive de la nature des choses', sa réponse est claire: 'Je réponds [...] à cette question qu'il n'y en a point' (*ENC*, V, p.938b).

Aucun autre texte de la main de Jaucourt ne venant compliquer cette condamnation sans appel, il faut en conclure que sa prise de position sur l'esclavage ne laisse pas de place au doute. Jean Ehrard semble pourtant regretter l'unilatéralité d'un discours qui aurait transformé la 'démarche sinueuse et interrogative de son modèle [Montesquieu]' dans un 'exposé [...]

11. D'après Michèle Duchet, 'chez Montesquieu, l'exigence humaniste était posée en principe, mais restait toute théorique, dans la mesure où l'intérêt des colonies exigeait le maintient de l'esclavage', *Anthropologie et histoire au siècle des Lumières* (1971, Paris, 1995), p.154. Sur cette question voir aussi les études de Georges Benrekassa, 'Montesquieu et le problème de l'esclavage: ce que nous apprend l'étude du manuscrit du livre XV de *L'Esprit des lois*', *Bulletin de la Société Montesquieu* 3 (1991), p.4-9 et de Laurent Estève, 'L'ironie du droit naturel: pour une nouvelle lecture du livre XV, 5', *Kairos* 14 (1999), p.91-112.
12. Locke, *Second Traité du gouvernement civil*, cit., IV, para.23, p.192.
13. Locke, *Second Traité du gouvernement civil*, cit., XVI, para.196, p.328-29.
14. Sur le rapport entre la théorie du climat de Montesquieu et sa réflexion sur l'esclavage, restent éclairantes les analyses développées par Jean Ehrard dans *L'Idée de nature en France dans la première moitié du XVIIIe siècle* (Paris, 1994), p.718-36.

didactique et sans surprise'. Ainsi, au 'cheminement tourmenté' de Montesquieu, 'au drame qui se jouait dans sa conscience', Jaucourt aurait substitué 'l'ordre méthodique d'une raison assurée de sa vérité'.[15] Certes, la radicalité de l'article ESCLAVAGE n'est pas contestable. L'encyclopédiste ne manifeste pas d'hésitations et il réaffirme, en guise de conclusion de l'article, son point de vue inconditionnellement anti-esclavagiste: 'L'esclavage fondé par la force, la violence et dans certains climats par excès de la servitude, ne peut se perpétuer que par ces mêmes moyens' (*ENC*, V, p.939a). Faut-il lui en tenir rigueur pour avoir été moins timide qu'un Locke ou un Montesquieu?

Mieux vaut s'interroger sur les stratégies rhétoriques par lesquelles Jaucourt a marqué ses distances par rapport à ses sources. Le plaidoyer contre l'esclavage est axé non plus sur la seule notion de 'nature', une notion qui peut se révéler ambiguë, voire ambivalente[16] jusqu'à la contradiction, mais sur celle d''humanité' ou de 'nature humaine'. C'est en renonçant à l'idée d'une 'nature des choses', à étudier dans ses rapports socio-économiques, en faveur d'une 'nature humaine' à défendre sur le plan moral, que l'encyclopédiste finit par recentrer le droit naturel sur la dignité de l'être humain, voire par faire coïncider le droit naturel avec les 'droits de la nature humaine'. Dans le langage de Jaucourt, la nature humaine devient ainsi le principe directeur et universel au nom duquel la préservation de la personne *doit* être revendiquée. Conférant à ces droits inaliénables attachés à la nature de l'homme comme tel la valeur d'impératifs de justice, Jaucourt relègue à l'arrière-plan les prémisses théologiques d'un Locke[17], abandonne l'approche

15. Ehrard, *Lumières et esclavage*, p.176.
16. Céline Spector remarque que l'antithèse est entre deux natures: 'la nature universelle de l'homme, qui renvoie à une forme de droit naturel fondé sur l'égalité; la nature historico-géographique variable des choses – celle des "raisons naturelles" ou climatiques' ('"Il est impossible que nous supposions que ces gens-là soient des hommes": la théorie de l'esclavage au livre XV de *L'Esprit des lois*', *Lumières* 3 (2004), p.31).
17. Pour Locke, comme pour les auteurs des déclarations américaines, la détermination des droits fondamentaux repose sur le postulat théologique selon lequel aussi bien l'homme que les lois naturelles sont des créatures de Dieu (voir *Second Traité du gouvernement civil*, cit., ch.II, para.6 et ch.V, para.25). De même, Jaucourt considère que les lois naturelles dérivent de l'institution

'sociologique' de Montesquieu et nous fait en quelque mesure penser aux maximes de la *Métaphysique des mœurs* de Kant, notamment à celle-ci: 'Agis de telle sorte que tu traites l'humanité aussi bien dans ta personne que dans la personne de tout autre toujours en même temps comme une fin, et jamais simplement comme un moyen.'[18]

Abolition de la traite

La nécessité d'une évolution de la culture juridique vers la reconnaissance de ces droits fondamentaux reposant sur l'humanité de l'homme est réaffirmée avec une intensité inégalée dans l'article TRAITE DES NÈGRES. Véritable pamphlet abolitionniste, cet article réunit, en un peu plus de deux pages, tout un pan d'arguments contre le commerce d'esclaves. La récurrence de ce que l'on pourrait appeler le vocabulaire des droits naturels de l'homme est frappante. Qu'il s'agisse des couples 'humanité'/ 'inhumanité' ou des locutions 'genre humain', 'nature humaine', 'lois de l'humanité' et 'droits de l'humanité', sur les neuf alinéas dont l'article se compose, ces termes et ces expressions reviennent neuf fois. Naturellement Jaucourt n'est pas le premier à utiliser ce vocabulaire.[19] Au début du siècle, Fénelon avait défendu les droits de l'humanité en ces termes:

> Chacun doit incomparablement plus au genre humain, qui est la grande patrie, qu'à la patrie particulière dont il est né; il est donc infiniment plus pernicieux de blesser la justice de peuple à peuple, que de la blesser de famille à famille contre sa République. Renoncer au sentiment d'humanité, non seulement c'est manquer de politesse et tomber dans la barbarie, mais c'est l'aveuglement le

---

divine (voir *ENC*, NATURELLE, LOI *(Droit naturel)*, t.XI, p.46a), mais dans les articles ESCLAVAGE et TRAITE DES NÈGRES les instances de la raison et de l'humanité priment sur les conseils de la religion et sur les considérations d'ordre théologique.

18. Immanuel Kant, *Fondements de la métaphysique des mœurs*, trad. fr. Victor Delbos, revue par Alexis Philonenko, deuxième section (Paris, 1997), p.105.

19. Dans 'L'humanité des hommes au siècle des Lumières', *Corpus, revue de philosophie* 57 (2009), p.51-73, Michel Malherbe analyse la richesse sémantique de la notion d'humanité dans le vocabulaire des Philosophes.

> plus dénaturé des brigands et des sauvages: ce n'est plus être homme, et être anthropophage.[20]

L'encyclopédiste Turgot, en 1753, affirme que chacun peut 'réclamer les droits de l'humanité. Toute convention contraire à ces droits n'a d'autre autorité que le droit du plus fort; c'est une vraie tyrannie'.[21] Rousseau, à son tour, encore que sans se référer explicitement à la traite ni au *Code noir*, avait condamné l'esclavage précisément au nom des 'droits de l'humanité': 'Renoncer à sa liberté c'est renoncer à sa qualité d'homme, aux droits de l'humanité [...]. Une telle renonciation est incompatible avec la nature de l'homme, et c'est ôter toute moralité à ses actions que d'ôter toute liberté à sa volonté' (*Du contrat social*, I, 4).

En quoi la démarche du chevalier de Jaucourt est-elle donc singulière? Sa spécificité ne tient pas seulement à la place centrale que son article ménage à l'idée d'un droit de l'humanité, aussi faut-il relever l'usage systématique qui est fait de ce droit pour prouver l'illégitimité morale de la loi de l'esclavage. Bien qu'il utilise plus qu'il n'élucide ce lexique des droits de l'homme, l'idée d'une loi naturelle de l'humanité, universelle, inaliénable et antérieure à toute norme positive, est présente d'un bout à l'autre du texte. Elle confère à son discours le ton général et fait ressortir clairement que l'impératif éthique des droits de l'homme est posé par l'humanité, alors que dans le droit naturel la religion ou la philosophie le posent pour elle. Il a été fait observer auparavant que Jaucourt situe l'article ESCLAVAGE aux confins du droit naturel, de la religion et de la morale. Or, ce n'est pas anodin que l'article TRAITE DES NÈGRES débute par une phrase révélatrice du pas supplémentaire que Jaucourt franchit en direction de l'usage antiesclavagiste des droits naturels de l'homme: 'Cet achat

20. Fénelon, 'Socrate et Alcibiade', *Dialogue des morts*, LXXX, dans *Œuvres*, éd. Jacques Le Brun (Paris, 1983), t.I. Ce passage est à confronter avec la célèbre pensée de Montesquieu sur la hiérarchie des devoirs: 'Si je savais quelque chose qui me fût utile, et qui fût préjudiciable à ma famille, je la rejetterais de mon esprit. Si je savais quelque chose utile à ma famille et qui ne le fût pas à ma patrie, je chercherais à l'oublier. Si je savais quelque chose utile à ma patrie et qui fût préjudiciable à l'Europe, ou bien qui fût utile à l'Europe et préjudiciable au genre humain, je la regarderais comme un crime' (*Pensées*, n°741).
21. A. R. J. Turgot, *Œuvres*, t.I (Paris, 1913), p.416.

de nègres pour les réduire en esclavage, est un négoce qui viole la religion, la morale, les lois naturelles, et *tous les droits de la nature humaine.*' (*ENC*, XVI, p.532b, nous soulignons). Aux trois premiers domaines mentionnés dans l'article ESCLAVAGE, s'en ajoute un quatrième: 'tous les droits de la nature humaine'. Jaucourt n'oppose guère la parole de Dieu, les principes de la morale et les lois de la nature à ce qu'il appelle 'les droits de la nature humaine'. Ces principes et ces lois se trouvent au contraire contenus et transcendés par l'idéal à la fois fédérateur et supérieur des 'droits de l'humanité'. A quelques mots près et avec quelques années d'avance, ce qui est en jeu dans cette page de l'*Encyclopédie* ce sont d'ores et déjà 'les droits de l'homme'. La dimension universelle de ces droits ne saurait pas passer inobservée: Jaucourt ne fait point la distinction homme blanc/homme noir, européen/africain, chrétien/non chrétien, ami/ennemi. Leur portée présociale est aussi à souligner: nulle part, dans ses articles, n'est spécifié que pour jouir des droits de l'homme il soit requis d'être citoyen.[22] C'est la grande et unique famille des hommes qui sert de repère à l'encyclopédiste. Tous les êtres humains, ayant une âme et un corps, sont concernés. Et tout d'abord le sont ces 'hommes africains' dont il est question dans l'article TRAITE DES NÈGRES. Pour Jaucourt, les 'nègres'[23] réduits en esclavage sont 'nos semblables'. Ils ont 'une âme comme nous' et donc ne peuvent se dépouiller jamais de leur droit naturel à la liberté. Au demeurant, nulle part dans ses articles pour l'*Encyclopédie* Jaucourt ne se permet la moindre remarque défavorable à l'égard de ses frères à la peau noire, se déclarant persuadé, dans le sillage de Buffon, de l'unité de l'espèce humaine, dans toutes ses variétés: 'le genre humain n'est pas composé d'espèces essentiellement différentes entre elles: il n'y a eu originairement qu'une seule espèce d'hommes [...] qui a subi différents changements par l'influence du climat, par des différences de la nourriture [...] et aussi par le mélange varié à l'infini

22. La question de la citoyenneté n'est pas sans implications par rapport à l'esclavage: pour Montesquieu, 'un homme ne peut contracter que comme citoyen. Or un esclave n'est pas un citoyen' (*Pensées*, n°174).

23. Au XVIIIe siècle, ce terme n'a pas la nuance péjorative qu'il a pu prendre aujourd'hui.

des individus plus ou moins ressemblants' (*ENC*, PEAU DES NÈGRES (*Anatomie*), XII, p.216).[24]

Le respect que Jaucourt témoigne aux hommes de couleur ne reflète pas l'attitude commune des encyclopédistes. Les idées du chevalier cohabitent avec les articles NÈGRE (*Histoire naturelle*) d'un auteur anonyme et NÈGRES (*considérés comme esclaves dans les colonies d'Amériques*) de Le Romain,[25] qui exposent des idées toutes contraires, fondées sur l'ignorance de la génétique et issues d'hypothèses peu scientifiques: de nos jours nous n'hésiterions pas à qualifier ces postulats de racistes.

Quoi qu'il en soit, laissant tomber l'expression à double tranchant de 'nature des choses' au bénéfice d'autres formules qui mettent en valeur la centralité de l'homme dans son unité anthropologique (blanc-noir), Jaucourt se donne les moyens de qualifier le commerce négrier de crime contre la nature humaine: un crime qui 'lèse horriblement le genre humain', dit-il précisément. Le troisième alinéa de l'article TRAITE DES NÈGRES propose une formulation un peu différente mais qui va dans le même sens: si on justifie sur le plan moral que quelqu'un, soit-il un roi, puisse devenir propriétaire d'un autre homme, disposer de sa liberté et le vendre pour esclave, alors, conclue Jaucourt, 'il n'y a point de crime, quelque atroce qu'il soit, qu'on ne puisse légitimer' (*ENC*, XVI, p.532b).

Que l'argument décisif contre ce 'crime atroce' qu'est l'esclavage est celui qui pose l'être humain en valeur absolue, Jaucourt le réaffirme dans le sixième alinéa, lorsqu'il envisage une difficulté concernant le droit des gens: qu'en est-il de l'état juridique de ces hommes qui, tout en ayant le statut d'esclaves dans les colonies, sont transportés en France par leur maîtres, où

24. Voir l'article HUMAINE ESPÈCE (*Histoire naturelle*) de Diderot: 'Tout concourt donc à prouver que le genre humain n'est pas composé d'espèces essentiellement différentes. La différence des blancs aux bruns vient de la nourriture, des mœurs, des usages, des climats; celle des bruns aux noirs a la même cause [...]. Il n'y a donc eu originairement qu'une seule race d'hommes, qui s'étant multipliée et répandue sur la surface de la terre, a donné à la longue toutes les variétés dont nous venons de faire mention; variétés qui disparaîtraient à la longue, si l'on pouvait supposer que les peuples se déplaçassent tout à coup' (*ENC*, VIII, p.348a).

25. Jean-Baptiste-Pierre Le Romain, fut ingénieur en chef de la Grenade et expert en réalités coloniales.

l'esclavage est, du moins formellement, interdit? Jaucourt se heurte, ici, à un problème qui était d'actualité à son époque. En effet, nombreux étaient les colons qui, voulant rentrer en France pour des séjours plus ou moins prolongés, souhaitaient ramener derrière eux une partie de leur personnel servile, en introduisant ainsi des esclaves dans un espace où l'esclavage n'était pas toléré.[26] Au lieu de chercher à démêler un nœud juridique issu d'une législation qui légitime l'usage des esclaves en dehors des frontières du royaume de France, tout en interdisant l'esclavage sur le territoire français, Jaucourt dénonce la mesquinerie de ces juristes qui prétendent 'décider des droits de l'humanité par les lois civiles d'une gouttière'.[27] (*ENC*, XVI, p.532b). C'est au nom de la supériorité inconditionnelle des droits de l'humanité par rapport à n'importe quelle législation positive (c'est-à-dire, arbitraire) que Jaucourt formule, en philanthrope éloquent, une série de questions percutantes:

> Est-ce que les magistrats d'une nation, par ménagement pour une autre nation, ne doivent avoir aucun égard pour leur propre espèce? Est-ce que leur déférence à une loi qui ne les oblige en rien, doit leur faire fouler aux pieds la loi de la nature, qui oblige tous les hommes dans tous les temps et dans tous les lieux? Y a-t-il aucune loi qui soit aussi obligatoire que les lois éternelles de l'équité? Peut-on mettre en problème si un juge est plus obligé de les observer, que de respecter les usages arbitraires et inhumains des colonies? (*ENC*, XVI, p.532b-33a)

Cet appel à la déontologie des magistrats,[28] qui, pour être dignes des Lumières, ne doivent accepter que les droits de

26. En 1716, et ensuite en 1738, le législateur français modifie les normes permettant à tout esclave se trouvant sur le territoire français d'acquérir la liberté. Voir Sue Peabody, *'There are no slaves in France': the political culture of race and slavery in the Ancien Regime* (Oxford, 1996).
27. L'image de la gouttière est empruntée à Cicéron. Dans le *Traité des lois* (I, 4), il avait comparé avec ironie le droit universel avec celui qui sert à traiter de la législation applicable aux problèmes de gouttières. La même image est reprise par Montesquieu: 'Il est ridicule décider des droits des royaumes, des nations et de l'univers, par les mêmes maximes sur lesquelles on décide, entre particuliers, d'un droit pour une gouttière, pour me servir de l'expression de Cicéron' (*EL*, XXVI, 16).
28. Jaucourt signe l'article Juge (*Droit moral*), sur les engagements déontologiques du magistrat des Lumières.

l'humanité soient observés en France et bafoués dans les colonies, précède immédiatement la mise en examen de l'argument le plus fort des esclavagistes, celui d'après lequel la suppression de l'esclavage colonial serait néfaste pour la prospérité des colonies. Comment s'y prendre face au souci de rationalité concrète et d'efficacité pratique qu'exhibe ce dernier argument? Personne n'ignore que c'est sur ce terrain économique que les controverses idéologiques furent les plus âpres jusqu'à la fin du siècle entre les Philosophes et la Société des Amis des Noirs d'une part, et les groupes de pression des colons (Club Massiac) et des négociants (Comité des députés extraordinaires des manufactures et du commerce de France), d'autre part. Jaucourt oppose une véhémente fin de non-recevoir à la thèse selon laquelle faute d'esclaves noirs, les fertiles colonies, qui tant de richesses ont procuré à la France, deviendraient incultes et désertes:

> On dira peut-être qu'elles seraient bientôt ruinées ces colonies, si l'on y abolissait l'esclavage des nègres. Mais quand cela serait, faut-il conclure de là que le genre humain doit être horriblement lésé, pour nous enrichir? [...] A qui est-il permis de devenir opulent, en rendant malheureux ses semblables? Peut-il être légitime de dépouiller l'espèce humaine de ses droits les plus sacrés, uniquement pour satisfaire son avarice, sa vanité, ou ses passions particulières? Non... Que les colonies européennes soient donc plutôt détruites, que de faire tant de malheureux! (*ENC*, XVI, p.533a)

Opposant un non absolu aux arguments des partisans de la richesse des nations, Jaucourt exalte la justice des droits de l'homme. Pour lui, le point de vue humanitaire prime inconditionnellement par rapport au point de vue économique. Les deux aspects peuvent néanmoins s'accorder, mais seulement à la condition que ce soit à la logique du profit commercial de s'incliner devant la supériorité éthique des principes non négociables de la nature humaine. A vouloir s'en tenir à la dernière phrase du passage cité on pourrait presque dire que l'idéalisme du chevalier s'apparente d'un 'jacobinisme'[29] avant la

29. 'Périssent les colonies s'il doit vous en coûter votre bonheur, votre gloire, votre liberté!', affirmera Robespierre devant les députés de l'Assemblé constituante du 15 mai 1791 (*Mémoires authentiques de Maximilien de Robespierre*

lettre. Jaucourt tient néanmoins à faire observer 'que la suppression de l'esclavage [n']entrainerait [pas] leur ruine [des colonies]. Le commerce en souffrirait pendant quelque temps: je le veux, c'est là l'effet de tous les nouveaux arrangements, parce qu'en ce cas on ne pourrait trouver sur le champ les moyens de suivre un autre système; mais il résulterait de cette suppression beaucoup d'autres avantages' (*ENC*, XVI, p.533a). Déplaçant ainsi la perspective, Jaucourt met habilement en avant les avantages démographique et économique de l'abolition de la traite. D'une part, l'affranchissement des esclaves noirs favoriserait la croissance de la population: 'c'est l'usage de la servitude qui a empêché l'Amérique de se peupler aussi promptement qu'elle l'aurait fait sans cela. Que l'on mette les nègres en liberté, et dans peu de générations ce pays vaste et fertile comptera des habitants sans nombre.' D'autre part, récupérant la thèse très répandue parmi les Philosophes selon laquelle le travailleur libre est plus productif que l'esclave, Jaucourt fait dépendre la prospérité économique de la libération des Noirs: 'C'est la liberté, c'est l'industrie qui sont les sources réelles de l'abondance. Tant qu'un peuple conservera cette industrie et cette liberté, il ne doit rien redouter' (*ENC*, XVI, p.533a).

Dans le sillage de Montesquieu, et quinze ans avant les *Réflexions sur l'esclavage des nègres* (1781) de Condorcet, Jaucourt soutient qu'un noir libre aura plus d'intérêt au travail, la liberté étant le meilleur garant d'une production accrue.[30] Dans l'article TRAITE DES NÈGRES, l'aspect humanitaire et l'aspect utilitaire, la philosophie des droits de l'homme et la rationalité économique, s'imbriquent dans une articulation cohérente et fonctionnent ensemble comme les deux actions complémentaires d'un même processus. Ce qui ne veut pas dire que ces deux aspects soient mis

(Bruxelles, 1830), t.II, p.147). Voir l'étude de Florence Gauthier, '"Périssent les colonies": de Jaucourt à Marx en passant par Robespierre', dans *Pour la Révolution française: recueil d'études en hommage à Claude Mazauric*, éd. Christine Le Bozec et Eric Wauters (Rouen, 1998), p. 407-10.

30. L'idée selon laquelle l'esclavage serait un obstacle au développement économique est contestée par Turgot dans une lettre à Dupont du 6 février 1770. Sur cette question voir Philippe Steiner, 'L'esclavage chez les économistes français (1750-1830)', in *Les Abolitions de l'esclavage*, éd. M. Dorigny, p.165-70.

au même rang: les lois de la justice ne sauraient être subordonnées aux intérêts du commerce sans infliger une blessure profonde à l'humanité tout entière.

En marge du débat historiographique suscité en 1947 par le livre *Dialektik der Aufklärung* de Max Horkheimer et Theodor Adorno,[31] et prolongé plus récemment par la querelle entre contempteurs[32] et défenseurs[33] de l'héritage humaniste des Lumières, il n'est pas anodin de revenir sur les propos abolitionnistes de Jaucourt. Au moment où l'importation des esclaves noirs bat son plein, cet encyclopédiste œuvre pour la promotion des droits de l'homme. Sans sublimer le scandale moral de la traite par le recours à l'ironie, comme Montesquieu[34] ou Voltaire,[35] et sans prendre en considération les conséquences potentiellement dangereuses pour la condition des affranchis d'une abolition soudaine et non graduelle,[36] Jaucourt réclame la fin immédiate de la servitude. Sa revendication libératrice,

31. Max Horkheimer et Theodor Adorno, *Dialektik der Aufklärung: philosophische Fragmente* (New York, 1944).
32. L'ouvrage de Louis Sala-Molins *Les Misères des Lumières: sous la raison, l'outrage* (Paris, 1992), intente un procès aux Lumières à travers une lecture révisionniste et outrancière ayant connu un certain retentissement sur la presse française. Le livre de Laurent Estève, *Montesquieu, Rousseau, Diderot: du genre humain au bois d'ébène. Les silences du droit naturel* (Paris, 2002) se fait l'écho de cette position: pour cet auteur, la philosophie des Lumières aurait rendu possible une forme de pensée discriminatoire à l'égard de l'homme noir.
33. Outre le volume de Jean Ehrard qui se veut 'un plaidoyer en défense, un essai de réponse au réquisitoire anti-Lumières' (*Lumières et esclavage*, p.17), retenons la judicieuse mise au point de Jean Mondot, dans l'avant-propos de la revue *Lumières* 3 (2004), consacrée à 'L'esclavage et la traite', p.7-12.
34. 'Les peuples d'Europe ayant exterminé ceux de l'Amérique, ils ont dû mettre en esclavage ceux de l'Afrique, pour s'en servir à défricher tant de terres. Le sucre serait trop cher, si l'on ne faisait travailler la plante qui le produit par des esclaves [...].' (*EL*, XV, 5). Voir Catherine Volpilhac-Auger, 'Pitié pour les nègres', *L'Information littéraire* 1 (2003), p.11-6; Spector, '"Il est impossible..."', *Lumières* 3 (2004), p.15.
35. Que l'on pense au récit du nègre estropié du Surinam, relaté dans le chapitre 19 de *Candide*: 'Quand nous travaillons aux sucreries et que la meule nous attrape le doigt, on nous coupe la main; quand nous voulons nous enfuir, on nous coupe la jambe. Je me suis trouvé dans les deux cas: c'est à ce prix que vous mangez du sucre en Europe'.
36. Les membres de la Société de Amis des Noirs se battront, en revanche, pour un affranchissement progressif.

exprimée au nom de l'humanité, ne reste pas lettre morte: les droits qu'il invoque seront positivisés à peine vingt-quatre ans plus tard, pendant la période révolutionnaire. L'article premier de la *Déclaration des droits de l'homme et du citoyen*, adoptée par l'Assemblée nationale le 26 août 1789, stipule que 'les hommes naissent et demeurent libres et égaux en droits'. Les exigences d'égalité et de liberté venues de métropole ont sans doute encouragé la résistance à l'oppression dans le monde colonial. Ce qui n'autorise pas pour autant à établir une relation de causalité entre l'esprit libérateur et égalitaire que l'énoncé recouvre et la première abolition de l'esclavage dans les colonies françaises décrétée le 4 février 1794 par la Convention nationale de la Première République. Les causes principales du décret d'abrogation de l'esclavage voté par la Convention sont à rechercher sans doute dans la guerre contre l'Angleterre et dans l'insurrection générale des esclaves de Saint-Domingue (août 1791). Cependant, encore que minoritaire dans la société et hétérogène en son sein, la mouvance progressiste et émancipatrice des Lumières condamnant la traite des noirs et l'esclavage a contribué à la formation d'une opinion publique naissante de plus en plus sensible aux raisons de l'humanité: en quinze ans, le législateur français en vient à abolir la torture judicaire (1780) et l'esclavage colonial (1794).

Tout difficile qu'il reste de mesurer avec précision la portée de la contribution intellectuelle du mouvement des Lumières à la proclamation politique des droits de l'homme, les articles de Jaucourt, rédigés en une langue limpide, accréditent la leçon hégélienne d'après laquelle la déclaration de 1789, comme la Révolution qui la réalise, est bien tributaire de l'engagement des Philosophes.[37] Paradoxalement, la conclusion même de l'article TRAITE DES NÈGRES semble prendre le contrepied de cette lecture. Observant que 'les âmes sensibles et généreuses applaudiront sans doute à ces raisons en faveur de l'humanité; mais l'avarice et la cupidité qui dominent la terre, ne voudront jamais les entendre' (*ENC*, XVI, p.533a), Jaucourt n'a-t-il pas suggéré que l'engagement philosophique est impuissant devant les grands intérêts liés au

37. D'après Hegel, la déclaration est 'née de la philosophie', in *Leçons sur la philosophie de l'histoire* (Paris, 1963), p.339.

commerce négrier? En réalité, l'amertume qui affleure de ce dernier mot, provoquée par la conviction que ceux qui profitent de la traite 'jamais' ne voudront renoncer aux bénéfices qu'ils tirent de l'esclavage, ne traduit pas la résignation du philosophe désabusé. Sous le masque du réalisme, Jaucourt adresse à tout individu ayant à cœur les droits de l'humanité un message rempli d'indignation, qui sonne comme une invitation à la révolte.

5. La loi et le 'code Montesquieu'

Expression de la complexité des rapports sociaux et d'un long processus d'intégration politique de différentes forces sociales, l'ancien droit commun français se caractérise par la diversité de ses sources: le droit romain, les principes du droit canonique, le commentaire de la doctrine savante coexistent avec une pratique judiciaire disposant d'une ample liberté. Ce droit commun laisse également subsister des droits particuliers et coutumiers (*iura propria*) applicables localement. Un tel pluralisme ne marque pas le seul paysage juridique, mais tout un pan de réalités sociales de la France d'Ancien Régime: chaque région du royaume avait par exemple ses propres usages agraires, des traditions vestimentaires et culinaires caractéristiques, ainsi qu'une langue particulière, sans compter les différents dialectes locaux. Héritière de plus de quinze siècles d'histoire, cette diversité fut la cible de l'esprit philosophique du XVIIIe siècle et de son ambition d'unité et d'uniformité.[1] Au niveau juridique, c'est la théorie de la loi, entendue comme règle unique, à se frayer un chemin.[2] Le nouvel idéal législatif culmine dans l'idée de code.[3] Appelant une législation ordonnée, la codification est en elle-même une 'révolution':[4] ceux qui la revendiquent souhaitent que le droit soit entièrement légiféré et qu'il soit mis fin à l'arbitraire du juge.[5] Or,

Ce chapitre est une version amendée de mon article: 'L'*Encyclopédie* et le "code criminel Montesquieu"', dans *Montesquieu et les philosophies de l'histoire*, éd. Lorenzo Bianchi et Rolando Minuti (Naples, 2013), p.93-106.

1. Jean-Marie Carbasse, *Histoire du droit* (Paris, 2010), p.99-100.
2. Sur la 'nomophilie' des Lumières, voir les *Cahiers de philosophie politique et juridique* 12 (1987), 'La loi civile', ainsi que Jean Carbonnier, 'La passion des lois au siècle des Lumières', in Jean Carbonnier, *Essais sur les lois* (Paris, 1979), p.203 sq.
3. Sur les codes du XVIIIe siècle et leurs précédents depuis le XVIe siècle, voir Yves Cartuyvels, *D'où vient le Code pénal? Une approche généalogique des premiers codes pénaux absolutistes au XVIIIe siècle* (Bruxelles, Montréal, Ottawa, 1996). Sur la genèse du *Code civil*, voir Alan Wattson, *The Making of the civil law* (Cambridge, MA, 1981) et Jean-Louis Halpérin, *L'Impossible Code civil* (Paris, 1992).
4. Renée Martinage, *Histoire du droit pénal en Europe* (Paris, 1998), p.56.
5. Philippe Raynaud, *Le Juge et le philosophe: essais sur le nouvel âge du droit* (Paris, 2008), p.106-13.

tant l'histoire de la codification[6] que l'association entre l'idée de réforme et celle de code ne commencent véritablement que dans la deuxième moitié du XVIIIe siècle et se développent dans les premières décennies du siècle suivant, avec l'affirmation de ce principe de légalité qui fonde la conception moderne de l'état de droit.[7] Diderot sent l'opportunité d'un code mais l'immensité du droit coutumier le rend pessimiste: 'La France est condamnée à n'avoir jamais de code.'[8] Rousseau est le philosophe qui semble avoir le mieux compris ce que devrait être un code. Dans ses *Considérations sur le gouvernement de Pologne* (ch.X), il déclare qu'"il faut faire trois codes. L'un politique, l'autre civil, et l'autre criminel. Tous trois clairs, courts et précis autant qu'il sera possible. [...] A l'égard du droit romain et des coutumes, tout cela, s'il existe, doit être ôté des écoles et des tribunaux.'[9] Comme Rousseau l'a bien vu, faire un code veut dire unifier, réformer, mais aussi élaguer le bois mort, supprimer les coutumes désuètes ou simplement trop différentes de la majorité des autres. C'est peut-être ce qui était le plus difficile avant la Révolution parce que les diverses provinces s'étaient rattachés à la France moyennant reconnaissance par le roi de leurs privilèges et coutumes. Malgré les tentatives de mettre de l'ordre dans le droit de punir à travers l'établissement d'un recueil cohérent des délits et des peines, le premier code pénal français ne sera adopté qu'en 1791 par la législation révolutionnaire. Pour le premier code civil, il faudra attendre la restauration d'un climat politique moins agité et l'apparition sur scène de Napoléon.

La philosophie de Montesquieu a-t-elle pris part à ce processus de codification? En 1765, Jaucourt déclare que: 'l'auteur de l'esprit des lois a fait un code criminel: je le nomme *code Montesquieu*' (*ENC*, LOI CRIMINELLE, en *Droit civil ancien & mod.*, IX, 658a, souligné dans le texte). Douze ans plus tard, Voltaire lui fait écho, en assimilant

6. Giovanni Tarello, *Storia della cultura giuridica moderna: 1. assolutismo e codificazione del diritto* (Bologna, 1976).
7. On retiendra la *Léopoldine* de 1786 pour la Toscane, le *Code autrichien* de 1791 et le *Code civil* de 1804.
8. *Entretiens avec Catherine II*, dans *Œuvres politiques de Diderot*, éd. Paul Vernière (Paris, 1963), p.224.
9. Rousseau, *Œuvres complètes*, éd. Gagnebin et Raymond (Paris, 1969), t.III, p.1001. D'après J.-L. Halpérin, Rousseau songe certainement à la France: *L'Impossible Code civil*, p.62.

L'Esprit des lois à un 'code de la raison et de la liberté'.[10] Pourtant, l'intégration de Montesquieu à l'histoire de la codification pose problème, car si dans *L'Esprit des lois* on trouve des réflexions sur plusieurs 'codes' (Saint Louis, Justinien, Théodosien...), Montesquieu ne semble pas acquis à l'idée d'unifier les règles juridiques au sein d'un même Etat. Cette difficulté sera analysée par une confrontation entre deux manières différentes de penser le rapport que la raison et l'histoire entretiennent avec le domaine juridique: celle de Montesquieu dans *L'Esprit des lois* et celle de Jaucourt dans les articles CRIME (*Droit naturel*), LOI (*Droit, naturel, moral, divin, et humain*), LOI CIVILE (*Droit civil d'une nation*) et LOI CRIMINELLE (*Droit civil ancien et moderne*) de l'*Encyclopédie*. Notre hypothèse est que dans le contexte encyclopédique, Jaucourt moralise le droit à l'aide des idées de progrès social qu'il découvre dans ses sources. Cette hypothèse peut se vérifier sur deux points décisifs, qui sont l'élaboration de règles pour la bonne composition des lois et la préconisation de principes de justice criminelle censés assurer la liberté politique.

Jaucourt n'est pas le fidèle porte-parole de Montesquieu lorsqu'il cherche à convertir la 'science' de l'histoire du droit de cet auteur en un savoir jurisprudentiel solidaire de l'idée de code. Car Montesquieu ne semble pas un partisan de ce rationalisme juridique en marche depuis le XVIIe siècle qui conduit le législateur à vouloir unifier le droit. Défavorable à une unification juridique générale,[11] son opposition à l'uniformisation des coutumes[12] est formelle:

> Or, dans un temps [à l'époque de Saint Louis] où chaque ville, bourg ou village, avait sa coutume, donner un corps général de lois civiles, c'était vouloir renverser, dans un moment, toutes les lois

10. Voltaire, *Commentaire sur L'Esprit des lois*, in *Montesquieu: mémoire de la critique*, éd. Volpilhac-Auger, p.499.
11. Voir *EL*, XXIX, 18: 'Lorsque les citoyens suivent les lois, qu'importe qu'ils suivent la même?'
12. 'Du XVIe au XVIIIe siècle, une véritable école du droit commun coutumier s'est constituée en France, à la suite du projet de Charles Dumoulin, qui proposait en 1548 de réduire toutes les coutumes en une seule en rédigeant un petit ouvrage clair et conforme à l'équité, avec le concours de juristes comme Guy Coquille et Claude Fleury' (Benoît Garnot, *Histoire de la justice: France, XVIe-XXIe siècle* (Paris, 2009), p.36-37).

> particulières sous lesquelles on vivait dans chaque lieu du royaume. Faire une coutume générale de toutes les coutumes particulières serait une chose inconsidérée, même dans ce temps-ci où les princes ne trouvent partout que de l'obéissance (*EL*, XXVIII, 37).

En raison de son caractère uniformisateur, l'unification codificatrice est assimilée à une action despotique du législateur mettant en danger les particularismes locaux.[13] En outre, la simplification autoritaire du droit à travers la sélection et la concentration des lois butte contre le projet de *L'Esprit des lois*: en comparant entre elles des histoires juridiques singulières, Montesquieu n'a-t-il pas cherché à cerner 'l'âme des lois', plutôt qu'à établir un 'corps' unifié de règles universellement valables?[14] L'objectif de Montesquieu n'a-t-il pas été avant tout méta-jurisprudentiel? N'a-t-il pas fondamentalement consisté dans un effort de comparaison et d'explication des différentes logiques historiques et juridiques voué à constituer un savoir des normes susceptible d'élever le législateur à la prudence législatrice? Relatives à l'ensemble des causes qui forment l'esprit général d'un peuple, les lois positives 'doivent être tellement propres au peuple pour lequel elles sont faites, que c'est un très grand hasard, observe Montesquieu, si celles d'une nation peuvent convenir à une autre' (*EL*, I, 3). Analysant les rapports que les institutions politiques entretiennent avec plusieurs facteurs physiques, historiques et sociaux comme le climat, la religion, l'économie et les coutumes, Montesquieu n'a-t-il pas souhaité que le législateur tienne compte de cette complexe réalité pour produire les lois les plus adaptées à la différence des contextes sociaux, politiques et géographiques?[15]

13. Cartuyvels, *D'où vient le Code pénal? Une approche généalogique des premiers codes pénaux absolutistes au XVIIIe siècle*, p.46.
14. *Pensées*, n°1794: 'Je n'ai point pris la plume pour enseigner les lois, mais la manière de les enseigner. Aussi n'ai-je point traité des lois, mais de l'esprit des lois'. Ce texte est à mettre en rapport avec un passage biffé dans le manuscrit du livre XXIX: 'On ne doit pas regarder ceci comme un traité de jurisprudence; c'est plutôt une espèce de méthode pour étudier la jurisprudence; ce n'est point le corps des lois que je cherche, mais leur âme' (*De l'esprit des loix: manuscrits*, in *Œuvres complètes de Montesquieu*, t.II, éd. Catherine Volpilhac-Auger (Oxford, 2008), p.735).
15. Voir *EL*, XXIX, 13: 'comme les lois civiles dépendent des lois politiques parce que c'est toujours pour une société qu'elles sont faites, il serait bon, quand on

En dernière instance, par son analyse des différentes institutions sociales, Montesquieu ramène la diversité des lois à la 'sublimité de la raison humaine' dans ses multiples rapports aux contextes d'appartenance: la pratique politique ne saurait alors négliger d'envisager attentivement les conditionnements extra-juridiques, les spécificités des différentes sociétés et de leur histoire, tout comme les différentes sortes de lois: naturelles, canoniques, des gens, politiques, civiles, domestiques.[16] Ainsi, l'art du législateur consistera à savoir quel est le domaine de juridiction de chaque ordre de lois. La distance vis-à-vis de la doctrine jusnaturaliste, selon laquelle il y aurait un droit naturel unique et universellement valable,[17] est patente, car Montesquieu semble subordonner la recherche de l'universel à l'étude du lien complexe que le droit entretient avec l'ensemble des lois politiques et civiles de chaque peuple. Ce théoricien de la 'loi-rapport' n'a-t-il pas appréhendé les lois positives comme des relations 'naturelles' qui se forment au sein d'une société déterminée? La science du droit de Montesquieu écarterait par conséquent l'hypothèse d'un code de lois rationnel et universel[18] au profit d'une histoire naturelle des lois.[19]

---

veut porter une loi civile d'une nation chez une autre, on examinât auparavant si elles ont toutes les deux les mêmes institutions et le même droit politique'.

16. A un ajout près, Jaucourt cite littéralement le début du livre XXVI de *L'Esprit des lois*: 'Les hommes, dit M. de Montesquieu, sont gouvernés par diverses sortes de lois. Ils sont gouvernés par le droit naturel, par le droit divin, qui est celui de la religion; par le droit ecclésiastique, autrement appelé *canonique*, qui est celui de la police de la religion [souligné par Jaucourt, qui ajoute le droit canonique à l'énumération de Montesquieu]; par le droit des gens [...], par le droit politique général [...], par le droit politique particulier [...], par le droit de conquête [....]; par le droit civil [...], par le droit domestique [...].' (*ENC*, LOI, IX, p.644a).
17. Montesquieu compare l'universalisme abstrait des jusnaturalistes à 'un pays où la Raison voulait habiter sans la Philosophie' (*Pensées*, n°1868 et n°1863).
18. D'après Jean Goldzink, Montesquieu serait avant tout le penseur du pluralisme organique, spécifié par régimes individualisés, de la diversification irréductible du politique et de la production normative immanente aux différentes formes de gouvernement, réglées par les déterminismes géographiques. Sa conception de la société serait inassimilable à celle des théoriciens de l'école moderne du droit naturel et à la philosophie de l'universel (*La Solitude de Montesquieu: le chef d'œuvre introuvable du libéralisme* (Paris, 2011), p.67-153).
19. Voir Céline Spector, *Montesquieu: liberté, droit et histoire* (Paris, 2010), p.68.

Comment dégager alors de la philosophie de Montesquieu une quelconque inspiration pour l'unification du droit et l'idée de codification? L'interprétation de Jaucourt, selon laquelle Montesquieu aurait 'fait un code criminel', serait-elle une trahison de cette pensée? Nous ne saurons le croire, d'autant plus que Jaucourt est peut-être le premier, mais sans doute pas le seul, à avoir relié la culture juridique de Montesquieu avec la tendance codificatrice en vogue dans l'Europe des Lumières. Dans le domaine pénal, Catherine II porta elle-même un projet fortement inspiré de Montesquieu et de Beccaria à l'attention de la commission des lois de son pays, réunie en 1767 dans le but de remplacer le code des lois moscovites par un texte moderne.[20] Dans le domaine civil, les discussions relatives à la codification napoléonienne sont dominées par la figure de Montesquieu, sans compter que son œuvre a nourri la réflexion de Portalis,[21] le rédacteur principal du *Discours préliminaire de présentation du projet de Code civil élaboré par la commission du gouvernement*, le 21 janvier 1801 (1 pluviôse an IX). Pour parler comme Jean Carbonnier: 'l'enfant sans mère a eu peut être sa descendance la plus authentique dans le Code civil des Français.'[22] Encore faut-il se demander en quoi, précisément, l'œuvre de Montesquieu autorise de telles lectures.

Composition des lois civiles

Tandis que le terme de 'codification' est étranger au vocabulaire de l'époque, celui de code 'signifie en général *recueil de droit*', lit-on dans l'*Encyclopédie*.[23] D'après Jaucourt, *L'Esprit des lois* est

20. Les *Observations sur le Nakaz* de Diderot figurent dans l'édition de ses *Œuvres politiques* par P. Vernière, p.329 et sq. Sur la dette contractée par Catherine avec les articles de l'*Encyclopédie*, voir Nadejda Plavinskaia, 'Le *Nakaz* et l'*Encyclopédie*', dans *Sciences, musiques, Lumières: mélanges offerts à Anne-Marie Chouillet*, éd. Ulla Kölving et Irène Passeron, (Ferney-Voltaire, 2002), p.603-10.

21. Lecteur de Montesquieu, Portalis lui dédie un article dans le *Républicain français* de 1796, intitulé *Mémoire de Montesquieu* (voir Alexandre Lardier, *Histoire biographique de la chambre des pairs* (Paris, 1829), p.115).

22. Carbonnier, *Essais sur les lois*, p.225.

23. L'article Code (*Jurisprudence*) précise que ce nom 'a été donné à plusieurs collections de lois anciennes & nouvelles rassemblées en un même volume, sans en faire de compilation, comme le *code* des lois antiques, le *code* Néron; on

doublement instructif pour forger un recueil de droit: du point de vue formel, l'ouvrage éclaire sur 'les choses à observer dans la composition des lois'; sur le fond, il s'offre en réservoir d'idées pour établir un corps de lois digne des Lumières. L'article LOI CIVILE aborde moins le contenu des lois que 'la manière de les former': la question n'est pas de savoir quelles lois civiles faut-il rassembler dans un code commun à toutes les nations, mais par quels moyens un législateur est-il en mesure d'en promulguer de

> justes, équitables, conformes au droit naturel, claires, sans ambigüité & sans contradiction, utiles, nécessaires, accommodées à la nature & au principe du gouvernement qui est établi ou qu'on veut établir, à l'état & au génie du peuple pour lequel elles sont faites; relatives au physique du pays, au climat, au terroir, à sa situation, à sa grandeur, au genre de vie des habitants, à leurs inclinations, à leurs richesses, à leur nombre, à leur commerce, à leurs mœurs, & à leurs coutumes (*ENC*, LOI CIVILE, IX, p.655b).

Le discours de Jaucourt est ici fortement redevable des considérations que Montesquieu développe dans le chapitre 16 du livre XXIX de *L'Esprit des lois*, consacré précisément à 'la manière de composer les lois'. Sans entrer dans les détails de ce long article, on retiendra l'adhésion partielle de Jaucourt au pluralisme juridique de Montesquieu. Bien qu'il endosse et mette en avant la définition traditionnelle de la loi comme commandement d'une autorité supérieure,[24] Jaucourt ne passe pas sous silence la doctrine de la loi-rapport: 'La justice des lois civiles dépend de leur rapport à l'ordre de la société dont elles sont les règles, et de leur convenance avec l'utilité particulière qui se trouve à les établir, selon que le temps et les lieux le demandent' (*ENC*, LOI CIVILE, IX, p.655a). L'article LOI CIVILE s'achève même sur un éloge

---

a même appelé & intitulé *code*, le texte détaché de certaines ordonnances, comme le *code* civil, le *code* criminel, le *code* marchand, & plusieurs autres semblables: enfin on a encore intitulé *code* certains traités de droit qui rassemblent les maximes & les règlements sur une certaine matière, tels que le *code* des curés, le *code* des chasses, & plusieurs autres' (*ENC*, III, p.570b).

24. 'On peut définir la *loi* une règle prescrite par le souverain à ses sujets, soit pour leur imposer l'obligation de faire, ou de ne pas faire certaines choses, sous la menace de quelque peine, soit pour leur laisser la liberté d'agir, ou de ne pas agir en d'autres choses comme ils le trouveront à propos' (*ENC*, LOI, IX, p.643b).

vibrant de *L'Esprit des lois*, 'ouvrage immortel, fait pour éclairer les nations et tracer le plan de la félicité publique', ouvrage qui a su envisager les lois civiles 'sous toutes leurs faces, relativement les unes les autres, de peuples à peuples, dans tous les temps et dans tous les lieux [...]' (*ENC*, LOI CIVILE, IX, p.656a).

Toujours est-il, cependant, que Jaucourt n'accorde pas à la théorie de la loi comme rapport immanent aux phénomènes la portée polémique que Montesquieu lui avait conférée.[25] En témoigne le choix de ne jamais mentionner le syntagme spinoziste des 'rapports nécessaires' pour qualifier les lois. Or, si la conception de la loi-rapport ne remplit pas chez Jaucourt une fonction spéculative majeure, c'est que l'encyclopédiste subordonne la compréhension historique de la diversité des lois à l'engagement qui est le sien de participer ouvertement aux débats idéologiques sur la réforme du système juridique de la France d'Ancien Régime. Jaucourt délaisse tant le projet scientifique de prendre les lois 'toutes ensemble, et [de] les comparer toutes ensemble' (*EL*, XXIX, 11), que l'impératif méthodologique selon lequel 'il faut éclairer l'histoire par les lois, et les lois par l'histoire' (*EL*, XXX, 21). Il considère le droit non pas comme une instance conservatrice au service de la monarchie féodale, mais comme une force de transformation sociale. Ni juriste, ni historien, Jaucourt est un homme des Lumières qui croit dans le progrès des idées et dans l'évolution des institutions. Tout comme Marmontel, il considère Montesquieu comme le 'critique dont l'Histoire aurait besoin' (*ENC*, CRITIQUE, en *Belles-lettres*, IV, p.494b). Ce qu'il retient surtout de sa leçon philosophique sur les lois civiles, ce sont moins les développements sur la multiplicité des facteurs physiques et moraux qui les conditionnent et les rendent susceptibles de faire l'objet d'un savoir expérimental, que les remarques de méthode

25. Pufendorf formule sa doctrine sur la base d'une conception volontariste du droit: le droit procède de la *voluntas legislatoris*. D'où son caractère changeant au fil du temps: la valeur du droit ne dépend pas de son ancienneté et stabilité à travers les siècles, mais, au contraire, de sa nouveauté. Ainsi, le droit est d'autant plus vrai qu'il est récent. La loi-commandement dérive de la nature volontaire du droit: elle impose que les sujets la connaissent avec précision pour être à même de l'observer, ce qui explique la nécessité que la loi soit claire, simple et non interprétable.

sur la bonne composition des lois. La dernière section de l'article LOI CIVILE résume le discours de Montesquieu en sept points, que nous reproduisons ci-dessous: 'Les *lois civiles* demandent essentiellement & nécessairement, dit Jaucourt, un style précis & concis: les *lois* des douze tables en sont un modèle.'[26]

1. Un style simple; l'expression directe s'entend toujours mieux que l'expression réfléchie.
2. Sans subtilités, parce qu'elles ne sont point un art de Logique.
3. Sans ornements, ni comparaison tirée de la réalité à la figure, ou de la figure à la réalité.
4. Sans détails d'exceptions, limitations, modifications; excepté que la nécessité ne l'exige, parce que lorsque la *loi* présume, elle donne aux juges une règle fixe, & qu'en fait de présomption, celle de la *loi* vaut mieux que celle de l'homme, dont elle évite les jugements arbitraires.
5. Sans artifice, parce qu'étant établies pour le bien des hommes, ou pour punir leurs fautes, elles doivent être pleines de candeur.
6. Sans contrariété avec les *lois* politiques du même peuple, parce que c'est toujours pour une même société qu'elles sont faites.
7. Enfin, sans effet rétroactif, à moins qu'elles ne regardent des choses d'elles-mêmes illicites par le droit naturel, comme le dit Cicéron.[27]

La démarche de Jaucourt ne consiste pas seulement à réorganiser dans un style schématique et percutant les idées principales du chapitre sur la composition des lois. L'ambition de diffuser ce savoir est logiquement chargée d'un projet humaniste et politique. Ce projet de faire de Montesquieu un faiseur de code se manifeste avec la plus grande clarté dans la reproduction

26. Montesquieu avait écrit: 'Le style en doit être concis. Les lois des douze tables sont un modèle de précision' (*EL*, XXIX, 16).
27. Cicéron affirme le principe de non-rétroactivité des lois en matière de droit privé. Il distingue le cas du droit pénal, pour lequel il introduit une réserve à propos du crime de lèse-majesté: la loi ne s'applique pas au passé, sinon pour des actes assez criminels pour qu'on dût se garder absolument de les commettre même s'il n'y avait pas de loi (*In Verrem*, II, 1, para.108).

raisonnée de ses réflexions sur le droit de punir, qui est une branche de l'ancienne législation civile[28] de laquelle 'dépend principalement la liberté du citoyen' (*EL*, XII, 2). Or, ce sont précisément ces réflexions qui ont ouvert la voie aux réformateurs de la justice pénale, Beccaria le premier.[29]

Le droit de punir

A la suite de l'éloge que D'Alembert décerne à Montesquieu dans l'*Avertissement* du tome V et qui prépare à son enrôlement dans le parti philosophique, Jaucourt voit chez Montesquieu la figure inspiratrice du projet sociétal des Lumières. Sa lecture du livre XII de *L'Esprit des lois* lui permet d'insister sur la nouvelle catégorisation des délits et des peines, axée sur le principe selon lequel les peines doivent être graduées sur la nature des crimes. Les crimes se trouvent rangés dans quatre classes différentes, dans l'ordre croissant de gravité, selon qu'ils portent préjudice à la religion, aux mœurs, à la tranquillité ou à la sureté des citoyens. Cette réorganisation du droit de punir, assortie des principes de modération et proportionnalité des peines, est-elle suffisante pour affirmer que Montesquieu 'a fait un code criminel'? Quoi qu'il en soit, l'usage encyclopédique de la locution 'code criminel' est d'autant plus intéressant si l'on considère qu'une véritable codification de la justice criminelle fait défaut à la législation française d'Ancien Régime. Cette locution pouvait indiquer, par exemple, l'ordonnance royale de 1670. Un traité intitulé *Code pénal* avait été publié par un auteur anonyme en 1752, recueillant 'les principales ordonnances, édits, et déclarations sur les crimes et délits, et précis des lois ou des dispositions des ordonnances, édits et déclarations' (*ENC*, CODE, III, p.583b). Or, si Jaucourt est en mesure de réintégrer *L'Esprit des lois* à l'histoire de l'émergence de l'idée de code pénal, c'est qu'il regarde cet ouvrage moins comme un essai d'histoire de la pensée juridique, que comme une œuvre de combat politique. Pour lui, d'une certaine façon,

28. Le droit civil étant le droit positif, il embrasse 'le droit de chaque peuple en particulier' (Ferrière, DROIT CIVIL, t.I, p.501a).
29. Voir Alberto Burgio, 'Tra diritto e politica: note sul rapporto Beccaria-Montesquieu', *Rivista di storia della filosofia* 51:3 (1996), p.659-76.

Montesquieu est au XVIIIe siècle, ce que Justinien fut au Moyen Âge (*ENC*, art. LOI, IX, 646a). En particulier, Jaucourt s'attèle à dégager de *L'Esprit des lois* l'expression des normes qui transcendent la différence des esprits généraux et des caractères nationaux. Certes, la lecture de Jaucourt est orientée, Montesquieu ne désolidarisant pas, comme l'exigera la méthode sociologique, les faits et les valeurs: bien qu'il adopte la démarche de l'observateur désintéressé, Montesquieu s'élève assez fréquemment de l'ordre positif du constat à l'ordre normatif du jugement de valeur. Au nom de 'la voix de la nature', par exemple, il dénonce le régime despotique, la réduction en esclavage, l'asservissement des femmes, la torture judiciaire... Ce sont les semences d'une justice universelle, déliées de tout contexte historique, que Jaucourt emprunte à Montesquieu pour mettre en cause des aspects essentiels du système judiciaire des délits et des peines: la conception des peines infamantes, décriée comme contraire au droit naturel; l'excessive sévérité des châtiments, considérée comme inefficace et contraire à la pudeur; le principe de la personnalité des peines, bafoué par la législation sur le *crimen majestatis*... Encore que partielle, la lecture que Jaucourt propose des livres VI et XII de *L'Esprit des lois* est implicitement porteuse d'un projet de réforme général du droit de punir. Dans les articles CRIME et LOI CRIMINELLE, Jaucourt sépare les deux paradigmes que Montesquieu s'était efforcé d'articuler: le relativisme juridique et l'universalisme, l'amour des singularités et l'amour de l'universel. Il importe de souligner que l'article CRIME est placé par Jaucourt dans le domaine du droit naturel[30] et qu'il repose sur une définition des crimes à partir de la notion de 'citoyen': 'une action atroce commise par dol, et qui blesse directement l'intérêt public ou les droits du citoyen' (*ENC*, IV, p.466b). Sous l'influence de la lecture de

30. Jaucourt a su imbriquer le comparatisme et le relativisme de Montesquieu avec la doctrine jusnaturaliste de Grotius et celle contractualiste de Locke. Sous sa plume, 'l'esprit prudent, voilé et modéré de Montesquieu s'est [...] transmué en esprit radical et critique', jusqu'à 's'acclimater dans une théorie qui met en exergue la raison et la nature contre les abus des institutions existantes, dans un discours qui joue la rationalité contre l'historicité, dans un combat qui oppose l'exigence de l'universel à la justification circonstancielle' (Spector, 'Y a-t-il une politique des renvois?', p.219).

Pufendorf,[31] Jaucourt est à même de convertir la science de l'histoire du droit de Montesquieu en un savoir solidaire de l'idée de la codification et immédiatement utilisable pour établir une sorte de prolégomènes à un code naturel et universel des délits et des peines. Sa formalisation en quatorze points 'des principes les plus importants' qu'il emprunte à Pufendorf et aux livres VI et XII de *L'Esprit des lois* et qu'il énonce dans l'article Crime,[32] est parlante: alors que Montesquieu étudie 'les conséquences des principes des divers gouvernements, par rapport à la simplicité des lois civiles et criminelles', d'après le titre du livre VI, Jaucourt, lui, souhaite avant tout établir une sorte de charte de règles universelles et nécessaires tirées de la droite raison plus que de la 'nature des choses'. Parmi ces règles, on trouve les principes de légalité, de modération, de proportionnalité et de personnalité de la peine. Est reproduit ci-dessous le catalogue d'impératifs éthico-juridiques, accompagnés, entre parenthèse, de l'indication des multiples sources, anciennes et modernes, que nous avons réussi à détecter:

1. Les législateurs ne peuvent pas déterminer à leur fantaisie la nature des *crimes* (voir Pufendorf, VIII, I, para.III, p.354; voir *EL*, XII, 4).
2. Il ne faut pas confondre les *crimes* avec les erreurs spéculatives & chimériques qui demandent plus de pitié que d'indignation, telles que la magie, le convulsionnisme, *&c.* (voir *EL*, XII, 5-6).
3. La sévérité des supplices n'est pas le moyen le plus efficace pour arrêter le cours des *crimes*. (Voir *EL*, VI, 9).
4. Les *crimes* contre lesquels il est le plus difficile de se précautionner, méritent plus de rigueur que d'autres de même espèce (voir Pufendorf [qui cite Cicéron, *Pro Sextus*, ch.40], V, VIII, para.IV, n° 5, p.87).

31. On compte de nombreux emprunts tacites de Jaucourt au tome II de l'ouvrage *Le Droit de la nature et des gens ou système général des principes les plus importants de la morale, de la jurisprudence et de la politique*, traduit du latin par Jean Barbeyrac (Basle, Thourneisen, 1732).
32. Une deuxième transcription critique de la philosophie pénale de Montesquieu est proposée par Jaucourt dans l'article Loi criminelle, IX, p.658ab.

5. Les *crimes* anciennement commis, ne doivent pas être punis avec la même sévérité que ceux qui sont récents (voir Pufendorf, VIII, III, para.XXIX, p.410).
6. On ne doit pas être puni pour un *crime* d'autrui (voir Pufendorf, VIII, III, para.XXXIII, p.413).
7. Il serait très injuste de rendre responsable d'un *crime* d'autrui, une personne qui n'ayant aucune connaissance de l'avenir, & ne pouvant ni ne devant empêcher ce *crime*, n'entrerait d'ailleurs pour rien dans l'action de celui qui le doit commettre.
8. Les mêmes *crimes* ne méritent pas toujours la même peine, & la même peine ne doit pas avoir lieu pour des *crimes* inégaux (voir Pufendorf, VIII, III, para.XXIII, p.402; voir *EL*, XII, 4).
9. Les actes purement intérieurs ne sauraient être assujettis aux peines humaines; ces actes connus de Dieu seul, ont Dieu pour juge & pour vengeur. (Voir *EL*, XII, 11-12).
10. Les actes extérieurs quoique criminels, mais qui dépendent uniquement de la fragilité de notre nature, exigent de la modération dans les peines. (Voir Pufendorf, VIII, III, para.XIV, 2, p.388).
11. Il n'est pas toujours nécessaire de punir les *crimes* d'ailleurs punissables; & quelquefois il serait dangereux de divulguer des *crimes* cachés par des punitions publiques. (Voir Pufendorf, II, 13, para.15; voir Grotius, II, 20, para.22, 1).
12. Il serait de la dernière absurdité, comme le remarque l'auteur de l'*Esprit des lois*, de violer les règles de la pudeur dans la punition des *crimes*, qui doit toujours avoir pour objet le rétablissement de l'ordre (voir *EL*, XII, 14).
13. Un principe qu'on ne peut trop répéter, est que dans le jugement des *crimes*, il vaut mieux risquer de laisser échapper un criminel, que de punir un innocent (Voir Pufendorf, I, III, para.VI, n° 3). C'est la décision des meilleurs philosophes de l'antiquité; celle de l'empereur Trajan, & de toutes les lois chrétiennes. En effet, comme le dit la Bruyère, un coupable puni est un exemple pour la canaille; un innocent condamné est l'affaire de tous les honnêtes gens (Voir *Les Caractères*, XIV, 'De quelques usages', para.52, éd. R. Pignarre (Paris, 1965), p.363).

14. On ne doit jamais commettre de *crime* pour obéir à un supérieur (voir Pufendorf, VIII, I, para.VII, p.362): à quoi je n'ajoute qu'un mot pour détourner du *crime* les personnes qu'un malheureux penchant pourrait y porter; c'est de considérer mûrement l'injustice qu'il renferme, & les suites qu'il peut avoir.

Parfois, Jaucourt recopie une phrase de Pufendorf ou de Montesquieu mot à mot. D'autres fois, il la modifie légèrement et la nuance. Parfois, il explicite sa source (Montesquieu, La Bruyère; jamais Pufendorf, alors qu'il est le plus utilisé); ailleurs, il emploie des citations implicites ou des crypto-citations. L'impression générale que suscite la lecture de ce recensement de préceptes généraux est celle d'une mise en forme raccourcie, simplifiée et didactique d'une culture pénale se voulant digne d'une société éclairée. Découpée et mêlée à celle de Pufendorf, la pensée de Montesquieu est portée à l'attention de l'opinion publique naissante. Soucieux de stabilité des doctrines et des catégories juridiques, Jaucourt enrégimente cette pensée dans un schéma normatif et dans un projet de code que Montesquieu n'avait pas envisagé. Forme suprême de l'œuvre législative, vecteur de la normativité étatique, apogée de la légitimité juridique, le code réduit le risque d'arbitraire dans l'administration de la justice. Codifier 'c'est en finir avec le flou, le vague, les frontières mal tracées et les divisions approximatives en produisant des classes claires, en opérant des coupures nettes, en établissant des frontières tranchées. La codification rend les choses simples, claires, communicables'.[33] C'est précisément cette exigence de clarté et de communicabilité, que Jaucourt cherche dans *L'Esprit des lois* pour nourrir ses articles raisonnés.

On relèvera, en guise de conclusion de ce chapitre, que Jaucourt réélabore la réflexion de Montesquieu en matière de codification, sans doute pour mieux remplir sa fonction d'encyclopédiste, qui consiste à prendre et à répandre les idées principales des ouvrages de ses devanciers,[34] dans le but de

33. Pierre Bourdieu, 'Habitus, code et codification', *Actes de la recherche en sciences sociales* 64 (1986), p.15.

34. D'Alembert lui-même avait pris soin de faire procéder la pratique de l'emprunt d'une précise technique de l'écriture encyclopédique: 'L'*Encyclopédie* [...] ne

favoriser un changement des mentalités.[35] Loin d'être un compilateur sans méthode,[36] le chevalier ne s'efface pas derrière ses citations: au contraire, il les trie, les manipule, les organise et les articule avec d'autres maximes jusqu'à construire une philosophie des rapports radicale.[37] En l'occurrence, les articles CRIME, LOI, LOI CIVILE et LOI CRIMINELLE réclament, sous le signe de Montesquieu, la réduction en 'code' d'un complexe de principes naturels, rationnels et universels. Ce faisant, l'*Encyclopédie* offre au législateur un bréviaire philosophique susceptible de l'aider dans la composition des lois et de l'inciter à réformer le droit de punir pour la liberté du citoyen.

La peine de mort, le duel d'honneur et la torture judiciaire offrent autant de cas particuliers où cet élan réformateur s'exerce sous le signe de Montesquieu, et parfois contre lui.

---

peut et ne doit être dans sa plus grande partie qu'un recueil de ce qui se trouve ailleurs' (*Avertissement* du t.II, p.ii).

35. 'Le caractère que doit avoir un bon dictionnaire, affirme Diderot dans l'article ENCYCLOPÉDIE, est de changer la façon commune de penser' (*ENC*, V, p.642a).
36. Voltaire, parmi d'autres, a su reconnaître le talent du chevalier de Jaucourt: 'Je lis actuellement tous les articles de M. le chevalier de Jaucourt. Vous ne sauriez croire combien il me fait aimer sa belle âme et combien je m'instruis avec lui' (Voltaire à Charles Léopold Chazel, marquis de Jaucourt, avril-mai 1770, in *Correspondence and related documents*, éd. Th. Besterman, dans *OCV*, t.120 (1975), p.182).
37. Une étude attentive de la contribution de Jaucourt 'révèle un réseau d'articles qui trahissent un programme soigneusement agencé dont le foisonnement d'exemples et de leçons devait à la longue convertir l'usager' (Georges Perla, 'La philosophie de Jaucourt dans l'*Encyclopédie*', *Revue de l'histoire des religions* 197:1 (1980), p.61-62).

6. La peine de mort

La philosophie pénale de Montesquieu ne se laisse pas circonscrire aisément et il ne s'agit pas de revenir ici sur ses multiples visages.[1] En revanche, la question plus particulière de la peine de mort permet de faire observer que trois grands principes présidant à la conceptualité pénale de *L'Esprit des lois* sont réemployés par Jaucourt dans l'*Encyclopédie*: la rétribution, la modération, l'utilité sociale. Les considérations mobilisées dans *L'Esprit des lois* à propos de la peine capitale s'inscrivent dans le cadre conceptuel plus vaste de la double réflexion de Montesquieu sur le droit naturel et sur le droit de punir. La rattachant non pas à une théorie du contrat social mais à une normativité naturelle établissant que les peines doivent être graduées sur les crimes, Montesquieu en fait l'un de ces 'rapports d'équité antérieurs à la loi positive' évoqués au début de son ouvrage: '[...] un être intelligent qui a fait du mal à un être intelligent, mérite le même mal' (*EL*, I, 1). Qualifiée à la suite de Platon comme le 'remède de la société malade', la peine de mort repose, pour Montesquieu, sur l'ordre naturel de la justice. En ce qu'elle est proportionnelle au crime commis, elle est 'une espèce de talion'[2]:

Ce chapitre est une version amendée de mon article 'La peine de mort dans l'*Encyclopédie* et ses *Suppléments*', *Revue Française d'histoire des idées politiques* 35 (2012), p.93-107. Le chapitre reprend et développe des passages publiés dans mon article: 'Crime et châtiment dans l'*Encyclopédie*. Les enjeux de l'interprétation de Montesquieu par Jaucourt', *DHS* 41 (2009), p.469-86.

1. Voir Giovanni Tarello, 'Montesquieu criminalista', *Materiali per una storia della cultura giuridica* V (1975), p.201-60; David W. Carrithers, 'La philosophie pénale de Montesquieu', *Revue Montesquieu* 1 (1997), p.39-63; Mario A. Cattaneo, *Il liberalismo penale di Montesquieu* (Naples, 2000).
2. Dans un autre passage de *L'Esprit des lois*, Montesquieu constate que la loi du talion est fort en usage dans les Etats despotiques alors que les gouvernements modérés 'lui donnent presque toujours des tempéraments' (VI, 19, 'De la loi du talion'). Voir Bertrand Binoche, *Introduction à De l'esprit des lois de Montesquieu* (Paris, 1998), p.275-77.

les peines de ces derniers crimes [ceux qui troublent la sécurité] sont ce qu'on appelle des supplices. C'est une espèce de talion, qui fait que la société refuse la sûreté à un citoyen qui en a privé, ou qui a voulu en priver un autre. Cette peine est tirée de la nature de la chose, puisée dans la raison, et dans les sources du bien et du mal. Un citoyen mérite la mort, lorsqu'il a violé la sûreté au point qu'il a ôté la vie, ou qu'il a entrepris de l'ôter. Cette peine de mort est comme le remède de la société malade.

La voix de Jaucourt

Dans l'article CRIME, Jaucourt reproduit ce même passage qui légitime la justice qui tue au nom de la proportionnalité des peines aux délits. L'idéal rétributif y est particulièrement mis en avant, la peine de mort se rendant nécessaire 'pour balancer le crime le plus atroce par un contrepoids assez puissant' (*ENC*, CRIME, en *droit naturel*, IV, p.467), écrit Jaucourt citant sans le dire les *Principes du droit politique* (1747) de Jean-Jacques Burlamaqui.[3]

A l'instar de la plupart des Philosophes,[4] Montesquieu et Jaucourt ne réclament donc pas la suppression de la peine de mort, mais une restriction drastique de son champ d'application.[5] A leurs yeux ne mériteraient la mort que les crimes les plus graves contre l'Etat (haute trahison[6]), contre la personne (assassinat, tentative d'assassinat, rapt et viol) et contre les biens (vol aggravé[7]). Conférant de manière polémique aux crimes contre

3. Jean-Jacques Burlamaqui, *Principes du droit politique* (première édition 1747; Amsterdam, Zacharie Chastelain, 1751), p.189 (livre IV, ch.IV, para.XVI).
4. Voir Luigi Delia et Fabrice Hoarau (éds), *Corpus, revue de philosophie*, 62, 2012, sur '*La peine de mort*' (en particulier dans l'Europe des Lumières).
5. Loin de réclamer l'abolition, l'article PEINE DE MORT de l'*Encyclopédie* donne une courte définition: 'toute condamnation qui doit être suivie de la mort naturelle ou civile du condamné' (*ENC*, XII, p.252a).
6. Voir *L'Esprit des lois*, VI, 2: '[...] dans les Etats modérés, où la tête du moindre citoyen est considérable [...] on ne le prive de la vie que lorsque la patrie elle-même l'attaque [...]'.
7. Plusieurs types de vols sont considérés comme aggravés sous l'Ancien Régime: le vol dans les églises et dans les maisons royales, le vol des choses exposées à la foi publique (bestiaux dans les prés, bois dans les chantiers...), le vol

la religion et contre les mœurs une moindre gravité, Montesquieu et Jaucourt œuvrent à la sécularisation des normes pour séparer le religieux du pénal.

On remarquera que l'encyclopédiste se laisse encore guider par Montesquieu lorsqu'il s'agit de décider comment punir l'atteinte à la propriété des biens. D'après Montesquieu, il serait plus équitable, précisément en raison de la logique de la proportion des délits et des peines, d'infliger seulement au voleur une sanction pécuniaire, le crime étant moins grave. Néanmoins, si le voleur est sans ressources, donc non punissable par la perte de ses propres biens, le crime de vol justifierait le recours au châtiment suprême. Dans l'article LOI CRIMINELLE, Jaucourt cite ce passage de *L'Esprit des lois*, en en nuançant la conclusion;[8] dans l'entrée VOL (*Droit naturel*), il prône plus nettement un allégement de la peine: 'Il paraît que le simple vol ne doit pas mériter la peine de mort [...]' (*ENC*, XVIII, 438b). En effet, si les lois doivent proportionner la peine au crime, 'celui qui vole ne doit pas être *puni* comme l'assassin', lit-on dans l'article PUNIR, CHÂTIER (*Synon.*), non signé (*ENC*, XIII, 573b). Dans l'article VOLEUR (*Droit civil*), Jaucourt s'éloigne clairement de Montesquieu. Sa critique sociale se fait féroce:

> Parmi nous les *voleurs* souffrent une peine capitale, & cette peine n'est pas juste. Les *voleurs* qui ne tuent point, ne méritent point la mort, parce qu'il n'y a aucune proportion entre un effet quelquefois très modique qu'ils auront dérobé, & la vie qu'on leur ôte. On les sacrifie, dit-on, à la sûreté publique. Employez-les comme forçats à des travaux utiles: la perte de leur liberté, plus ou moins longtemps, les punira assez rigoureusement de leur faute,

---

domestique, en raison de la confiance qui est faite par le maître à son serviteur et les vols qui sont commis dans les rues ou sur les grands chemins.

8. 'Lorsqu'on viole la sûreté à l'égard des biens, il peut y avoir des raisons pour que la peine soit capitale; mais il vaudrait peut-être mieux, et il serait plus de la nature, que la peine des crimes contre la sûreté des biens, fût punie par la perte des biens; et cela devrait être ainsi si les fortunes étaient communes ou égales; mais comme ce sont ceux qui n'ont point de biens qui attaquent plus volontiers celui des autres, il a fallu que la peine corporelle suppléât à la pécuniaire, *du moins on a cru dans quelque pays qu'il le fallait*' (*ENC*, LOI CRIMINELLE, IX, p.658b; *EL*, XII, 4). Nous soulignons le dernier bout de la phrase, qui est du ressort de Jaucourt.

> assurera suffisamment la tranquillité publique, tournera en même temps au bien de l'état, & vous éviterez le reproche d'une injuste inhumanité. Mais il a plu aux hommes de regarder un *voleur* comme un homme impardonnable, par la raison sans doute que l'argent est le dieu du monde, & qu'on n'a communément rien de plus cher après la vie que l'intérêt (*ENC*, XVII, p.450b).

Impératif de justice, la peine de mort n'en est pas moins un supplice, et le supplice étant l'arme politique du despote, on comprendra que la peine de mort soit une question éminemment politique. Dénoncé à maintes reprises dans *L'Esprit des lois*, l'excès de rigueur de la peine caractérise la façon de gouverner des régimes tyranniques. De même que la concentration des pouvoirs, la législation répressive de l'Etat met à mal la liberté politique. A défaut d'être modéré, le régime pénal despotique sacrifie la prévention des crimes à la répression organisée par la terreur des supplices. C'est ici que le fameux principe modérateur en matière de droit de punir acquiert tout son sens: 'Qu'on examine la cause de tous les relâchements. On verra qu'elle vient de l'impunité des crimes, et non pas de la modération des lois' (*EL*, VI, 12). Ce principe marque le clivage entre une législation éclairée et le despotisme suppliciaire. Lecteur attentif de Montesquieu, Jaucourt exalte cette idée fondamentale de la justice des Lumières: 'la sévérité des supplices, n'est pas le moyen le plus efficace pour arrêter le cours des crimes' (*ENC*, CRIME, IV, p.467b); 'Gouverner par la force des supplices, c'est vouloir faire faire aux supplices ce qui n'est pas en leur pouvoir, je veux dire, de donner des mœurs' (*ENC*, SUPPLICE, XV, p.682b). Il suggère de limiter, autant que possible, le recours à des 'châtiments exemplaires', qui ne doivent pas être la norme, mais une sorte d'*extrema ratio*. Ainsi, le souverain 'ne doit avoir recours aux peines rigoureuses que lorsque celles qui sont moindres sont insuffisantes pour procurer la tranquillité publique' (*ENC*, PEINE, XII, p.247b). Conscient que la polémique déclenchée par Montesquieu à l'encontre de l'absolutisme pénal passe par la mitigation des peines, Jaucourt construit toute la partie conclusive de son article PEINE en assemblant des extraits des livres VI et XII de *L'Esprit des lois*. Il en résulte un plaidoyer éloquent contre la politique pénale des régimes despotiques:

> La sévérité des peines est [...] tout entière du génie du gouvernement despotique, dont le principe est la terreur; mais dans les monarchies, dans les républiques, dans les Etats modérés, l'honneur, la vertu, l'amour de la patrie, la honte et la crainte du blâme, sont des motifs réprimants qui peuvent arrêter bien des crimes. Dans ces Etats, un bon législateur s'attachera moins à punir les fautes qu'à les prévenir; il s'appliquera plus à donner des mœurs qu'à infliger des supplices (*ENC*, PEINE, XII, p.248a; voir *EL*, VI, 9).

On saluera ici le courage de Jaucourt de se faire le porte-parole de Montesquieu dans l'ouvrage collectif le plus surveillé de son temps. Autre passage révélateur: 'il serait aisé de prouver que dans tous ou presque tous les Etats d'Europe, les peines ont diminué ou augmenté à mesure que l'on s'est rapproché ou éloigné de la liberté' (*ENC*, PEINE, XII, p.248a). Un peu plus loin, et malgré la tradition conservatrice plaidant pour la rigueur du droit pénal, Jaucourt défend l'esprit de modération dans la pratique judiciaire: la force d'intimidation d'une peine modérée, mais certaine, lui semble plus grande que celle d'une peine terrible, mais d'application incertaine: 'Il ne faut point mener les hommes par les voies extrêmes; on doit être ménager des moyens que la nature nous donne pour les conduire. Qu'on examine la cause de tous les relâchements, on verra qu'elle vient de l'impunité des crimes, et non pas de la modération des peines' (*ENC*, PEINE, XII, p.248-49; voir *EL*, VI, 12).

Jaucourt réclame donc, non l'abrogation, mais une application modérée de la peine de mort, et il se sert de l'*Encyclopédie* comme d'une caisse de résonance pour diffuser une nouvelle culture juridique hostile à l'idéologie du gibet. Dans le dernier volume, lorsqu'il se penche sur la notion de vengeance dans la perspective du droit naturel, la modération fait toujours office de mot d'ordre:

> L'homme qui a profité des lumières de tous les siècles, condamne tout ce qui n'est que pure vengeance [...]. Enfin il est démontré que les personnes d'un esprit vindicatif ressemblent aux sorciers, qui font des malheureux, et qui à la fin sont malheureux eux-mêmes; je conclus donc que c'est une grande vertu d'opposer la modération à l'injustice qu'on nous a faite (*ENC*, VENGEANCE, XVII, p.4a).

A l'article PEINE, la punition prévue pour les brigands confirme que l'engagement réformateur de Jaucourt s'exprime sous le signe de Montesquieu. Il s'agit cette fois-ci de montrer qu'une punition excessive est aussi inefficace que nuisible à la société tout entière. Ainsi les voleurs tuent leurs victimes pour se débarrasser de tout témoin potentiel et s'assurer l'impunité:

> C'est un grand mal parmi nous de faire subir la même peine à celui qui vole sur un grand chemin, et à celui qui vole et assassine. Il est visible que pour la sûreté publique il faudrait mettre quelque différence dans la peine: à la Chine les voleurs cruels sont coupés en morceaux, les autres non. Cette différence fait que l'on y vole, mais que l'on n'y assassine pas (*ENC*, PEINE, XII, p.248b; voir *EL*, VI, 16).[9]

La fonction du principe d'utilité de la sanction est patente: tout comme Montesquieu, Jaucourt ne désolidarise pas les fonctions utilitaire et rétributive de la peine.[10] Il accentue néanmoins dans ses articles la première au détriment de l'exigence du rétablissement de la justice: un souverain éclairé ne punit ses sujets que ‘dans la vue de procurer du bien à l'état, comme corriger le coupable, de donner une leçon aux autres, et de rendre la société sûre, tranquille et heureuse’ (*ENC*, SANCTION (*Lois civiles et naturelles*), XIV, p.608a). Le rôle principal délégué à l'administration des sanctions consiste moins à réparer un dommage causé à la nation qu'à ‘conserver la société’:[11] ‘l'utilité publique [...] est la mesure des peines’; ‘le bien public est donc le grand but des peines’; ‘le principal et dernier but des peines est la sureté et la tranquillité de la société’; ‘le souverain ne doit jamais punir qu'en vue de quelque utilité’; ‘lors même que le souverain

9. L'exemple de la Chine est repris dans l'article non signé VOL (*Jurisprudence*), qui s'achève sur l'observation de Montesquieu selon laquelle ‘les crimes sont plus ou moins communs dans chaque pays, selon qu'ils y sont punis, plus ou moins rigoureusement’ (*ENC*, XVII, p.439b-40a).
10. Sur l'articulation de ces fonctions pénales, voir Dario Ippolito, ‘La philosophie pénale des Lumières entre utilitarisme et rétributivisme’, *Lumières* 20 (2012), p.21-33. L'auteur s'appuie sur les travaux de Pagano, Montesquieu, Beccaria et Filangieri.
11. ‘La conservation de la société étant le motif de la *punition* des crimes, la justice humaine ne doit *punir* que ceux qui la dérangent, ou qui tendent à sa ruine’ (*ENC*, PUNIR, CHÂTIER, XIII, p.573b).

fait usage du droit de glaive, il doit toujours se proposer quelque avantage, quelque bien à venir [...]' (*ENC*, PEINE, XII, p.246-48). S'abreuvant à la source de Burlamaqui,[12] Jaucourt insiste sans relâche sur cette logique des effets, au point que faisant de l'utilité publique la clé de voûte de sa pénologie, il va plus loin que Montesquieu lui-même. Ce qui caractérise sa stratégie argumentative est de combiner les emprunts à *L'Esprit des lois* et des considérations inspirées de la doctrine utilitariste, répandue à l'époque.[13] De ce fait, la fonction de la peine est essentiellement orientée vers l'avenir, soit pour défendre la société, en empêchant le délinquant de récidiver, soit pour décourager les autres citoyens d'imiter le criminel par l'exemple dissuasif:

> [le souverain] pourvoit en même temps à la sûreté publique, non seulement de la part des criminels eux-mêmes, mais encore à l'égard de ceux qui seraient portés à les imiter, en les intimidant par ces exemples; aussi rien n'est plus convenable au but des peines que de les infliger publiquement, et avec l'appareil le plus propre à faire impression sur l'esprit du commun peuple (*ENC*, PEINE, XII, p.247a).

Beccaria, qui pousse son utilitarisme pénal plus loin que Jaucourt, trouvera là peut-être une source d'inspiration.[14] L'histoire des rapports de Beccaria avec l'encyclopédisme est peu connue. Planches mises à part, l'*Encyclopédie*, est de fait

12. Voir *Principes du droit politique* (1751), t.I, part.II, chap.IV, para.XXII-XLIV, p.261-79.
13. C'est essentiellement a la suite de Cumberland (*De legibus naturae*, 1672) que l'idée d'utilité, individuelle et sociale, et celle de félicité publique, deviendront rapidement, chez des auteurs tels que Hume et John Gay (*Preliminary dissertation*, 1731), des thèmes capitaux de la philosophie des Lumières. Mais c'est dans les *Recherches sur l'origine de nos idées de la beauté et de la vertu* de Hutcheson (1725) que l'on trouve une première énonciation du principe d'utilité au XVIIIe siècle. Voir Robert Shackleton, 'The greatest happiness of the greatest number: the history of Bentham's phrase', *SVEC* 90 (1972), p.1461-82.
14. Sur la philosophie pénale de Beccaria, fondée sur le principe de parcimonie punitive qui préside à une définition utilitariste, négative et contractualiste de la peine, voir Philippe Audegean, 'Genèse et signification des *Délits et des peines* de Beccaria', *Archives de philosophie du droit* 53 (2010), p.11-24, ainsi que Gianni Francioni, 'Beccaria filosofo utilitarista', dans *Cesare Beccaria tra Milano e l'Europa*, éd. Sergio Romagnoli, Gian Domenico Pisapia (Milan-Rome-Bari, 1990), p.69-87.

terminée en juillet 1764, quand sort en librairie le *Des délits et des peines*. Dans sa correspondance, Beccaria évoque la 'divina e immortale enciclopedia' parmi ses lectures principales.[15] Il pense sans doute aux textes de Diderot et de D'Alembert,[16] mais aussi aux articles juridiques de Boucher d'Argis et aux articles jusnaturalistes du chevalier de Jaucourt, contenus dans les sept premiers volumes (1751-1757). Beccaria a également correspondu avec D'Alembert, Morellet, Voltaire et fréquenté le cénacle des encyclopédistes lors d'un voyage à Paris à la fin de 1766. Il a pu prendre connaissance de certains articles de Jaucourt parus seulement en 1765, comme LOI, PEINE et QUESTION. Quoi qu'il en soit de cette hypothèse, ces auteurs partagent l'idée que le droit pénal est irréductible à sa seule finalité punitive et considèrent que le but principal des peines n'est plus expiatoire ou rétributif mais avant tout préventif et utilitaire: 'la première intention des lois pénales, est de prévenir le crime, et non pas de le punir.'[17]

D'autres voix

Quelle que soit la place de Jaucourt dans l'*Encyclopédie*, rien n'autorise cependant à voir dans ses articles une sorte de position officielle de l'ouvrage sur la peine de mort. Espace accueillant le débat d'une multiplicité de cultures juridiques et de points de vue divers, l'*Encyclopédie* fait place aux observations techniques de l'avocat Boucher d'Argis. Ce juriste ne consacre à la peine capitale que quelques lignes dans une autre section de la rubrique CRIME (*Jurisprudence*), où est affichée une vision plus traditionnelle de la justice et où sont énumérés les crimes passibles de la peine de mort:

> [...] les vols et larcins, les meurtres, homicides et parricides, l'homicide de soi-même, le crime des femmes qui cèlent leur

15. Lettre à Morellet, in Venturi 1965, p.362.
16. Voir Gianmarco Gaspari, 'Beccaria lettore di d'Alembert', dans *Letteratura delle riforme: da Beccaria a Manzoni* (Palerme, 1990), p.154-72.
17. *ENC*, LOI PÉNALE, IX, 667a. Voir *DP*, ch.XII, p.179: 'Le but des peines n'est pas de tourmenter [...] un être sensible, ni d'effacer un délit déjà commis [...]. Le seul but [des peines est] d'empêcher le coupable de faire de nouveaux dommages à ses concitoyens et de détourner les autres d'en faire des semblables.'

grossesse et se font avorter, la supposition de part,[18] le crime de lèse-majesté divine et humaine, les empoisonnements, les crimes de concussion et de péculat, les crimes de débauche publique, adultère, rapts, et autres procédant de luxure; le crime de faux, de fausse monnaie, les sortilèges, jurements et blasphèmes, l'hérésie, et plusieurs autres [...] (*ENC*, CRIME, IV, p.469a).

La partition polyphonique de l'*Encyclopédie* fait aussi résonner les voix de Diderot et de D'Alembert. Le premier, établie une distinction entre la fin du châtiment et celle de la peine: 'La fin du *châtiment* est toujours ou l'amendement du châtié, ou la satisfaction de l'offensé. Il n'en est pas de même de la *peine* [...]. Sa fin n'est pas toujours la réformation du coupable, puisqu'il y a un grand nombre de cas où l'espérance d'amendement vient à manquer, et où la peine peut être étendue jusqu'au dernier supplice' (*ENC*, CHÂTIMENT, III, p.249b). Le deuxième, nuance l'argument de Montesquieu sur l'inefficacité de punir par la mort le crime de désertion.[19] La remarque selon laquelle il vaudrait mieux infliger au déserteur 'une peine infamante qui le laisserait vivre [...], un soldat par son état méprise ou est fait pour mépriser la mort, et au contraire pour craindre la honte', 'paraît judicieuse', écrit D'Alembert, qui ajoute aussitôt: 'mais ce serait à l'expérience à la confirmer' (*ENC*, DÉSERTEUR, IV, p.881a; voir *EL*, VI, 12).

Une critique plus insidieuse adressée à la logique rétributive de la peine de mort se dégage des considérations anonymes sur le talion (*ENC*, PEINE DU TALION, XII, p.252a). Quoique tombée en désuétude dans ses manifestations les plus grossières, cette loi fonde encore le droit d'Ancien Régime, comme le souligne Boucher d'Argis: 'On observe [...] strictement cette loi dans certains crimes des plus graves; par exemple, tout homme qui tue, selon nos lois, mérite la mort; les incendiaires des églises, villes et bourgs sont condamnés au feu' (*ENC*, TALION, XV, p.866b). Or, au lieu de mettre en évidence l'incontestable progrès juridique que

18. Dans l'article SUPPOSITION (1765), en *grammaire* et *jurisprudence*, Boucher d'Argis explique que 'La *supposition de part*, ou d'enfant, est lorsqu'un homme ou une femme annoncent pour leur enfant quelqu'un qui ne l'est point. Ce crime est si grave qu'il est quelquefois puni de mort' (*ENC*, XV, p.687a).

19. En 1775, Louis XVI supprime la peine de mort pour le crime de désertion simple.

le talion représente sur le plan historique par rapport au simple droit de vengeance – le talion n'autorisant qu'une rétorsion strictement équivalente au dommage subi – l'auteur de l'article non signé LOI DU TALION se contente de rappeler d'abord que cette peine plonge ses racines dans le droit du peuple hébreu et que la formule lapidaire 'vie pour vie' revient à plusieurs reprises dans l'Ancien Testament (*Genèse, Exode, Lévitique*). Un rapide excursus d'histoire du droit et d'exégèse biblique débouche sur une double censure de cette ancienne loi: le talion n'est compatible ni avec les principes du christianisme ni avec la loi naturelle. D'après la doctrine chrétienne, le sang ne demande pas le sang, mais le pardon (Matthieu 5. 9), et la loi du talion, conçue comme un acte de représailles qui permettrait l'application d'une forme de justice naturelle, est rejetée au nom du droit naturel lui-même:

> Les meilleurs jurisconsultes ont même regardé la loi du talion comme une loi barbare, contraire au droit naturel. Grotius [...] dit qu'elle ne doit avoir lieu ni entre particuliers, ni d'un peuple à un autre; il tire sa décision de ces belles paroles d'Aristide: 'Ne serait-il pas absurde de justifier et d'imiter ce que l'on condamne en autrui comme une mauvaise action?' (*ENC*, LOI DU TALION, IX, p.677a).

La maxime 'vie pour vie' n'est donc pas une loi universelle de l'équité, mais procède de la 'barbarie' des conventions humaines. Désolidarisant la peine du talion de la justice naturelle, cet encyclopédiste sème le doute sur la légitimité de la logique rétributive de la peine.

Qu'émerge-t-il, en dernière instance, de ces pages de l'*Encyclopédie*? Eparpillés dans le corps du 'dictionnaire raisonné', les articles qui mettent l'accent sur l'utilité sociale de la peine et qui récusent le rétributivisme pénal à travers la censure du *jus talionis*, permettent d'observer qu'avant que les thèses abolitionnistes de l'auteur de *Des délits et des peines* ne se répandent dans toute l'Europe, l'*Encyclopédie* a véhiculé un certain nombre d'arguments propices à préparer le terrain aux débats d'idées sur la peine de mort qui auraient à brève échéance agité l'espace public.

7. Le crime de lèse-majesté

Forfait potentiellement capable de détruire la société par son représentant, la lèse-majesté se place au sommet de la hiérarchie criminelle d'Ancien Régime: 'Ce crime est certainement des plus détestables, aussi est-il puni grièvement' (*ENC*, LÈSE-MAJESTÉ, crime de, en *Jurisprudence*, IX, 400a). Notion qui puise ses racines dans le droit romain,[1] elle a toujours eu des implications théologiques et politiques considérables. L'*Encyclopédie* distingue d'ailleurs les concepts juridique et politique de la lèse-majesté, en lui consacrant deux articles distincts, signés par Boucher d'Argis et Jaucourt.

L'incrimination pour lèse-majesté recouvre différentes qualifications. En France, elle est reliée aux atteintes à la souveraineté de droit divin, et aux signes de sa majesté: objets, décisions, représentants. Autrement dit, le *crimen maiestatis* s'étend à tout ce qui est censé porter préjudice à Dieu (lèse-majesté divine) et à l'autorité royale, à l'ordre de l'Etat, à la personne et aux fonctions des magistrats et officiers, images vivantes du roi (lèse-majesté humaine). Des actions aussi différentes que l'hérésie[2] et le blasphème, d'une part, la fabrication de fausse monnaie, le suicide, le duel, la production de libelles, d'autre part, rentrent également dans cette vaste et vague catégorie pénale.

Ce chapitre est une version amendée de mon article 'Le crime de lèse-majesté en question dans l'*Encyclopédie*: de l'article PARRICIDE à l'article LIBELLE', *Corpus, revue de philosophie* 51 (2006), p.249-77. Le chapitre reprend et développe des passages publiés dans Luigi Delia, Ethel Groffier (éds), *La Vision nouvelle de la société dans l'Encyclopédie méthodique*', vol.1, *Jurisprudence*, p.103-12, et dans mon article 'I Filosofi e il duello: dallo *Spirito delle leggi* all'*Enciclopedia*', *Consecutio temporum. Hegeliana, marxiana, freudiana*, avril 2013, en ligne: http://www.consecutio.org/2013/04/i-filosofi-e-il-duello-dallo-spirito-delle-leggi-alla-enciclopedia/.

1. Pour la période romaine, voir Yan Thomas, 'L'institution de la majesté', dans *Revue de synthèse* 3-4 (1991), p.331-86; puis Mario Sbriccoli, *Crimen laesae maiestatis: il problema del reato politico alle soglie della scienza penalistica moderna* (Milan, 1974).
2. L'ordonnance de 1670 (titre I, art. 11) va consacrer un 'crime de lèse majesté divine' qui vise l'hérésie: le bien de l'Etat demande que le culte divin ne soit pas troublé.

Le législateur ne distinguait pas moins entre 'deux degrés différents qui rendent le crime plus ou moins grave'. Le régicide et la haute trahison, par exemple, sont sanctionnés par un châtiment plus rigoureux, en l'occurrence la peine de mort cruelle, que la composition d'écrits séditieux (*ENC*, LÈSE-MAJESTÉ, crime de, en *Jurisprudence*, IX, 400a),[3] un acte, ce dernier, tout de même passible de la peine capitale. En raison de la dangerosité de ce crime pour le corps social, la jurisprudence du temps fixe des lois spéciales: il est admis 'pour la preuve de ce crime le témoignage de toutes sortes de personnes, même ceux qui seraient ennemis déclarés de l'accusé'. De plus, 'tous ceux qui ont trempé dans le crime de *lèse-majesté* sont punis; & même ceux qui en ayant connaissance ne l'ont pas révélé, sont également coupables du crime de *lèse-majesté*'. A l'arbitraire de la procédure, qui fragilise les garanties juridiques des accusés et désavoue le principe de la responsabilité individuelle de l'acte illégal, s'ajoute la criminalisation de l'intention délictueuse: 'Le seul dessein d'attenter quelque chose contre l'état ou contre le prince, est puni de mort lorsqu'il y en a preuve' (*ENC*, LÈSE-MAJESTÉ, crime de, en *Jurisprudence*, IX, 400a). Enfin, les châtiments particulièrement atroces, allant jusqu'à prévoir l'écartèlement dans le cas du régicide,[4] la défense de sépulture, la confiscation des biens et la *damnatio memoriae*, devaient être exécutés avec la plus grande publicité, pour dissuader par l'exemple et manifester la toute-puissance souveraine. L'*Encyclopédie* rappelle les supplices infligés aux régicides Jean Chastel (1595) et Ravaillac (1610), mais passe sous silence l'affaire du domestique régicide Robert-François Damiens, incriminé pour lèse-majesté divine et royale, pour avoir attenté, au mois de janvier 1757, à la vie de Louis XV.[5] Cet

3. Selon William Church, Richelieu a étendu la définition de la lèse-majesté afin d'inclure la composition, publication et distribution des libelles diffamatoires en matière politique: *Richelieu and reason of state* (Princeton, NJ, 1972), p.179.

4. Boucher d'Argis observe que l'assassinat du roi est un crime à la fois de Lèse-majesté humaine et de Lèse-majesté divine, 'attendu que les souverains sont les images de Dieu sur terre, & que toute puissance vient de Dieu' (*ENC*, LÈSE-MAJESTÉ, crime de, en *Jurisprudence*, IX, p.400).

5. *Pièces originales et procédures du procès fait à Robert-François Damiens tant en la Prévoté de l'Hôtel, qu'en la Cour du Parlement*, 4 vols (Paris, Simon, 1757), I: 'Précis historique concernant R. F. Damiens', p.v-lxxxiv.

attentat, qui provoqua un durcissement de la vigilance policière à l'égard des écrits soupçonnés de saper les pouvoirs étatique et religieux, fait néanmoins l'objet d'une allusion dans l'article FORFAIT (*Grammaire et synonyme*), paru en novembre 1757: 'Si le méchant qui attenterait à la vie de son père commettrait un horrible forfait, écrit Diderot, quel nom donneront-nous à celui qui assassinerait le père du peuple' (*ENC*, VII, p.134b). Ainsi, Diderot ne condamne pas 'l'éclat des supplices'[6] représenté par la terrible exécution de Damiens,[7] qui fut torturé pendant plus de deux heures, tenaillé, tiré par quatre chevaux, amputé et enfin déposé sur le feu purificateur du bûcher le 2 mars 1757, mais le crime énorme que le parricide a perpétré.

En revanche, l'extension arbitraire du crime, la rigueur démesurée des peines, l'affaiblissement des garanties juridiques individuelles des accusés, prévus par ce régime législatif 'extraordinaire'[8] qui renforce la raison d'Etat de la monarchie absolue de droit divin, ont suscité les critiques les plus vigoureuses de la part des réformateurs, Montesquieu et Beccaria les premiers. Voie royale de l'état d'exception, ce chef d'accusation pouvait être aisément utilisé par certains pour attaquer leurs adversaires (et parfois réussir à les faire condamner[9]), sous prétexte que le simple fait de se plaindre c'était contester une décision du roi et par conséquent s'attaquer à la majesté de l'autorité politique. De fait, le flou inhérent à la définition du *crimen maiestatis* ouvrait la voie aux abus et aux délations calomnieuses, faisant de ce crime le levier de l'absolutisme contre

6. Voir notamment le premier chapitre de l'incontournable ouvrage de Michel Foucault, *Surveiller et punir. Naissance de la prison* (1975; Paris, 1993).
7. Sur le châtiment de Damiens, tourné en interminable calvaire au cours d'une exécution publique fort mal administrée par le bourreau, voir Michel Porret, 'A la une de *Surveiller et punir*: l'anachronisme du supplice de Damiens', dans *Les Sphères du pénal avec Michel Foucault*, éd. Marco Cicchini et Michel Porret (Lausanne, 2007), p.111-24.
8. Jacques Chiffoleau, 'Le crime de lèse-majesté: la politique et l'extraordinaire', *Les Procès politiques (XVIe-XVIIe siècle)*, éd. Yves-Marie Bercé (Rome, 2007), p.577-662.
9. Rappelons ici les condamnations pour crime de conspiration sous Louis XIII et Louis XIV, d'Henri II de Montmorency, dont les biens confisqués passèrent à la maison des Condé en 1632; le Marquis de Cinq-Mars pour la conspiration contre Richelieu en 1642; le Cardinal de Retz en 1657 et Fouquet.

l'opposition aristocratique et les 'trahisons' des corps intermédiaires. On peut se demander, à cet égard, jusqu'à quel point les encyclopédistes étaient déjà conscients de l'importance dans le droit pénal des mots: 'Les premiers, les plus graves, sont les crimes de lèse-majesté. L'ignorance et la tyrannie, qui confondent les mots et les idées les plus claires, peuvent seules donner ce nom à des délits d'une nature différente, les punir comme tels, et rendre ainsi, comme dans mille autres occasions, les hommes victimes d'un mot.'[10]

Les encyclopédistes ont-ils pensé que leur travail pouvait porter remède à ce danger? Un autre auteur de dictionnaire, il est vrai un peu postérieur, le juriste Prost de Royer, en avait pleinement conscience:

> Les mots pour le sens qu'on y attache, ont la plus grande influence sur l'administration & l'ordre public. Les procès les plus ruineux naissent de la composition des lois, des jugements et des actes, & je désire bien que la manière de parler & d'entendre n'ait jamais influé sur les jugements criminels, lorsque l'instructeur traduisant, francisant, abrégeant, modifiant à sa manière, exprime plutôt ce qu'il a entrevu, ce qu'il a conçu, que ce qu'ont dit les accusés & les témoins. Il est affreux d'imaginer que la vie des hommes a pu tenir à la signification des mots, à l'intelligence & l'expression du juge. Il est encore plus affreux d'être persuadé que ce malheur existe, & qu'il existera jusqu'à ce qu'il y ait un nouvel ordre de choses.[11]

La source principale de l'article polémique de Jaucourt sur la lèse-majesté est Montesquieu, dont une large partie du livre XII de *L'Esprit des lois* (douze chapitres consécutifs, du 7 au 18) prend pour cible les effets despotiques de cette justice spéciale.[12] Montesquieu passe en revue les nombreux abus de l'incrimination et offre ainsi l'argumentaire critique le plus complet:

> Plus le crime est horrible, plus il est essentiel de n'en point donner le nom à une action qui ne l'est pas. Ainsi déclarer les faux-

10. *DP*, ch.VIII, p.169.
11. Prost de Royer, *Dictionnaire de jurisprudence et des arrêts* (Lyon, La Roche, 1781), t.I, p.LXXIV.
12. Voir Céline Spector, 'Souveraineté et raison d'Etat: du crime de lèse-majesté dans *L'Esprit des lois*', *Lumières* 20 (2012), p.55-72.

> monnayeurs coupables du *crime de lèse-majesté*, c'est confondre les idées des choses [...]. C'est diminuer l'horreur du *crime de lèse-majesté*, que de porter ce nom sur d'autres crimes. Voilà pourquoi je pense que les distinctions de *crimes de lèse-majesté* au premier, au second, au troisième chef, ne forment qu'un langage barbare que nous avons emprunté des Romains (*ENC*, LÈSE-MAJESTÉ, en *droit politique*, IX, p.399; *EL*, XII, 8).

Les passages du réquisitoire de Montesquieu contre les incohérences juridiques de la répression de ce crime et contre son instrumentalisation tyrannique à des fins politiques, sont particulièrement mis en relief par Jaucourt:

> Qu'on examine le caractère des législateurs qui ont étendu le *crime de lèse-majesté* à tant de choses différentes, & l'on verra que c'étaient des usurpateurs ou des tyrans, comme Auguste & Tibère, ou comme Gratian, Valentinien, Arcadius, Honorius, des princes chancelants sur le trône, esclaves dans leurs palais, enfants dans le conseil, étrangers aux armées, & qui ne gardèrent l'empire, que parce qu'ils le donnèrent tous les jours (*ENC*, LÈSE-MAJESTÉ, en *Droit politique*, IX, p.399. Voir *EL*, XII, 8).

Associant érudition et sarcasme, Jaucourt dénonce, avec Montesquieu, l'arbitraire de ces lois romaines qui demeurent en vigueur dans l'Europe du XVIIIe siècle:

> La loi Julie déclarait coupable de *lèse-majesté*, celui qui fondrait des statues de l'empereur qui avaient été reprouvées; celui qui vendrait des statues de l'empereur qui n'avaient pas été consacrées; & celui qui commettrait quelque action semblable; ce qui rendait ce crime aussi arbitraire, que si on l'établissait par des allégories, des métaphores, ou des conséquences (*ENC*, LÈSE-MAJESTÉ, en *Droit politique*, IX, p.399).

Peu à peu, le lecteur est conduit vers l'une des principales préoccupations politiques des encyclopédistes, à savoir celui de la défense de la liberté de pensée et d'expression face aux limitations imposées par le pouvoir:

> Les songes mis au rang des *crimes de lèse-majesté*, est une idée qui fait frémir. Un certain Marsyas, dit Plutarque, raconte avoir songé qu'il coupait la gorge à Denys; le tyran le sut, & le fit mourir, prétendant qu'il n'y aurait pas songé la nuit, s'il n'y avait pas pensé

le jour; mais quand il y aurait pensé, il faut pour établir un crime, que la pensée soit jointe à quelque action. (*ENC*, LÈSE-MAJESTÉ, en *Droit politique*, IX, p.399, *EL*, XII, 11)

Le Suicide

Dans la mesure où la cause du suicide n'est pas une pathologie mentale ôtant au geste son caractère délibéré, la justice française d'Ancien Régime interdit et réprime durement l'action de se procurer la mort d'une manière volontaire. Elle prévoit une triple punition contre l'homicide de soi-même: l'exécution du cadavre, l'interdiction d'inhumation et la confiscation judiciaire des biens du suicidé. La sévérité et la nature spectaculaire de ces sanctions s'expliquent par la volonté du législateur de prescrire une peine non seulement dissuasive, mais purificatrice: comme la mort du suicidé n'éteint pas le crime, il fallait une peine susceptible d'avoir une valeur d'exorcisme. Si les pénalistes défendent la nécessité du maintien des sanctions,[13] le courant favorable à l'indulgence se renforce dès le premier XVIIIe siècle. L'auteur des *Lettres persanes* adopte le point de vue de l'étranger pour dénoncer la répression judiciaire du suicide et réclamer l'abrogation de normes absurdes qui n'empêchent personne de se tuer et qui mettent des innocents à la rue et au ban de la société: 'Les lois sont furieuses en Europe contre ceux qui se tuent eux-mêmes. On les fait mourir, pour ainsi dire, une seconde fois; ils sont traînés indignement par les rues; on les note d'infamie; on confisque leurs biens. Il me paraît, Ibben, que ces lois sont bien injustes.'[14]

13. Par exemple Muyart de Vouglans, *Les Lois criminelles de France suivant leur ordre naturel* (Paris, Merigot, Crapart, Morin, 1780), p.184-85.
14. Montesquieu, *Lettres persanes*, 74, p.336. Les commentateurs ont généralement mis l'accent sur ce texte des *Lettres persanes* et présenté Montesquieu comme un partisan de la liberté du suicide. La réalité nous semble plus nuancée. Disséminées dans plusieurs œuvres de natures diverses et rédigées au fil de plusieurs décades, les considérations de Montesquieu sur le suicide témoignent d'une pensée qui doute et qui s'interroge. Observateur de la diversité des civilisations, il fait ressortir tant les différences entre les suicides orientaux, romains et anglais, que les différentes causes, morales ou physiques, qui l'occasionnent.

Beccaria s'attaque lui-aussi à la législation sur le suicide et plaide pour que cette soi-disant transgression soit dépénalisée. Le chapitre XXXII du *Des délits et des peines* stipule que 'le suicide est un délit qui ne semble pas pouvoir admettre une peine proprement dite, puisque elle ne peut retomber que soit sur des innocents [dans le cas de la confiscation des biens] soit sur un corps froid et insensible [dans le cas du châtiment du cadavre]'.[15]

La controverse sur la légitimité du suicide qui oppose Saint-Preux à Milord Edouard dans la troisième partie de *Julie ou La Nouvelle Héloïse* de Rousseau, est d'une grande subtilité (lettres XXI-XXII). Bien que les arguments du jeune Saint-Preux, favorable à la mort volontaire, paraissent plus concluants, force est de constater que Rousseau laisse le dernier mot au lord anglais, lequel nie la liberté du suicide au nom d'arguments éthiques et théologiques, et invite son jeune ami à faire de bonnes actions pour vaincre ses tentations autodestructrices.[16] Les philosophes empiristes ou matérialistes combattent le fondement religieux du châtiment du suicide.[17] Ils cherchent à montrer qu'il n'est une transgression de nos devoirs ni envers Dieu, ni envers nos voisins, ni envers nous-mêmes. Ainsi le baron d'Holbach:

> Une société qui ne peut ou ne veut procurer aucun bien, perd tous ses droits sur nous; une nature qui s'obstine à rendre notre existence malheureuse, nous ordonne d'en sortir; en mourant, nous remplissons un de ses décrets, ainsi que nous avons fait en entrant dans la vie. Pour qui consent à mourir, il n'y a point de maux sans remède [...]. La patrie ou la famille n'a point le droit de se plaindre d'un membre qu'elle ne peut rendre heureux, et dont elle n'a plus rien à espérer pour elle-même.[18]

Face à la mort volontaire, dictionnaires et encyclopédies affichent des opinions ambigües ou hostiles. Le *Dictionnaire de Trévoux* n'a aucune hésitation: 'Le suicide est le système des lâches, qui n'ont ni la patience de se souffrir eux-mêmes, ni le courage de

15. *DP*, p.257.
16. Rousseau, *Œuvres complètes*, t.II, p.377-93.
17. Voir Lester G. Crocker, 'The discussion of suicide in the eighteenth century', *Journal of the history of ideas* 13 (1952), p.47-72.
18. Paul-Henri Thiry, baron d'Holbach, *Système de la nature, ou Des Lois du monde physique et du monde moral*, 2 vols (Londres, Amsterdan, Rey, 1770), Première partie, ch.XIV, p.307-11.

soutenir le poids d'une disgrâce, et Caton se poignardant fut plutôt le premier des extravagants que le premier des Romains' (éd. 1771, t.VII, p.888). L'*Encyclopédie* traite du suicide à deux reprises. D'une part, dans l'article SUICIDE, en *jurisprudence*, Boucher d'Argis rappelle, sans commentaire, que 'parmi nous, tous suicides, excepté ceux qui sont commis par l'effet d'une aliénation d'esprit bien caractérisée, sont punis rigoureusement'. La punition légale est décrite froidement: 'Le coupable est privé de la sépulture, on en ordonne même l'exhumation au cas qu'il eût été inhumé; la justice ordonne que le cadavre sera traîné sur une claie, pendu par les pieds, & ensuite conduit à la voirie' (*ENC*, XV, p.641b). L'exécution de ce châtiment était néanmoins sujette à des restrictions. Il était malaisé pour le juge de déterminer si le défunt avait ou pas l'entière jouissance de sa raison au moment de son suicide. Sur cet aspect la sévérité du discours normatif se heurte au laxisme de la pratique judiciaire. Quoi qu'il en soit, le code pénal français ne décriminalise le suicide qu'en 1791.

D'autre part, l'auteur de l'article non signé SUICIDE, en *morale*, retrace les termes du dilemme éthique sans vraiment parvenir à se décider. Dans la première partie de son discours, il endosse l'argumentaire jusnaturaliste qui condamne la mort volontaire comme étant 'absolument contre la loi de la nature' (*ENC*, XV, p.639b). Se tuer revient à ne pas accomplir les devoirs que tout homme a envers son créateur, envers la société et envers soi-même. Dieu, écrit l'encyclopédiste, nous a donné la vie et a mis en nous l'amour de nous-mêmes; se détruire est détruire son œuvre. En outre, chaque personne est ou peut être utile à sa famille comme à la société. Celle-ci 'exige de nous certains devoirs auxquels nous ne pouvons pas nous soustraire nous-mêmes'. Par rapport à soi-même, enfin, l'homme a l'obligation 'de se conserver dans un état de félicité et de se perfectionner de plus en plus'. Or, celui qui se donne la mort 'interrompt le cours du bonheur et se prive des moyens de se perfectionner davantage dans ce monde'.

La mort volontaire condamnée sans réserve, l'auteur s'emploie à prouver tout le contraire. Il observe que le suicide 'n'est point défendu dans l'Ecriture-Sainte, et ne fut point regardé comme un crime dans les premiers siècles de l'Eglise' (*ENC*, XV, p.639-40). *Le Biathanatos* (1647) du chapelain anglican John Donne, qui constitue l'une des premières tentatives de réhabilitation du suicide, vient renforcer ces considérations. Rédigé vers 1610, mais publiée seulement en 1647, ce traité représente l'une des premières tentatives de défense argumentée du droit de se donner la mort. Le sous-titre de l'ouvrage énonce le sujet de façon embarrassée, par une double négation qui semble rimer avec une justification cachée du suicide: 'Que l'homicide de soi-même n'est pas si naturellement un péché qu'il ne puisse jamais en être autrement.'[19] Précédé d'une sinistre réputation, ce livre 'ne sera guère utilisé que par quelques libertins'.[20] C'est donc un acte courageux de la part de l'encyclopédiste que de relater, sans l'accompagner d'aucun commentaire, le contenu de cet ouvrage 'maudit'. Ne négligeant aucun aspect polémique du traité de Donne, l'encyclopédiste en fait un usage libertin, en rappelant que le suicide n'est contraire 'ni à la loi de la nature, ni à la raison, ni à la loi de Dieu révélée'. Il ajoute que Samson s'est tué; Eléazar s'est fait écraser, 'action qui est louée par St-Ambroise'; Jésus-Christ lui-même est mort volontairement; un grand nombre de martyres sont 'de vrais suicides'; enfin, les pénitents qui accélèrent leur mort 'à force d'austérités' sont autant de 'suicides'. Sans embrasser la doctrine de Donne, l'encyclopédiste adopte la stratégie sceptique de faire parler tour à tour le camp des détracteurs et celui des partisans du droit de mourir. Alignant les arguments pour et contre, il empêche à son raisonnement d'aboutir à des conclusions définitives. Au lieu de discréditer la doctrine du théologien protestant, l'encyclopédiste affirme seulement que le système de Donne ne sera 'certainement point approuvé par les théologiens orthodoxes' (*ENC*, SUICIDE, en *morale*, XV, p.640-41). De fait, la stratégie argumentative de cet article raisonné, qui prend le risque d'affronter la question en face et de montrer que la conduite suicidaire peut être expliquée, cherche à soustraire le problème du suicide aux réponses tranchantes et aux tentations doctrinaires. La responsabilité d'en juger est laissée au lecteur.

19. John Donne, *Biathanatos, a declaration of that paradoxe, that selfhomicide is not so naturally sinne, that it may never be otherwise* (1608), éd. posth. 1647; éd. angl. modernisé M. Rudick et M. P. Battin (New York, Londres, 1982).
20. Georges Minois, *Histoire du suicide: la société occidentale face à la mort volontaire* (Paris, 1995), p.118.

Le duel

Parmi les crimes contre la majesté divine et humaine, on trouve le duel: 'le duel est réputé crime de lèse-majesté, d'autant qu'il est préjudiciable aux Royaumes, aux meilleurs familles, et plus contraire à la Religion que tous les autres.'[21] Cette coutume, s'adressant principalement à l'élite masculine[22] des nobles, qui tiraient de cet usage une légitimation de leur différence, procède notamment de l'ancien code de l'honneur. Centré sur l'amour propre, sur l'aspiration à l'estime publique, sur le désir de réputation et de gloire, l'esprit qui gouverne cette pratique donne plus de prix à l'espoir de la distinction qu'à la vie elle-même. Les mirages de l'opinion et le besoin de reconnaissance sociale inhérents à l'honneur conduisent à accomplir de grandes actions au péril de la vie et à revendiquer la primauté de la liberté individuelle de régler ses affaires sur le recours à la justice publique.[23]

De façon générale, les philosophes des Lumières déplorent le duel.[24] D'après Voltaire, il n'y aurait rien de noble dans ce face-à-face de brutalité sommaire, défini comme une 'coutume horrible' et l'un des 'deux crimes les plus funestes au genre humain',[25] avec l'adultère. Conséquence mortifère de la 'vaine gloire', le duel 'détruit les défenseurs de l'Etat'.[26] C'est pourquoi, sous Louis XIV, 'l'abolition des duels fut un des plus grands services rendus à la

21. Ferrière, DUEL, t.I, p.519b.
22. Sur la nature du duel comme rituel viril, fondé sur l'honneur, affaire d'hommes par excellence, voir Robert A. Nye, *Masculinity and male codes of honor in modern France* (Oxford, 1993).
23. Sur l'histoire du duel dans l'Europe moderne, voir Micheline Cuénin, *Le Duel sous l'Ancien Régime* (Paris, 1982); François Billacois, *Le Duel dans la société française des XVIe et XVIIe siècles* (Paris, 1986); Victor Gordon Kiernan, *The Duel in European history: honour and the reign of aristocracy* (Oxford, 1988); Pascal Brioist, *et al.* (éds), *Croiser le fer: violence et culture de l'épée dans la France moderne (XVIe-XVIIIe siècle)* (Seyssel, 2002), p.349-57.
24. John Pappas, 'La campagne des philosophes contre l'honneur', *SVEC* 205 (1982), p.31-44.
25. *Essai sur les mœurs et l'esprit des nations* (1756), éd. B. Bernard, J. Renwick, N. Cronk, J. Godden, *OCV*, t.24, ch.100, 'Des duels', p.536.
26. Voltaire, *Prix de la justice et de l'humanité* (Londres, s.n., 1777), art.IV, 'Du duel', p.19.

patrie'.[27] Rousseau,[28] à son tour, de censurer une pratique anachronique et irrationnelle: 'L'homme de courage dédaigne le duel [...], l'homme de bien l'abhorre.' Et ailleurs: 'Gardez-vous de confondre le nom sacré de l'honneur avec ce préjugé féroce qui met toutes les vertus à la pointe d'une épée.'[29]

Toujours est-il, cependant, qu'être contre le duel ne suffit pas à saisir l'éthique aristocratique sur laquelle il est fondé. Les dix-sept volumes de discours de l'*Encyclopédie* ébauchent un tableau d'ensemble dévoilant une multitude de détails qui permettent d'affiner notre compréhension du duel. En particulier, les pages suivantes s'efforcent d'analyser la façon dont les encyclopédistes pensent, avec, sans ou contre Montesquieu, ce phénomène complexe, entendu tantôt dans sa forme révolue de combat soumis à des règles précises et servant à l'établissement de la preuve légale; tantôt dans sa dimension de pratique extra-légale, voire infra-législative, fille de la culture aristocratique de l'honneur, qui a perduré, en concurrence avec le droit, pendant tout l'Ancien Régime, dans tous les milieux. Bien qu'ils ne soient pas assimilables, ces deux usages sont reliés, le duel d'honneur se situant dans le droit fil du combat judiciaire. Montesquieu lui-même les met en relation dans le chapitre 20 du livre XXVIII de *L'Esprit des lois*, consacré à 'l'origine du point d'honneur'. Privé, illégal, dépourvu de solennité, réglé par la coutume, engendré par une querelle qui culmine dans un démenti, le duel de point d'honneur n'a pas à révéler la vérité judiciaire, mais la grandeur d'âme des duellistes.[30]

Il est exclu de rendre compte ici de la discussion sur les rapports de la légalité du droit et de la régulation par les mœurs,

27. *Le Siècle de Louis XIV*, dans *Œuvres historiques* (Paris, 1957), p.972.
28. Voir Céline Spector, 'Rousseau: l'honneur au tribunal de l'opinion publique', dans *Penser et vivre l'honneur à l'époque moderne*, éd. Hervé Drévillon et Diego Venturino (Rennes, 2011), p.127-42.
29. *Julie ou La Nouvelle Héloïse*, in Jean-Jacques Rousseau, *Œuvres complètes*, éd. Bernard Gagnebin et Marcel Raymond, 5 vols (Paris, 1959-1995), t.II (Paris, 1961) première partie, lettre LVII.
30. Dans son étude *Le Duel dans la société française des XVIe et XVIIe siècles*, François Billacois fait observer que le mot latin *duellum* est traduit jusqu'à la moitié du XVIe siècle par 'combat en champ clos', 'combat à outrance'. Ensuite apparaît 'combat en duel', et dans les dernières années du XVIe siècle, 'duel'.

qui a connu un tournant dans les débats d'idées en France à la moitié du XVIIIe siècle, avec la diffusion de *L'Esprit des lois* et la multiplication d'ouvrages comme le *Projet pour perfectionner nos lois sur les duels*, de l'abbé de Saint Pierre (1735), l'*Essai sur le point d'honneur* du chevalier Blondeau (1748) et le traité janséniste dû au sieur de Champdevaux, *L'Honneur considéré en lui-même et relativement au duel* (1752). On se tiendra à un état à la fois historique et problématique de la question, pour ensuite s'arrêter sur la réception des idées de Montesquieu dans l'*Encyclopédie*. Le thème du duel revient dans plusieurs articles, comme CHAMP CLOS, ORDALIE, POINT D'HONNEUR, et d'une manière plus approfondie CHAMPION, COMBAT, DÉMENTI, DUEL, EPREUVE, HONNEUR. Ces rubriques conviennent à s'interroger sur le mobile principal du duel, c'est-à-dire le point d'honneur, entre instinct naturel et héritage culturel; sur l'antagonisme entre loi et mœurs; sur l'écriture de l'histoire du combat, entre récit historique et censure morale; sur la responsabilité de l'église, accusée d'avoir consacré la superstition du combat judiciaire. Le point central de la discussion étant l'honneur, on verra, dans un troisième moment, comment certains encyclopédistes œuvrent pour rationaliser cet idéal, en délaissant les conclusions de *L'Esprit des lois*, tant sur l'honneur 'ressort' du régime monarchique, que sur le 'faux honneur', 'utile au public'.[31]

Produit culturel du Haut-Moyen Âge, la coutume du duel est sans doute l'expression la plus extrême de l'ethos chevaleresque. Elle se diffusa avec une intensité particulière au XVIIe siècle, au moment de la guerre de Trente Ans (1618-1648), dans une phase d'éclipse du pouvoir central. Usage privé défendu à partir de la moitié du XVIe siècle, le duel intègre, jusqu'au XIIe siècle, au même titre que le jugement de dieu, la procédure criminelle. Il constitue un moyen légal pour trancher les différents graves entre particuliers: faute d'aveux et de preuves testimoniales, la vérité judiciaire pouvait légitimement procéder du résultat d'un

31. Sur la justification de cet usage par Montesquieu, voir Céline Spector, '"Il faut éclairer l'histoire par les lois et les lois par l'histoire": statut de la romanité et rationalité des coutumes dans *L'Esprit des lois* de Montesquieu', dans *Généalogie des savoirs juridiques: le carrefour des Lumières*, éd. Mikhaïl Xifaras (Bruxelles, 2007), p.15-41.

combat public, solennellement décidé et présidé par le souverain. Derrière cette ancienne épistémologie probatoire, se fait jour l'idée que la justice divine saurait reconnaître celui dont la cause est juste et en assurerait la victoire.

Dès son origine, au début du XIIIe siècle (Concile de Latran en 1215), la procédure inquisitoire disqualifie l'ordalie médiévale et son régime de preuves surnaturelles tirées d'une épreuve par le feu ou par l'eau. L'invalidation de la pratique ordalique, jugée superstitieuse, entraîne l'effacement de l'intervention divine de la justice des hommes au profit du prince, et de ce fait, favorise la mise en place progressive d'une justice royale qui tente de se substituer à la vengeance privée. Plusieurs fois aboli et rétabli,[32] le duel judiciaire, lui, n'a définitivement été proscrit que trois siècles plus tard: le dernier combat autorisé par un roi français s'est déroulé le 10 juillet 1547 à Saint-Germain-en-Laye, devant Henry II. Ces anciens moyens de construire la preuve ont été graduellement remplacés par la validité d'indices établis par l'enquête judiciaire, en l'occurrence renforcés par l'expertise médico-légale du corps de la victime. Associé à un changement des coutumes et à un raffinement de la sensibilité, l'interdiction du duel judiciaire jeta une ombre sur l'usage privé du duel d'honneur. En témoignent, en plus de la législation mise en place déjà par Louis VII et surtout par Saint Louis,[33] la ferme condamnation de l'Eglise dans une célèbre déclaration du Concile de Trente (Sess. 25, can. 19). Homicide volontaire doublé d'un suicide (même s'il n'y a pas de passage à l'acte), le duel devient pour le droit canonique un crime de lèse-majesté divine. Appropriation du droit régalien de justice et acte subversif d'insoumission, le duel rentre dans la vaste catégorie des crimes de lèse-majesté humaine et entraîne une mort infamante.[34]

32. Aboli par Louis IX (Saint Louis), en accord avec la doctrine de l'Eglise, il fut rétabli par son petit-fils Philippe le Bel. Depuis, il a été de nouveau aboli.
33. Voir l'article DUEL (*Jurisprudence*) de l'*Encyclopédie*: 'En France, Louis VII fut le premier qui commença à restreindre l'usage des duels [...]. S. Louis alla plus loin; après avoir défendu les guerres privées en 1245, par son ordonnance de 1260, il défendit aussi absolument les *duels* dans ses domaines, tant en matière civile que criminelle; & au lieu du *duel*, il enjoignit que l'on aurait recours à la preuve par témoins' (V, p.161b).
34. Ferrière, DUEL, t.I, p.519b.

La double hostilité de la couronne et de l'autel ne marque pas pour autant la fin de cette ancienne habitude nobiliaire, qui reste bien ancrée dans la mentalité aristocratique et connaît un grand essor pendant des siècles. Le fait est que pour un noble, le plus important était d'abord sa naissance, ensuite son honneur et ceci l'engageait à se montrer toujours courageux et donc à ne jamais mentir, le mensonge étant un acte de couardise. Le défi d'un combat judiciaire, comme plus tard celui d'un duel d'honneur, s'exprime par l'accusation de mensonge, le démenti, qui déshonore l'adversaire et l'oblige à demander réparation, car le refus de se battre confirmerait son déshonneur.

Jusqu'à Louis XIV exclu, un écart sépare la sévérité du discours normatif officiel d'un certain laxisme de la pratique judiciaire. A quelques exceptions près, comme celle notable du comte François de Montmorency de Bouteville, condamné pour l'exemple et décapité en 1627, après une vingtaine de duels mortels, la justice exécute rarement. Malgré le gaspillage de sujets ainsi dérobés au service de la monarchie, les rois font souvent preuve de clémence à l'égard de combattants dont ils admirent les prouesses, la vaillance et le mépris du danger. Nonobstant le consensus croissant que les critiques anti-duel rencontrent au fil du temps et surtout au XVIIIe siècle, tant d'hommes apparemment sensés continuent à tout miser sur le hasard d'un combat où dominent les aléas du sort. Les élites intellectuelles du second XVIIIe siècle ont débattu sans relâche sur la tyrannie du 'point d'honneur'. Beccaria y consacre le chapitre X du *Des délits et des peines*. A l'instar de Hobbes, de Montesquieu et de Vattel,[35] il s'interroge sur une pratique que la loi interdit, mais qui survit dans la coutume. Pourquoi la répression pénale des duels est-elle inefficace? Beccaria connaît le paradoxe: dès que le pouvoir souverain empêche la célébration d'un duel, il condamne l'offensé à une infamie sans remède. Mais ce paradoxe n'explique pas pour lui l'échec des lois. Pour 'prévenir' la manie homicide du duel d'honneur ; pour inverser la conviction invétérée que mieux vaut être un criminel pour la loi, qu'un lâche aux yeux du milieu,

35. Emer de Vattel, *Le Droit des gens ou Principes de la loi naturelle appliqués à la conduite et aux affaires des nations et des souverains*, 2 vols (Leide, Dépense de la Compagnie 1758), t.I, chap.XIII, para.175-176, 'Du duel ou des combats singuliers'.

Beccaria propose que le législateur prenne des mesures susceptibles de favoriser, avec le temps, la soumission du régime de l'opinion des hommes au régime de la justice d'Etat. Pour contraster l'ethos violent de l'honneur, il se fait partisan d'une nouvelle pédagogie de la loi. La formule est percutante: il faut que les citoyens apprennent à craindre les lois, et non les hommes. C'est parce qu'il se soucie avant tout des malheureux jeunes gens opprimés par la coutume, qu'il préconise que seulement celui qui a donné lieu au duel soit puni, 'en déclarant innocent celui qui sans avoir commis aucune faute, a été contraint de défendre ce que les lois actuelles n'assurent pas, c'est-à-dire l'opinion, et a dû montrer à ses concitoyens qu'il craint les lois seules, et non les hommes'.[36] En effet, l'édit de Louis XIV en 1643, sans doute le plus rigoureux qui ait été promulgué pour maîtriser la violence illégale du duel, ne faisait pas la part entre les coupables du crime de duel, l'appelant et l'appelé, condamnant les deux à la peine capitale.

La proposition de Beccaria visant à changer les coutumes au moyen de mesures législatives intervient dans un contexte où les rapports entre les lois et les mœurs demeurent conflictuels, notamment en France. Déjà dans les *Lettres persanes*, ce contraste entre la justice du roi et le code de l'honneur est décrit par Usbek. En observateur extérieur, le persan constate que c'est un 'état bien violent' celui dans lequel se trouvent les Français:

> car les mêmes lois de l'honneur obligent un honnête homme de se venger quand il a été offensé, mais d'un autre côté la justice le punit des plus cruelles peines lorsqu'il se venge. Si l'on suit les lois de l'honneur, on périt sur un échafaud; si on suit celle de la justice, on est banni pour jamais de la société des hommes: il n'y a donc que cette cruelle alternative, ou de mourir ou d'être indigne de vivre.[37]

C'est que l'honneur continue d'être, pour beaucoup, non pas une convention factice mais un instinct naturel. En 1680, Bayle affirme dans ses *Pensées sur la comète*, 'qu'il y a des idées d'honneur

36. *DP*, X, 'Des duels', p.173-75.
37. Montesquieu, *Lettres persanes*, 88, p.379. Ce passage n'est pas repris dans l'*Encyclopédie*.

dans le genre humain qui sont un ouvrage de la nature, c'est-à-dire de la Providence générale. Avouons-le surtout de cet honneur dont nos braves sont si jaloux et qui est si opposé à la loi de Dieu'.[38] Montesquieu/Usbek, à son tour, de rapprocher le désir de gloire 'de cet instinct que toutes les créatures ont pour leur conservation. Il semble que nous augmentons notre être quand nous pouvons le porter dans la mémoire des autres: c'est une nouvelle vie que nous acquérons et qui nous devient aussi précieuse que celle que nous avons reçue du Ciel'.[39] Cette remarque semble légitimer, sur le plan psychologique, ce cas particulier du désir de réputation et de préférences qu'est le point d'honneur. Certes, le duel sanglant est en fin des comptes un rituel 'assez mal imaginé', puisque l'emporte non celui qui a des meilleurs raisons, mais celui qui est le plus adroit. Reste que Montesquieu non seulement reconnaît lui-même une certaine impuissance des lois et de la raison face au culte français de l''honneur, qui veut toujours régner', qui 'se révolte et [...] ne connaît point de loi', mais il suggère au législateur de respecter les mœurs qui règlent les actions des hommes, en se gardant de promulguer des lois qui choquent l'esprit général des peuples.[40] Par le rapprochement du désir de gloire ou du refus du déshonneur d'un instinct naturel, et par la critique de l'universalisme abstrait qui voudrait changer les mœurs par la contrainte,[41] Montesquieu n'a-t-il pas, en quelque sorte, légitimé le fondement du combat sanglant, ou du moins justifié la permanence de cet usage?

La perspective est déplacée dans le livre XXVIII de *L'Esprit des lois*. Le duel judiciaire s'y trouve considéré sous l'angle de

38. Pierre Bayle, *Pensées diverses sur la comète* (1682), éd. Hubert Bost (Paris, 2007), ch.172, 'Si une société d'athées se ferait des lois de bienséance et d'honneur', p.361.
39. *Lettres persanes*, 87, p.375.
40. Rappelons le principe énoncé en *EL*, XIX, 14: 'lorsque l'on veut changer les mœurs et les manières, il ne faut pas les changer par les lois; cela paraîtrait trop tyrannique: il vaut mieux les changer par d'autres mœurs et d'autres manières.'
41. Voir *EL*, I, 3: les lois 'doivent être tellement propres au peuple pour lequel elles sont faites, que c'est un très grand hasard si celles d'une nation peuvent convenir à une autre'.

l'histoire du droit et dans sa dimension d'héritage culturel. En étudiant 'l'origine et les révolutions des lois civiles chez les français', Montesquieu ne consacre pas moins de quinze chapitres (13-26) à la réflexion sur la formation de 'la jurisprudence du combat judiciaire'. La question est posée de l'esprit général des lois des Germains au sujet des chefs d'imputation, des preuves judiciaires, des témoins, des épreuves et des peines. Il s'agit d'expliquer la naissance du combat comme institution judiciaire et de dégager la logique de la preuve par le combat. Montesquieu souligne que la juridicisation du duel procède de l'établissement des preuves négatives, par lesquelles l'accusé niait le chef d'accusation. Dans une longue addition insérée dans l'article CHAMPION de l'*Encyclopédie*, D'Alembert commente un passage du livre XXVIII, 23, qui est le premier des trois livres de *L'Esprit des lois* consacrés à l'histoire de la féodalité:

> C'est un spectacle curieux, dit l'illustre auteur de *L'Esprit des lois*, voir ce monstrueux usage du combat judiciaire réduit en principe, et de trouver le corps d'une jurisprudence si singulière. Les hommes, dans le fond raisonnables, soumettent à des règles leurs préjugés mêmes. Rien n'était plus contraire au bon sens que le combat judiciaire: mais ce point une fois posé, l'exécution s'en fit avec une certaine prudence. (*ENC*, CHAMPION, en *Histoire moderne*, III, p.85a)

Ce passage recouvre un double intérêt pour D'Alembert: d'un côté, Montesquieu 'entre dans un détail très curieux sur les règles de ces combats, qu'on pourrait appeler les codes des homicides' (*ENC*, CHAMPION, en *Histoire moderne*, III, p.85a). En italique dans le texte, la locution 'code des homicides'[42] remplace celle de 'corps de jurisprudence' employée par Montesquieu, et s'avère dépréciatrice en ce qu'elle met en évidence l'institutionnalisation de la violence de l'ancienne législation. D'un autre côté, Montesquieu a mobilisé des 'réflexions philosophiques précieuses' que D'Alembert réduit à trois aspects. D'abord, le décalage entre la loi Salique du VIe siècle[43] et la loi des Francs

42. Dans l'*Essai sur les mœurs*, Voltaire utilise la locution 'code des meurtres'. Voir *OCV*, t.24, p.527.
43. Code pénal et civil propre aux Francs dits 'saliens' (IVe siècle).

ripuaires,[44] du VIIe siècle, en matière de preuves. La loi Salique n'autorisait pas le combat judiciaire, pour la raison qu'elle 'n'admettait pas l'usage des preuves négatives, obligeant tant l'accusateur que l'accusé de prouver', c'est-à-dire de produire une preuve positive. La loi des Francs ripuaires, au contraire, admettant l'usage des preuves négatives, mettait un guerrier 'sur le point d'être confondu par une simple assertion ou négation' dans la nécessité 'd'offrir le combat à son adversaire pour venger son honneur' (*ENC*, CHAMPION, en *Histoire moderne*, III, p.85a). La genèse de ce que D'Alembert baptise 'code des homicides' est donc liée aux enjeux épistémologiques de l'établissement de la preuve.

D'Alembert fait ainsi observer que Montesquieu 'cherche dans les mœurs des anciens Germains la raison de cet usage si bizarre, qui fait dépendre l'innocence du hasard d'un combat'. Il importe de ne pas perdre de vue que ce qui est progressivement tombé en désuétude à l'époque moderne représente une avancée juridique à une époque précédente. D'Alembert l'affirme en paraphrasant Montesquieu: 'Chez ces peuples indépendants, les familles se faisaient la guerre pour des meurtres, des vols, des injures [...]. On modifia cette coutume, en assujettissant cette guerre à des règles' (*ENC*, CHAMPION, en *Histoire moderne*, III, p.85a). On pourrait ici établir un parallèle entre le combat judiciaire et la loi du talion: dans les deux cas, il s'agit de conjurer, par l'intermédiaire de règles et de normes, la pratique des vengeances privées, à savoir la tentation de se faire justice soi-même.

Enfin, le codirecteur de l'*Encyclopédie* achève l'article CHAMPION sur une note polémique qui infléchit la pensée de Montesquieu. Reliant dans un rapport de cause à effet combat judiciaire et duel de point d'honneur, D'Alembert déplore 'la fureur de notre nation pour les duels' (*ENC*, CHAMPION, en *Histoire moderne*, III, p.85a).

D'autres encyclopédistes s'insurgent contre le duel: Boucher d'Argis, Jaucourt et Saint-Lambert. Boucher d'Argis est l'auteur de l'article DUEL, paru en 1755. Petit traité d'histoire du droit, à la

44. *Ripuaria Lex* est un recueil de droit germanique datant du VIIe siècle, qui constitue un développement tardif des lois franques connues sous le nom de loi salique.

fois clair et bien renseigné, cet article associe une reconstruction de la genèse du duel judiciaire et de point d'honneur à une condamnation sans réserve: 'On s'est toujours récrié, et avec raison, contre cette coutume barbare des duels.' Tant les autorités ecclésiastiques que celles monarchiques, est-il ajouté, ont pointé ces 'désordres' et multiplié vainement leurs efforts 'pour déraciner cette odieuse coutume' (*ENC*, DUEL, en *Jurisprudence*, V, p.161b). Boucher rappelle avec discrétion les lourdes responsabilités communes de l'Eglise et des anciens rois de France ayant longtemps légitimé ou toléré le duel. Sans ignorer l'œuvre de Montesquieu, Boucher d'Argis la cite rarement. Il convient en revanche de mettre en rapport son article avec *Le Siècle de Louis XIV* de Voltaire, publié en 1751. De même que Voltaire, le juriste de l'*Encyclopédie* remarque que la liturgie romaine bénissait les combattants (*missa pro duello*). Si l'Eglise avait consacré la violence, le pouvoir civil a laissé qu'elle sévisse. Une petite phrase, glissée au terme d'un historique des édits royaux, est révélatrice de sa critique envers l'autorité civile et religieuse: 'L'analyse qui vient d'être faite des derniers règlements contre les duels prouve que l'on apporte présentement autant d'attention à les prévenir et les empêcher qu'on en avait anciennement pour les permettre' (*ENC*, DUEL, en *Jurisprudence*, V, p.164b).

Alors que la critique de Boucher s'exerce tout en finesse, le protestant Jaucourt utilise l'article EPREUVE pour engager une polémique frontale contre l'Eglise romaine et les curés, décrits comme étant prêts à tout pour asseoir le trône de leur domination, sur la base de la superstition et de la crédulité des peuples. Au lieu de suivre Montesquieu qui avait cherché à comprendre ces phénomènes dans leur ancrage historique, en montrant que l'épreuve permet d'établir la preuve judiciaire dans l'ancienne jurisprudence du combat, Jaucourt en dénonce le caractère éminemment irrationnel:

> Non seulement l'Eglise toléra pendant des siècles toutes les *épreuves*, mais elle en indiqua les cérémonies, donna la formule des prières, des imprécations, des exorcismes, & souffrit que les prêtres y prêtassent leur ministère [...]. Mais pourquoi dans *l'épreuve* de l'eau froide, estimait-on coupable & non pas innocent, celui qui surnageait? C'est parce que dans l'opinion publique,

c'était une démonstration que l'eau (que l'on avait eu la précaution de bénir auparavant) ne voulait pas recevoir l'accusé, & qu'il fallait par conséquent le regarder comme très criminel [...]. Bien des gens admirent que les peuples aient pu si long tems se figurer que les *épreuves* fussent des moyens sûrs pour découvrir la vérité, tandis que tout concourait à démontrer leur incertitude [...]; mais ignore-t-on que l'empire de la superstition est de tous les empires le plus aveugle & le plus durable? (*ENC*, EPREUVE, V, p.838-39)[45]

Parfois, une même notion fait, dans l'*Encyclopédie*, l'objet d'articles contigus, caractérisés par la même entrée, mais classés dans des matières diverses et signés par différents auteurs, lesquels peuvent soit défendre des thèses concurrentes, soient développer des considérations complémentaires. Le duel, lui, n'entraîne pas de controverse: aucun argumentaire concurrent ne vient s'opposer à la condamnation prononcée par Boucher d'Argis. Toutefois, dans l'article DÉMENTI, Jaucourt revient sur le problème du point d'honneur: 'les lois pénales du *démenti* établies sous Louis XIV depuis la défense des duels, & plus encore l'inutilité de ces lois que personne ne réclame, prouvent assez la délicatesse toujours subsistante parmi nous, sur cet article du point d'honneur.' Dans ce texte, Jaucourt fait des emprunts tacites au chapitre 20 du livre XXVIII de *L'Esprit des lois*, consacré à l''origine du point d'honneur'. Sans justifier les duels, notre 'chevalier' semble néanmoins séduit par l'éthos 'chevaleresque'. Ainsi postule-t-il 'que la vraie raison qui rend les Français si délicats sur le *démenti*, c'est qu'il paraît envelopper la bassesse & la lâcheté du cœur'. A l'instar de Montesquieu, Jaucourt observe que:

il reste dans les mœurs des nations militaires, & dans la nôtre en particulier, des traces profondes de celles des anciens chevaliers qui faisaient serment de tenir leur parole & de rendre un compte vrai de leurs aventures: ces traces ont laissé de fortes impressions, *qui ne s'effaceront jamais*; & si l'amour pour la vérité n'a point passé jusqu'à nous dans toute la pureté de l'âge d'or de la chevalerie, du moins a-t-il produit dans notre âme un tel mépris pour ceux qui

45. Voir l'article EPREUVE des *Questions sur l'Encyclopédie* V, éd. Nicholas Cronk et Christiane Mervaud, *OCV*, t.41, p.197-205.

> mentent effrontément, que l'on continue par ce principe de regarder un *démenti comme l'outrage le plus irréparable qu'un homme d'honneur puisse recevoir*. (*ENC*, DÉMENTI, en *Histoire moderne*, IV, p.808-809, nous soulignons)

Quel qu'il soit le point de vue adopté, force est de constater qu'une réflexion sur le duel mène fatalement à questionner la notion d'honneur. Or, l'auteur de l'article HONNEUR s'inscrit en faux contre Montesquieu. Non signé, mais habituellement attribué au marquis de Saint-Lambert, cet article définit l'honneur comme 'l'estime de nous-mêmes et le sentiment du droit que nous avons à l'estime des autres'. L'honneur est ensuite rapproché du point d'honneur, caractérisé comme l''exactitude à observer certaines lois établies par les préjugés et par la coutume'. Sans être explicitement mentionnée, la fureur destructrice des duels est pointée d'un doigt accusateur: 'On honore encore aujourd'hui dans certains pays d'Europe la plus lâche et la plus odieuse des vengeances [...]'. (*ENC*, HONNEUR, *Morale*, VIII, p.288a).

En proposant de convertir en articulation la distinction typologique honneur/vertu, et en postulant que 'l'*honneur* ou la vertu dans la république, dans la monarchie, sont le principal ressort, selon la nature des lois, la puissance, l'étendue, les dangers, la prospérité de l'état' (*ENC*, HONNEUR, *Morale*, VIII, p.289a), Saint-Lambert prend le contrepied de Montesquieu, qui avait soutenu que sa distinction entre les principes, l'honneur et la vertu, 'est d'une fécondité si grande qu'[elle] forme presque tout mon livre'.[46] Avec une ironie respectueuse, Saint-Lambert corrige Montesquieu: 'Un génie du premier ordre a prétendu que l'*honneur* était le ressort des monarchies, et la vertu celui des républiques. Est-il permis de voir quelques erreurs dans les ouvrages de ce grand homme, qui avait de l'*honneur* & de la vertu!' En particulier, l'encyclopédiste reproche à Montesquieu un défaut de précision. La définition même de vertu comme 'l'amour des lois & de la patrie' lui paraît défectueuse, car

> tous les hommes aiment leur patrie, c'est-à-dire, qu'ils l'aiment dans leur famille, dans leurs possessions, dans leurs concitoyens,

46. Montesquieu, *Réponses à la Faculté de théologie*, in *Œuvres complètes de Montesquieu*, éd. André Masson (Paris, 1955), t.III, p.660.

> dont ils attendent & reçoivent des secours & des consolations. Quand les hommes sont contents du gouvernement sous lequel ils vivent, quel que soit son genre, ils aiment les lois, ils aiment les princes, les magistrats qui les protègent & les défendent. La manière dont les lois sont établies, exécutées, ou vengées, la forme du gouvernement, sont ce qu'on appelle *l'ordre politique*. Je crois que le président de Montesquieu se serait exprimé avec plus de précision, s'il avait défini la vertu, l'amour de l'ordre politique & de la patrie. L'amour de l'ordre est dans tous les hommes. (*ENC*, HONNEUR, en *Morale*, VIII, p.288b)

De façon générale, dans l'*Encyclopédie* la notion d'honneur n'est ni pensée comme le principe unique et la passion dominante des monarchies, ni dissociée de la vertu politique. Celle-ci, à son tour, n'est pas une passion proprement républicaine, prérogative des seuls citoyens des républiques, mais des hommes, toutes conditions confondues. C'est pourquoi, le législateur sage ou prudent attachera ‘l'idée de l'*honneur* & de la vertu à l'amour & à l'observation de toutes les lois' (*ENC*, HONNEUR, *Morale*, VIII, p.290a). Aussi faut-il souligner le rejet de la thèse de Montesquieu sur l'honneur comme substitut économique à l'amour de la patrie (*EL*, III, 6-8). Saint-Lambert ne croit ni que la monarchie repose sur des ambitions égoïstes, ni que l'honneur conduise les sujets à contribuer involontairement à la réalisation du bien commun. Ce faisant, il nie la convergence involontaire que l'honneur réaliserait, d'après Montesquieu lecteur de Mandeville,[47] entre les intérêts singuliers et l'intérêt général.[48]

Pour Saint-Lambert, l'honneur se confond désormais à la vertu morale et politique, laquelle exige la subordination volontaire de l'intérêt privé à l'intérêt public: ‘[...] les Mandeville & leurs infâmes échos ne persuaderont jamais aux hommes que le courage, la

47. Mandeville, *La Fable des abeilles* (1714), trad. L. et P. Carrive (Paris, 1998). Voir *EL*, XIX, 11: ‘tous les vices politiques ne sont pas des vices moraux, et [...] tous les vices moraux ne sont pas des vices politiques; et c'est ce que ne doivent point ignorer ceux qui font des lois qui choquent l'esprit général.' Voir Céline Spector, ‘Vices privés, vertus publiques: de la *Fable des abeilles* à *L'Esprit des lois*', dans *Montesquieu and the spirit of modernity*, éd. David Carrithers et Patrick Coleman, (Oxford, 2002), p.127-57.

48. *EL*, III, 7: ‘Il est vrai que, philosophiquement parlant, c'est un honneur faux qui conduit toutes les parties de l'Etat: mais cet honneur faux est aussi utile au public, que le vrai le serait aux particuliers qui pourraient l'avoir.'

fidélité à ses engagements, le respect pour la vérité & pour la justice ne sont point nécessaires dans de grands états' (*ENC*, HONNEUR, en *Morale*, VIII, p.290a). Saint-Lambert vise-t-il Montesquieu lorsqu'il évoque 'les infâmes échos' de Mandeville? Quoi qu'il en soit, contrairement à Montesquieu, qui pense que l'honneur 'prend la place de la vertu et la représente partout', pour aboutir à l'idée que 'dans les monarchies bien réglées, tout le monde sera à peu près bon citoyen, et on trouvera rarement quelqu'un qui soit homme de bien: car, pour être homme de bien il faut avoir l'intention de l'être' (*EL*, III, 6), Saint-Lambert, lui, à l'instar de la tradition aristotélicienne, pense davantage l'honneur comme prix de la vertu. C'est que, pour lui, sous un gouvernement policé, le véritable *honneur* coïncide 'dans chaque citoyen' avec 'la conscience de son amour pour ses devoirs, pour les principes de la vertu, & le témoignage qu'il se rend à lui-même, & qu'il attend des autres, qu'il remplit ses devoirs, & qu'il suit les principes' (*ENC*, HONNEUR, en *Morale*, VIII, p.290b). L'honneur ne saurait créer les vertus, alors que l'amour pour ses devoirs et pour les principes de la vertu est la condition de l'honorabilité et de l'estime générale: 'Le législateur attentif excite les talents les plus nécessaires; c'est alors qu'il distribue ce qu'on appelle les *honneurs*. Ils sont la marque distinctive par laquelle il annonce à la nation qu'un tel citoyen est un homme de mérite & d'*honneur*. Il y a des *honneurs* pour toutes les classes': le 'négociant habile & l'artisan industrieux' devraient pouvoir être décorés tout comme 'le fermier intelligent, laborieux, économe, qui fructifie la terre' (*ENC*, HONNEUR, en *Morale*, VIII, p.289b). Au lieu de dissocier la vertu et l'honneur, Saint-Lambert fait donc dépendre l'honneur de la vertu et du civisme, et montre la dissolution du point d'honneur dans les perversions multiples qu'engendre l'ignorance.

Retenons, en guise de conclusion, que l'*Encyclopédie* restitue en détail la place qu'occupe le duel dans la culture française du siècle des Lumières, mais aussi que Montesquieu s'avère une source d'inspiration incontournable pour les encyclopédistes. Cependant, au fil des articles, les réflexions de l'auteur de *L'Esprit des lois* ne sont pas simplement reproduites, mais commentées, brassées et parfois ouvertement contestées. Alors que Montesquieu, fidèle à sa méthode qui consiste à dégager la rationalité des phénomènes sans justifier les usages,[49] fait œuvre d'historien décrivant une justice qui pour être rudimentaire n'est pas dépourvue d'une propre logique, les encyclopédistes, avec des nuances et des accents différents, regardent le duel comme une pratique arriérée, irrationnelle et mortifère, issue de la superstition et de conventions barbares. En face de l'honneur aristocratique mal compris, qui légitime le combat d'épée et la vengeance privée comme un privilège de la noblesse, ils s'attèlent à promouvoir des valeurs politiques et morales alternatives, comme la culture de la raison, l'amour des lois et le primat de la vertu. Le duel, tout comme la torture dont nous allons parler, offre ainsi un exemple paradigmatique de l'engagement philosophique des encyclopédistes pour éclairer l'opinion publique naissante.

49. *EL*, XVI, 4: 'Dans tout ceci, je ne justifie pas les usages, mais j'en rends les raisons.'

8. La torture judiciaire

Cette procédure ne doit pas être confondue avec les supplices judiciaires, châtiments corporels appliqués à l'issue d'un procès, ni avec les tortures extrajudiciaires, infligées en dehors de toute légalité. La torture judiciaire est la pratique consistant à essayer de faire avouer à un suspect le crime dont il est soupçonné, voire les noms de ses éventuels complices, en lui infligeant, au cours d'une instruction judiciaire, des sévices physiques tout à fait légaux. Héritage du droit romain, elle a été réintroduite en Occident dans la procédure pénale au XIIIe siècle, lorsqu'ont été abandonnées les ordalies qui faisaient appel à l'intervention divine pour décider des culpabilités. Or, en même temps que cet usage judiciaire se raréfie en France dès le second XVIIe siècle, pour devenir de plus en plus exceptionnel à la fin de l'Ancien Régime,[1] la torture fait l'objet d'une dénonciation forte de la part de philosophes, moralistes et magistrats réformateurs.[2] De fait, le siècle des Lumières enregistre une montée en force du mouvement abolitionniste en matière de torture judiciaire, dont on peut faire remonter l'origine à la fin du XVIIe siècle, avec la parution de l'ouvrage du magistrat de Dôle, Augustin Nicolas, *Si la torture est un moyen sûr à vérifier les crimes secrets. Dissertation morale et juridique* (Amsterdam, Wolfgang, 1681). Les

Ce chapitre est une version amendée de mon article 'La torture judiciaire dans l'*Encyclopédie*', dans *Filósofos, filosofía y filosofías en la 'Encyclopédie'*, éd. Miguel Angel Granada, Rosa Rius et Piero Schiavo (Barcelone, 2009), p.175-88. Le chapitre reprend et développe des passages publiés dans mon article 'Giustizia penale e tortura: il punto di vista degli enciclopedisti', dans *La Libertà attraverso il diritto: illuminismo giuridico e questione penale*, éd. Dario Ippolito (Naples, 2014), p.84-99.

1. Voir John Langbein, *Torture and the law of proof: Europe and England in the Ancien Regime* (Chicago, IL, 2006); Eric Wenzel, *La Torture judiciaire dans la France de l'Ancien Régime: lumières sur la Question* (Dijon, 2011), p.53-75; Norbert Campagna, Luigi Delia et Benoît Garnot (éd.), *La Torture, de quels droits? Une pratique de pouvoir (XVIe-XXIe siècle)* (Paris, 2014).
2. Voir Alec Mellor, *La Torture: son histoire, son abolition, sa réapparition au XXe siècle* (Tours, 1961). Sur le siècle des Lumières, p.135-201. Voir également François Tricaud, 'Le procès de la procédure criminelle à l'âge des Lumières', *Archives de philosophie du droit* 39 (1994), p.145-67.

voix n'ont pourtant pas manqué pour nuancer cette dénonciation. Ouvrage collectif s'il en est, l'*Encyclopédie* reflète les multiples visages de ce débat: elle accueille tant les revendications abolitionnistes que les prises de position plus modérées, voire neutres. D'un côté, juristes et praticiens exposent, sans état d'âme, ce que la loi dit et ce que la procédure prévoit à propos de la torture.[3] D'un autre côté, des encyclopédistes comme D'Alembert[4] et Faiguet de Villeneuve[5] saluent l'abrogation de la torture préparatoire, mais laissent entendre que celle administrée pour avoir révélation des complices peut s'avérer 'nécessaire'. Dans le cercle encyclopédique, seul le chevalier de Jaucourt prône l'abolition totale. Sa critique est d'abord esquissée dans l'article CRIME (*Droit naturel*), où Jaucourt défend le principe selon lequel l'accusé devrait avoir le droit de ne pas répondre: 'l'instinct de la nature qui attache l'homme à la vie, & le sentiment qui la porte à fuir l'opprobre, ne souffrent pas que l'on mette un criminel dans l'obligation de s'accuser lui-même volontairement' (*ENC*, IV, p.467b). Jaucourt revient plus longuement sur cet aspect de l'ancienne procédure dans l'article QUESTION (*Procédure criminelle*), et aboutit aux mêmes conclusions que Beccaria sur la nécessité de bannir toute forme de torture. Avant d'envisager de plus près le réquisitoire que Jaucourt prononce à l'encontre de la 'Question', il convient de rappeler brièvement à quoi ce procédé correspond au XVIIIe

3. Voir les articles QUESTION (*Jurisprudence*) de Boucher d'Argis et BRODEQUIN (*Jurisprudence*) de Toussaint.
4. 'La question, déjà abolie dans plusieurs états, & qui devrait l'être partout comme une cruauté inutile, est proscrite à Genève; on ne la donne qu'à des criminels déjà condamnés à mort, pour découvrir leurs complices, s'il est nécessaire' (*ENC*, GENEVE, *Histoire et politique*, VII, p.578b).
5. Article USURE (*Morale*): 'Plusieurs pratiques dans la Morale sont bonnes ou mauvaises, suivant les différences du plus ou du moins, suivant les lieux, les temps, &c. Qui ne sait, par exemple, que les plaisirs de la table, les tendresses de l'amour, l'usage du glaive, celui des tortures; qui ne sait, dis-je, que tout cela est bon ou mauvais suivant les lieux, les temps, les personnes, suivant l'usage raisonnable, excessif ou déplacé, qu'on en fait? Je crois qu'il en est de même du commerce usuraire' (*ENC*, XVII, p.529b). Même si Faiguet ne mentionne pas explicitement la Question préparatoire, il semble faire allusion à la distinction Question préparatoire (mauvaise)/Question préalable (bonne) lorsqu'il remarque que 'plusieurs pratiques [...] sont bonnes ou mauvaises...', par exemple 'l'usage des tortures [au pluriel]'.

siècle. Pour ce faire, une autre section de l'article QUESTION, classée en *Jurisprudence* et rédigée par Boucher d'Argis, livre une description claire, concise et précise.

L'être

Dans son acception judiciaire, la torture – aussi nommée question 'parce qu'à mesure que l'on fait souffrir l'accusé, on lui fait des questions sur son crime & sur ses complices' (*ENC*, QUESTION, *Procédure criminelle*, XIII, p.704b) – est un moyen à la disposition des juges pour extorquer aux accusés la vérité sur des crimes passibles de la peine capitale, notamment le meurtre, le rapt, le viol, le vol, l'empoisonnement, l'incendie volontaire, le crime de lèse-majesté. Déjà établie par le droit romain, qui néanmoins ne l'appliquait qu'aux esclaves, la torture s'inscrit à plein titre dans le système judiciaire du Moyen Âge et d'Ancien Régime. A l'exception de l'Angleterre,[6] cette pratique fait partie des moyens légaux de la plupart des états européens. En France, elle est consacrée par une série de textes législatifs de portée générale, aux premiers rangs desquels se trouvent les ordonnances de 1498 et de 1539, confirmées par celle d'août 1670. Les anciens jurisconsultes ne tiennent pas la torture pour un genre de peine anticipée, mais pour un moyen d'obtenir la vérité judiciaire. Instrument légal intégré au cadre juridique, la torture doit aider le juge à établir la vérité (*ad eruendam veritatem*) et à parachever la preuve nécessaire pour une condamnation à mort. En effet, les pénalistes d'Ancien Régime insistent sur la nécessité du recours à la torture en raison du système des preuves pénales fondé non pas sur la subjectivité

6. La *Common Law* n'admet pas cette procédure, qui s'exerçait néanmoins de façon clandestine. Bien qu'exclue du système légal, la torture était parfois pratiquée par des tribunaux spéciaux. Dans l'article TORTURE ou QUESTION, non signé, on peut lire que: 'En Angleterre on a aboli l'usage de toutes les tortures, tant en matière civile que criminelle, & même dans le cas de haute trahison; cependant il s'y pratique encore quelque chose de semblable quand un criminel refuse opiniâtrement de répondre ou de s'avouer coupable, quoiqu'il y ait des preuves' (XVI, p.439b). Voir Marie-Renée Santucci, 'L'exception anglaise', dans *La Torture judiciaire: approches historiques et juridiques*, éd. Bernard Durand et L. Otis-Cour (Lille, 2002), t.1, p.209-40, et Pascal Bastien, 'Angleterre: la contrainte physique dans la procédure criminelle', dans *La Torture, de quels droits?*, éd. Campagna *et al.* (Paris, 2014), p.127-38.

de l'appréciation du juge, ce qu'on appelle aujourd'hui l'"intime conviction', mais sur l'aveu de culpabilité de l'accusé, censé assurer un caractère d'objectivité à la procédure criminelle. Il est fait valoir l'exigence d'un strict respect des ordonnances royales, et tout particulièrement des dispositions du titre XIX de l'ordonnance criminelle de 1670, relatives au droit de la torture. L'accent est mis notamment sur les impératifs de la défense sociale. 'Sans le secours de cette voie, écrit Muyart de Vouglans, la plupart des crimes les plus atroces [...] seraient restés impunis.'[7] Basé sur la centralité probatoire de l'aveu, ce système peut aujourd'hui nous paraître choquant; il convient pourtant de ne pas oublier que l'une des difficultés principales pour un juge de l'époque – disposant d'un appareil médico-légales très limité[8] – était précisément de réunir des preuves. C'est donc en vue de remédier à la difficulté d'obtenir les preuves indispensables pour condamner que le juge pouvait se résoudre, dans le cas de crimes graves, à 'trouver la vérité desdits crimes [...] par la bouche des accusés'.[9]

La torture tient d'un double emploi possible au cours de la procédure pénale. Elle peut être destinée à obtenir l'aveu du crime, ce que l'ancien droit nomme 'question préparatoire'; ou bien à découvrir les éventuels complices, lorsqu'elle est appliquée juste avant la peine: c'est la 'question préalable' ou définitive. L'appellatif de préalable s'explique par le fait que la loi (Ordonnance d'août 1670, Titre XIX), dans certains cas, stipulait que 'le

7. Voir p.36-38, et surtout p.73-82. Pierre-François Muyart de Vouglans (1713-1781) est sans doute le plus connu des défenseurs français de la torture après le moment Beccaria. Son apologie de la Question est exposée dans l'opuscule *Réfutation des principes hasardés dans le Traité des délits et des peines* (Lausanne, Paris, Desaint, 1767). Voir André Laingui, 'P. F. Muyart de Vouglans ou l'anti-Beccaria (1713-1791)', *Archives de philosophie du droit* 39 (1995), p.169-79.

8. Ce qui ne veut pas dire que la justice de l'époque ne pouvait pas compter sur des experts médicaux participant de la procédure pénale et limitant, à bien des égards, l'arbitraire des juges. Voir Michel Delon (éd.), *Dictionnaire européen des Lumières* (Paris, 1997), art. 'Médecine', ainsi que Michel Porret, 'Sage-femme, chirurgien, médecin: les légistes de l'Ancien Régime auxiliaires de justice', dans *Entre justice et justiciables: les auxiliaires de la justice du Moyen-âge au XX*^e^ *siècle*, éd. Claire Dolan (Québec-Paris, 2005), p.719-35.

9. Ordonnance royale de Villers-Cotterêts (1539), art.146, in Isambert, *Recueil général des anciennes lois françaises*, t.XII, p.630.

condamné à mort soit 'préalablement appliqué à la question pour avoir révélation des complices'. Comme le fait remarquer Ferrière, 'La question définitive est celle qui se donne à un criminel pleinement convaincu d'avoir commis un crime qui mérite la peine de mort, et à laquelle il a été condamné, pour déclarer ses complices, quand il y a lieu de présumer qu'il n'a pas seul commis le crime'.[10] Il importe de distinguer ces deux types de torture. Le juge a recours au premier pour obtenir l'aveu d'un prévenu, dont il n'est qu'à demi convaincu par des indices et des preuves encore insuffisants. A cet égard, Boucher souligne que l'usage de la torture judiciaire est soumis à des conditions strictes et qu'il faut de puissants indices pour administrer la question préparatoire. Ainsi, '[p]our ordonner la *question*, il faut [...] que la preuve soit considérable. Un seul indice ne suffit point, ni la déclaration d'un seul témoin, si elle n'est accompagnée d'autres indices' (*ENC*, QUESTION ou TORTURE, XIII, p.703a). C'est uniquement dans ces circonstances qu'elle peut être sollicitée – et pas forcément obtenue[11] – par le juge qui instruit l'affaire. Quant à la torture préalable, le juge peut s'en servir pour obtenir d'un condamné à mort les noms de ses complices. Dans les deux cas, des renseignements arrachés par la souffrance avaient valeur d'authentification.

La Question ne s'applique que selon les modalités reçues et autorisées par l'usage du lieu, différentes selon les Cours et les Juridictions des royaumes et des états. En plusieurs endroits on la donne avec de l'eau, ou avec le brodequin. A Paris, la question préparatoire 'se donne avec six pots d'eau & le petit tréteau'; tandis qu'on la donne avec des coins & des brodequins 'quand l'accusé est condamné à mort'. Ailleurs, 'comme dans les Pays-bas, on donne la question en chauffant les pieds. Dans le nord, on met l'accusé dans la boue' (*ENC*, QUESTION ou TORTURE, XIII, p.703b).

10. Ferrière, QUESTION définitive, t.II, p.225b.

11. Les études menées dans les archives judiciaires de la France moderne montrent que la justice reste réticente à l'égard de la question, dont l'usage se raréfie dès la seconde moitié du XVIIe siècle, pour devenir de plus en plus exceptionnel au XVIIIe siècle. Voir Louis-Bernard Mer, 'La procédure criminelle au XVIIIe siècle: l'enseignement des archives bretonnes', *Revue historique* (1985), p.9-42; Ian A. Cameron, *Crime and repression in the Auvergne and the Guyenne, 1720-1790* (Londres et New York, 1981), p.145-46.

Les manières de torturer étaient donc multiples et parfois sophistiquées. C'est certainement le cas de l'estrapade, l'un des supplices privilégiés par les inquisiteurs.[12] Avec une intention polémique à l'égard de cette juridiction spécialisée, instituée par l'église catholique romaine dans le XIIIe siècle pour lutter contre l'hérésie, Jaucourt reproduit, dans l'article TRIBUNAL DE L'INQUISITION, un passage tiré de la *Historia Inquisitionis* (1692, livre IV, ch.XXIX, p.323) du théologien remonstrant hollandais Philipp Van Limborch (1633-1712). Il s'agit d'une description précise de cette typologie particulièrement cruelle de torture, dans laquelle on élevait le patient par les mains, liées derrière le dos, pour le laisser redescendre par petites secousses, une fois, deux fois, etc., selon le cas:

> Un bourreau déshabille le patient, lui lie les pieds & les mains avec une corde, & le fait monter sur un petit siège pour pouvoir passer la corde à des boucles de fer qui sont attachées à la muraille. Après cela, on ôte le siège de dessous les pieds du patient, de sorte qu'il demeure suspendu par la corde, que le bourreau serre toujours plus violemment, jusqu'à ce que le criminel ait confessé, ou qu'un chirurgien qui est présent, avertisse les juges qu'il est en danger de mourir. Ces cordes causent, comme on le peut aisément penser, une douleur infinie, lorsqu'elles viennent à entrer dans la chair, & qu'elles font enfler les mains & les pieds, jusqu'à tirer du sang par les ongles. Comme le patient se trouve violemment serré contre la muraille, & qu'en serrant les cordes avec tant de force, on courrait risque de déchirer tous ses membres, on a soin auparavant de le ceindre avec quelques bandes par la poitrine, qu'on serre extrêmement. Dans le moment qu'il souffre le plus, on lui dit, pour l'épouvanter, que ce n'est que le commencement des souffrances, & qu'il doit tout avouer avant qu'on en vienne à l'extrémité. Outre les tourments dont on vient de parler, le bourreau lâche sur les jambes du patient une petite échelle où il est monté, & dont les échelons aigus causent une douleur

12. Depuis la bulle *Ad extirpanda* du Pape Innocence IV, promulguée en 1252 dans le but d'anéantir toute forme d'hérésie, les inquisiteurs de l'Eglise romaine s'étaient illustrés dans ce domaine. Le célèbre manuel des Inquisiteurs (*Directorium Inquisitorum*), rédigé en 1376 par l'*inquisitor intrepidus* Nicolas Eymeric et enrichi en 1578 par le juriste Francisco Peña, est le document de référence pour la conduite d'un procès selon la méthode inquisitoriale.

incroyable en tombant sur les os des jambes [...]. (*ENC*, TRIBUNAL DE L'INQUISITION, XVI, 631a).

Dans son compte rendu, Boucher d'Argis illustre également les phases principales du déroulement de la Question. Il rappelle qu'au tout début le juge demande à l'accusé de prêter serment avant son interrogatoire. L'accusé est ensuite interrogé et appliqué à la question, avant d'être appelé à signer son interrogatoire, à défaut de quoi mention est faite de son refus. La confession qu'aura prêtée l'accusé sous la torture n'est pas suffisante pour le condamner, si elle n'est pas ratifiée en dehors de la phase des tourments. Boucher fait aussi observer que, pour constituer une preuve, la vérité arrachée par la violence physique doit être répétée devant les juges à titre d'aveu 'spontané'. En outre, la torture requiert la présence de commissaires, chargés d'écrire 'le procès-verbal de l'état de la question, et des réponses, confessions, dénégations et variations, à chaque article de l'interrogatoire', afin d'en tirer de nouveaux indices tant à la charge qu'à la décharge de l'accusé. Boucher rappelle que les commissaires ont la faculté 'de faire modérer [...] une partie des rigueurs de la question', en cas de confession de l'accusé; mais si l'accusé varie, les commissaires peuvent 'le faire mettre dans les mêmes rigueurs' (*ENC*, QUESTION ou TORTURE, XIII, p.703b). Curieusement, Boucher tait le fait que l'application de la question est encadrée par la présence du corps médical qui veille à ce que la vie de l'accusé ne soit pas menacée.

Mais que prévoit la procédure si l'accusé, ayant souffert la question, refuse de passer aux aveux? Dans ce cas, il doit être renvoyé absout et dédommagé. A moins que les juges qui l'ont soumis à la torture n'aient arrêté que, nonobstant la question, les preuves subsistent en leur entier: ils peuvent alors condamner l'accusé à toutes sortes de peines pécuniaires et afflictives, exception faite de la mort, à laquelle l'accusé qui a souffert la question sans rien avouer ne peut en principe être condamné.

Le devoir être

Voilà *ce qu'est* la torture d'après le discours d'un spécialiste des affaires juridiques. Maintenant, voyons ce que *ne devrait pas être* la procédure d'après les considérations normatives de Jaucourt.

Sans contester la justesse des vues techniques de Boucher d'Argis, Jaucourt veut *prouver*, en philosophe, l'absurdité, l'archaïsme et l'inefficacité de cette institution judiciaire. Loin d'être la réflexion intime d'un esprit indigné, son article s'adresse à l'autorité politique pour l'inciter à engager des réformes. Fortement marqué par la lecture de l'article GREVIUS (Jean) du *Dictionnaire historique et critique* de Bayle,[13] le texte de Jaucourt est un véritable prolongement critique de l'article de Boucher d'Argis. Son discours sonne comme un appel au monarque et aux magistrats pour qu'ils se laissent éclairer par la justice des Lumières:

> On vient de lire des détails instructifs pour des juges criminels; mais puisqu'il n'est point défendu d'examiner les matières les plus délicates du droit, nous profiterons de ce privilège en suivant l'exemple de plusieurs savants & citoyens, qui de tout temps ont osé exposer les inconvénients qu'ils croyaient apercevoir dans la pratique de la question, ou pour mieux parler de la torture. La soumission des sujets demande bien qu'on obéisse aux magistrats, mais non pas qu'on les croie infaillibles, & qu'entre deux usages, ils n'aient pu embrasser le pire. C'est pour cela qu'il est permis de représenter avec respect les abus, afin d'éclairer le souverain, & de le porter par sa religion & par sa justice, à les réformer (*ENC*, QUESTION, *Procédure criminelle*, XIII, p.704a).

Affichant l'ambition d'exercer une réelle incidence sur les dynamiques politiques contemporaines – sur le modèle de l'influence exercée par la *Dissertatio de tortura* de Christian Thomasius sur Frédéric II, aboutissant à l'abolition de la question dès sa montée sur le trône de Prusse en 1740 – le chevalier ose souhaiter que la voix du philosophe parvienne jusqu'au trône. Ces prolégomènes sont suivis d'une solide argumentation en faveur de l'abolition de la torture. Le constat est sans appel. La torture est une pratique odieuse et contraire à l'humanité. D'une part, elle contrevient au droit naturel: 'la loi de la nature crie contre cette pratique, sans y mettre aucune exception vis-à-vis de qui que ce soit.' D'autre part, 'indépendamment de la voix de l'humanité, la *question* ne remplit point le but auquel elle est destinée'. Cette déclaration précède l'évocation d'un adage aussi

13. Pierre Bayle, *Dictionnaire historique et critique*, 4 vols (Rotterdam, Reinier Leers, 1697; Amsterdam, Brunel, Humbert, Wetstein & Smith, 1740), t.II, p.616.

célèbre qu'ironique de Jean de La Bruyère, que Jaucourt s'approprie tacitement (et pas tout à fait fidèlement[14]): la question 'est une invention sûre pour perdre un innocent, qui a la complexion faible & délicate, & sauver un coupable qui est né robuste'.[15] Le chevalier associe cette crypto-citation à un autre passage bien connu, tiré cette fois-ci des *Essais* de Montaigne. Le périgourdin s'insurge contre l'invention des 'géhennes' et met en garde les juges, la torture étant 'un essai de patience plus que de vérité; car pourquoi la douleur fera-t-elle plutôt confesser à un malheureux ce qui est, qu'elle ne le forcera de dire ce qui n'est pas? [...] en un mot, c'est un moyen plein d'incertitude & de danger: que ne dirait-on, que ne ferait-on pas pour fuir à si grèves douleurs?' (*ENC*, QUESTION, *Procédure criminelle*, XIII, p.704a).[16]

Réélaborant le matériel des moralistes français, Jaucourt construit son discours tout en finesse, en assemblant des phrases au style sentencieux, et donc susceptibles de marquer l'esprit du lecteur. La torture judiciaire ne prouve pas la culpabilité de celui qui y est soumis, mais uniquement son degré de résistance à l'épreuve. Sans réussir à éviter les erreurs judiciaires, elle s'avère un moyen aussi bien contraire à l'équité naturelle, parce qu'elle favorise les plus forts, qu'inapte à atteindre la vérité: les résultats tirés de la torture ne sont pas dignes de foi. Plus qu'autre chose, ce qui est mis en cause est l'incertitude engendrée par le procédé: l'incertitude, 'le plus cruel des bourreaux', comme le dira encore, en 1943, le juriste italien Piero Calamandrei.[17]

De même que l'avait fait Montaigne pour étayer sa réflexion,[18]

14. Dans la citation, Jaucourt omet l'adjectif 'merveilleuse' et ajoute 'délicate'.
15. Jean de La Bruyère, *Œuvres complètes*, éd. J. Benda (Paris, 1951), p.42: 'La question est une invention merveilleuse et tout à fait sûre pour perdre un innocent qui a la complexion faible, et sauver un coupable qui est né robuste'. Précepteur de 'Mr le Duc' lorsqu'il écrit *Les Caractères*, La Bruyère est un bel exemple d'homme de lettres à la fois proche du pouvoir et opposé à la torture.
16. Montaigne, *Essais*, II, V, 'De la conscience', p.368-69.
17. Piero Calamandrei, préface à Cesare Beccaria, *Dei delitti e delle pene* (Florence, 1945), p.132.
18. 'Je ne sçay d'où je tiens ce conte, mais il rapporte exactement la conscience de nostre justice. Une femme de village accusoit devant un général d'armée, grand justicier, un soldat pour avoir arraché à ses petits enfants ce peu de bouillie qui luy restoit à les substanter, cette armée ayant ravagé tous les villages à l'environ. De preuve, il n'y en avoit point. Le général apres avoir

Jaucourt 'rapporte un exemple très déplorable' qu'il emprunte à Charondas.[19] Il s'agit d'une affaire qui a eu lieu en 1554, dans laquelle le Parlement de Paris a dû se prononcer à l'égard de la culpabilité d'un mari accusé du meurtre de sa femme:[20]

> Un mari accusé d'avoir assassiné sa femme, nie le fait; les présomptions étaient toutes contre lui, & même le soir de sa retraite, il avait violemment maltraité cette femme, & s'était ensuite sauvé du logis. Sur ces demi-preuves, on l'applique à la *question*; il confesse le meurtre; on le condamne à la mort. Appel du jugement. Dans le temps qu'on fait le rapport du procès, tout entier à sa charge, la femme qui s'était cachée dans la maison d'un prêtre, son corrupteur, se représente. On comprend bien que l'arrêt qui intervint, déchargea de l'accusation le prétendu coupable: mais la torture qu'il avait soufferte, le juge, ou si l'on veut, la loi, pouvait-elle réparer les maux qu'il avait endurés? (*ENC*, QUESTION, *Procédure criminelle*, XIII, p.704ab).

En raison des circonstances particulièrement troublantes de ce scandale judiciaire, et parce qu'il fait ressortir les difficultés provoquées par l'usage de la Question, les anciens criminalistes l'évoquent souvent dans leurs traités.[21] Reprenant à son compte cette affaire, Jaucourt assène une terrible vérité: la Question est un procédé inique, parce qu'elle permet aux plus forts, physiquement et psychologiquement, de résister à la souffrance et ainsi de ne pas avouer, malgré leur culpabilité éventuelle,

---

sommé la femme de regarder bien à ce qu'elle disoit, d'autant qu'elle seroit coupable de son accusation si elle mentoit, et elle persistant, il fit ouvrir le ventre au soldat, pour s'esclaircir de la verité du faict. Et la femme se trouva avoir raison. Condemnation instructive' (Montaigne, *Essais*, p.369). De cette anecdote on appréciera le jeu de mot de la formule lapidaire de conclusion: la 'condemnation instructive' dont parle Montaigne se réfère tant à une condamnation qui nous apprend à vivre, qu'au fait que la condamnation avait tenu lieu d'instruction, au sens judicaire.

19. Louis Le Caron dit Charondas, *Œuvres: responses ou décisions du droict français confirmées par arrêts des cours souveraines de France* (Paris, Richer, 1637), t.II, livre 9, Response1, p.413.

20. Au sujet de cette affaire, et sur d'autres semblables, voir Laurence Montazel, 'Les parlements de France et la torture judiciaire du XVe au XVIIIe siècle', dans *La Torture judiciaire: approches historiques et juridiques*, éd. B. Durand *et al.*, t.2, p.621-28.

21. C'est le cas, par exemple, de Ferrière, QUESTION ou TORTURE, t.II, p.425.

tandis que les plus faibles seraient incapables de défendre leur possible innocence. Avec finesse, l'histoire relatée donne du relief aux conséquences psychologiques de la torture, particulièrement importantes chez des innocents forcés d'avouer un crime qu'ils n'ont pas commis.

Jaucourt complète son discours par d'autres remarques. D'abord il suggère la lecture de trois auteurs qui 'se déclare[nt] hautement contre la torture': le docteur de l'église Saint Jérôme, le théologien et moraliste Joan Lluís Vives, auteur, en 1522, d'une édition commentée du *De civitate Dei* de Saint Augustin où figure une critique de la torture (livre XIX, ch.6), et le juriste Jean Papon.[22] Quelques lignes plus bas, Jaucourt donne la parole à Quintilien (*Institutio oratoria*, livre V, ch.4), au juriste romain Ulpien et au pasteur arménien Johannes Grevius, auteur, en 1624, d'un ouvrage sur la torture[23] qui, selon Jaucourt, aurait 'produit des effets salutaires en Hollande' (*ENC*, Question, *Procédure criminelle*, XIII, p.704b). En précisant soigneusement ses sources, Jaucourt souhaite moins faire preuve d'érudition que contrebalancer les indications bibliographiques dispensées par Boucher au terme de son article. Aux criminalistes partisans de la nécessité de la torture mentionnés par son confrère encyclopédiste, Jaucourt oppose autant de célèbres détracteurs de la Question, parmi lesquels on trouve des sages de l'Antiquité, d'éminents docteurs de l'Eglise ainsi que de 'beaux génies' modernes. Ainsi, comme l'on peut voir dans le tableau 5 (p.160), l'*Encyclopédie* reproduit le conflit doxographique entre le camp des juristes, majoritairement convaincus du bien-fondé de la question, de sa nécessité pour protéger le droit et l'ordre, et donc pour préserver l'Etat; et le camp des hommes de lettres (philosophes, moralistes, théologiens), persuadés, au contraire, que cette pratique est injuste et inutile.

22. *Recueil d'arrestz notables des courts souveraines de France, ordonnez par titres, en vingt-quatre livres* [1556], livre XXIV, titre 8, n.1.

23. L'ouvrage est intitulé *Tribunal reformatum, in quo sanioris et tutioris justitia via judici christiano in processu criminali demonstratur, rejecta et fugata tortura, cujus iniquitatem, multiplicem fallaciam, atque illicitum inter christianos usum, aperuit* (s.l., s.n., 1624), in 4°.

Tableau 5: Partisans et détracteurs de la torture judiciaire cités dans l'*Encyclopédie*

Criminalistes favorables au maintien de la torture cités par Boucher d'Argis	**Détracteurs de la torture cités par Jaucourt**
Odofredus, Ambertus de Astramonia, Antonius de Canavio, Baldus de Periglis, Bartolus de Saxoferrato, Jacobus de Arena, Paulus Grillandus Cursius, Fontanon, Imbert, Bouchel.	Quintilian, Ulpian, Saint Augustin, Saint Jerôme, Joan Lluís Vives, Jean Papon, Michel de Montaigne, Johannes Grevius, Jean de La Bruyère et Montesquieu (pour ces derniers il s'agit d'emprunts tacites).

Le chevalier de Jaucourt ne se borne pas à compiler les opinions des plus illustres adversaires de la Question, en faisant feu de tout bois: dans la suite de son discours abolitionniste il annonce l'introduction de 'nouvelles raisons contre la torture, qu'on n'a point encore proposées'. La première de ces 'nouvelles raisons' prend pour cible la prétendue vocation de la torture d'élever un 'crime incertain' au rang de 'crime certain'. A vrai dire, il s'agit moins d'un argument inédit que de la reformulation d'un argument énoncé auparavant. Le raisonnement de Jaucourt prend la forme d'une inférence:

a) On ne peut ôter la vie à un homme sur une preuve douteuse.
b) Mais la preuve qu'on arrache par la force des tourments sera toujours douteuse.
c) Donc, la confession extorquée ne peut servir de fondement à une condamnation à la mort.

La deuxième raison, léguée en une seule phrase dense et elliptique, divisée en deux moments, est elle-aussi destinée à faire ressortir la nature intrinsèquement contradictoire de la torture: '[1] Si l'on croit ne devoir pas prononcer de jugement sur la confession volontaire d'une personne, dit Jaucourt, [2] on ne peut pas mieux ordonner le dernier supplice sur la confession que l'on arrache à force de supplices.' Cet argument appelle deux remarques. Bien que l'énoncé, dans sa formulation, apparaisse quelque peu enchevêtré, l'argument est irréprochable sous le profil logique, s'agissant d'un raisonnement *a fortiori*. En revanche, en ce qui concerne le contenu, l'argument du chevalier semble vicié par un raccourci qui ne restitue que partiellement la procédure criminelle en vigueur à l'époque. D'une part, le juge se sert de la torture précisément pour obtenir la confession, qualifiée de *probatio probissima* par la doctrine depuis la fin de l'époque médiévale, alors que Jaucourt dans [1] semble suggérer le contraire. D'autre part, le juge n'est autorisé à administrer la question que s'il dispose préalablement de 'puissants indices' sur la culpabilité de l'accusé, ce que Jaucourt omet de dire. Sans vouloir minorer la nature 'originale' de ce deuxième argument, il ne semble pas pour autant entièrement convaincant.

La troisième raison avancée consiste à rapprocher la torture du 'combat judiciaire', qui faisait se battre le plaignant contre l'accusé sous le regard de Dieu ou d'une puissance surnaturelle.[24] La logique qui est à l'œuvre dans la torture serait alors comparable à une forme modernisée de l''ordalie' médiévale:

> comme nous prétendons que la religion, la justice & les mœurs s'opposaient au combat judiciaire, nous devrions trouver également que les tortures y sont contraires; autrement nous sommes inconséquents dans nos principes; car il n'est pas moins possible qu'un accusé criminel résiste à la violence de la question, qu'il l'était que ce même homme vainquit & subjuguât son accusateur; cependant, malgré cet inconvénient commun aux duels & aux tortures, on a gardé l'usage des tortures dans ces mêmes pays, où l'on a sévèrement réprimé les duels, du moins par les lois (*ENC*, Question, *Procédure criminelle*, XIII, p.704b).

En réalité, l'argument de Jaucourt est plus polémique que fondé. En effet, l'ordalie et la torture relèvent de deux logiques différentes. Tandis que la première est une épreuve validant une déclaration, la torture est une méthode pour produire la vérité. Jaucourt survole sur ce décalage et met en avant l'archaïsme de la procédure: au lieu d'être un critère de la vérité fiable, la question judiciaire relève d'un anachronisme juridique. Faute de ne pas s'être dépouillée de tous les éléments redevables de la magie, elle reste un produit de la superstition. C'est la raison pour laquelle, la torture ne peut convenir à un régime pénal que l'on voudrait soustraire, autant que possible, aux influences

24. Sur la corrélation entre la disparition des ordalies et la réintroduction du recours à la question, voir Piero Fiorelli, *La Tortura giudiziaria nel diritto comune*, 2 vols (Milan, 1953), vol.1, p.235.

religieuses. Pratique barbare, elle n'est pas digne des Lumières. L'argument revient sous la plume de Cesare Beccaria. On ne saurait donc exclure que l'auteur du traité *Des délits et des peines* ait pu se souvenir de l'article de Jaucourt au moment d'écrire son célèbre chapitre XVI (*De la tortura*):

> Cet infâme creuset de la vérité est un monument qui subsiste encore de l'ancienne et sauvage législation, quand on appelait *jugements de Dieu* les épreuves du feu et de l'eau bouillante et le sort incertain des armes; comme si à tout moment les anneaux de la chaîne éternelle enfouie au sein de la Cause première devaient être dérangés et dénoués par de frivoles institutions humaines.[25]

Mais il n'y a pas que des analogies entre les textes de Jaucourt et de Beccaria.[26] En effet, l'argumentation de ce dernier apparaît plus étendue, et mobilise un argument important que Jaucourt n'utilise pas: celui de la présomption d'innocence. Pour Beccaria la torture est avant tout le symbole d'un système juridique qui bafoue les garanties juridiques fondamentales des individus: torturer un homme avant même d'être certain qu'il est coupable est une inacceptable violation du principe selon lequel toute personne qui se voit reprocher une infraction est réputée innocente tant que sa culpabilité n'a pas été légalement et définitivement établie. Ainsi, en ordonnant la torture, un juge s'expose continuellement à tourmenter un innocent. Au lieu de faire triompher la force du droit, il exerce injustement et cruellement le droit de la force. Or, bien que Jaucourt n'avance pas cet argument, il aboutit pourtant aux mêmes conclusions: la torture est à bannir, parce qu'elle ne permet pas d'obtenir la preuve fondamentale qui autorise, seule, à condamner l'accusé. Mettre ce dernier à la merci de tortionnaires légalisés c'est, pour Jaucourt comme pour Beccaria, le placer entre les mains de l'injustice.

Le constat ne vaut pas moins pour la question préalable ou définitive, celle qui devrait permettre d'obtenir le nom des complices, et par conséquent leur mise en accusation. Quelle

25. *DP*, p.195.
26. Philippe Audegean suggère un rapprochement similaire entre l'article QUESTION de Jaucourt et le chapitre de Beccaria sur le fisc (*DP*, p.347-48).

valeur de vérité peut-on accorder à des dénonciations obtenues dans de telles conditions? Aucune selon Jaucourt. Mais sa critique est plus profonde: au lieu 'd'être utile pour découvrir les vrais complices d'un crime, [la question] pourrait quelquefois nuire à ce projet'. Afin de dénoncer les effets pervers de la torture préalable, une autre affaire criminelle du XVIIe siècle, devenu un *topos* de l'âge des Lumières,[27] peut être mentionnée. Un certain Felton, étant accusé d'avoir assassiné le duc de Buckingham, Laud, évêque de Londres, lui déclara que s'il ne nommait pas ses complices, il devait se préparer à la torture. Le chevalier de Jaucourt cite cette affaire anglaise dans son article QUESTION. Il y rapporte polémiquement la réponse de l'inculpé Felton: '"Mylord, je ne sais ce que les tourments de la Question me feront dire, mais il se pourra que je vous nommerai comme le premier de mes complices, ou quelqu'autre membre du conseil du roi; ainsi vous ferez bien de m'épargner des tourments inutiles"' (*ENC*, XIII, p.704b). Après délibération, les juges déclarèrent que la torture n'étant pas admise par les lois anglaises, l'accusé n'y serait pas soumis. En effet, en Angleterre, 'le pays le plus libre du monde' selon l'anglophile Montesquieu, la question est en principe proscrite. Jaucourt en conclue que cette pratique n'est 'pas nécessaire par sa nature' (*ENC*, XIII, p.704b).[28] Autrement dit, son éventuelle suppression n'affecterait guère le fonctionnement de la justice française, ni elle ne porterait atteinte à la sûreté des citoyens et à l'ordre public.

Si on la retrouve chez Beccaria, une telle critique de la torture préalable ne fait pas l'unanimité chez les philosophes. Cet aspect sera traité dans le prochain chapitre.

27. En parlent le *Grand dictionnaire historique* de Louis Moréri (éd. Basle, Brandmuller, 1731), art. FELTON (Jean), t.IV, p.39a; les *Commentaries on the laws of England* de William Blackstone (1769), vol.IV, p.321. L'affaire est également citée dans le chapitre 'Torture' de l'*Essai sur l'histoire générale des tribunaux des peuples tant anciens que modernes ou Dictionnaire historique et judiciaire* de M. Des Essarts (Paris, l'auteur, 1778-1780), t.VI, p.346. Jean-Louis Delolme la reprend dans son livre *Constitution d'Angleterre, ou Etat du gouvernement anglais, comparé avec la forme républicaine & avec les autres monarchies de l'Europe*, ch.12, (Londres, G. Robinson, J. Murray, p.162, note 2, 1785).

28. Jaucourt est tributaire de Montesquieu: 'Nous voyons aujourd'hui, une nation très bien policée la rejeter sans inconvénient. Elle n'est donc pas nécessaire par sa nature' (*EL*, VI, 17).

Pour conclure sur ce point, retenons que Jaucourt ne se cantonne pas à contester la torture judiciaire sous l'angle moral. Non qu'il ne ressente pas une profonde répugnance pour cette procédure, mais l'intérêt de son approche consiste à pointer aussi son inconsistance juridique. Se distinguant de Montesquieu qui, dans *L'Esprit des lois*, ne consacre à la Question que quelques phrases;[29] et sans crier, à la différence de Voltaire, aux juges 'bourreaux',[30] Jaucourt a suggéré à ses contemporains que la torture était un instrument judiciaire obsolète, expression même du système du vieux monde. Le législateur français prendra la décision, en 1780, d'en finir avec la question préparatoire et, en 1788, à la veille de la Grande Révolution, d'abolir la question préalable. Au moment où Jaucourt, par l'intermédiaire de l'*Encyclopédie*, adresse à Louis XV ses observations contre la torture, le temps de son abolition en France n'était pas encore venu: du moins était-il préparé.

29. Il revient plus longuement sur la torture dans les *Pensées*. Voir Luigi Delia, 'Torture ou question', *Dictionnaire Montesquieu* [En ligne], éd. C. Volpilhac-Auger, septembre 2013: http://dictionnaire-montesquieu.ens-lyon.fr/index.php?id = 570.
30. Voltaire, *Commentaire sur le livre des délits et des peines*, ch.X ('De la peine de mort'), *OCV*, t.61a, p.117-18: 'On a vu des juges qui aiment à faire couler le sang [...]; tel était en France un homme à qui l'on donna le surnom de Coupe-tête. De tels hommes n'étaient pas nés pour la magistrature; la nature les fit pour être bourreaux.' Sur le tableau, souvent inexact, que Voltaire présente de la justice pénale de son temps, voir Benoît Garnot, *C'est la faute à Voltaire... Une imposture intellectuelle?* (Paris, 2009).

II

Après l'*Encyclopédie*: le moment Beccaria

9. Diderot et le dilemme de la torture

> Il y a des gens qui ne se replient pas avec horreur face à l'idée d'un pouvoir autorisant la torture.[1]

D'Alembert, Jaucourt, Toussaint, Boucher d'Argis, Faiguet, mais aussi Mallet et Lenglet Du Fresnoy[2] s'expriment différemment à l'égard de la torture judiciaire. Et Diderot, le codirecteur de l'*Encyclopédie*, quelle position tient-il? Discret dans le 'dictionnaire raisonné', il aurait écrit en faveur de la question préalable dans des notes rédigées en marge de la traduction/adaptation française de l'abbé André Morellet du *Traité des délits et des peines* de Beccaria, entre la fin de 1765 et le début de 1766. Des doutes ayant été avancés sur la paternité de ces notes, publiées de manière posthume en 1797 par Roederer dans son édition de l'œuvre de Beccaria, mieux vaut employer le conditionnel. L'historien Franco Venturi, qui a travaillé sur les papiers Beccaria de Milan, n'exclut pas que ces notes soient de la plume de Marmontel.[3] Venturi trouve étrange que Diderot ait pu 'défendre

Ce chapitre est une version amendée de mon article '"La torture vous paraîtra un acte d'humanité": Diderot vs Beccaria', dans *La Torture, de quels droits?*, éd. Campagna *et al.* Le chapitre reprend et développe des passages publiés dans mon article 'La légitimation nuancée de la torture: hier et aujourd'hui', dans *L'Homme est né libre... Raison, politique et droit: mélanges en l'honneur de Paule-Monique Vernes*, éd. J. Boulad-Ayoub, (Québec, 2014), p.327-38.

1. Gustavo Zagrebelsky, 'La guerra al terrorismo e l'immoralità della tortura', *La Repubblica*, septembre 2006.
2. Ces auteurs relèvent les dérives de la torture dans l'article CHEVALET (*Histoire ancienne*):'c'était dans les anciens temps une sorte de supplice ou d'instrument de torture, pour tirer la vérité des coupables. Mais l'usage de ces sortes de supplices a été reprouvé par d'habiles jurisconsultes; & de nos jours, le roi de Prusse en a par ses lois aboli l'usage dans ses états. Il est souvent arrivé qu'un criminel qui avait de la force & de la résolution, soutenait les tortures sans rien avouer; & souvent aussi l'innocent s'avouait coupable, ou dans la crainte des supplices, ou parce qu'il ne se sentait pas assez de force pour les soutenir' (*ENC*, III, p.309b).
3. Voir Venturi 1965, p.401. Georges Dulac affirme, au contraire, que ces notes sont 'très probablement de Marmontel': *Œuvres complètes* de Diderot, éd. Jane

la torture', alors qu'en tant qu'éditeur de l'*Encyclopédie* il a publié un article nettement critique, signé par Jaucourt. Cet argument n'est pourtant pas concluant, car on ne saurait prêter à Diderot et à D'Alembert des réflexions qui n'appartiennent qu'à leurs collaborateurs.[4]

Qu'elles soient de Diderot ou pas, ces annotations retiennent l'attention du chercheur par le contenu de l'argumentation. La torture s'y trouve d'abord refusée dans le cadre de la procédure criminelle et dans sa forme ‘préparatoire’, car on ne peut pas risquer de supplicier un innocent pour en obtenir l'aveu. En revanche, le recours à la torture est cautionné après la sentence définitive de condamnation:

> La connaissance des complices est une des vérités qu'on cherche et il est certain qu'on la découvre tous les jours par ce moyen cruel. Tout le monde déteste la Question avant la conviction du crime; mais dans un criminel, un tourment de plus est nécessaire pour lui arracher, outre l'aveu de ses complices et le moyen de les saisir, l'indication des preuves nécessaires pour les convaincre. La peine du crime est justifiée par la nécessité d'en prévenir des semblables; si donc le crime est de nature à supposer des complices, comme les vols, les assassinats commis par attroupements, et que ni les témoins ni les preuves ne suffisent pour démêler le fil de la complicité, la Question sera juste comme une autre peine, et pour la même raison.[5]

Marsh Dieckmann, Georges Dulac, Jean Varloot (Paris, 1995), t.20, p.421-25 (‘Diderot et Beccaria en 1765-1766’).

4. Le 8 février 1758, D'Alembert s'attarde avec Voltaire sur les difficultés éditoriales que les encyclopédistes ont dû surmonter: ‘Je suis plus fâché que vous des déclamations et des trivialités insérées dans l'*Encyclopédie*, mais croyez que je n'en ai pas été le maître; comme je n'ai proprement juridiction que sur la partie mathématique, la voie de représentation est la seule dont je puisse user sur le reste; d'ailleurs, M. Diderot a été souvent dans l'impossibilité de faire autrement. Tel auteur qui nous est utile par un grand nombre de bons articles, exige souvent, pour prix de ce qu'il nous donne de bon, qu'on admette aussi ce qu'il fournit de mauvais; nous nous serions trouvés tout seuls, si nous avions voulu tyranniser nos collègues. C'est un petit ou un grand mal, si vous voulez, que l'on a été forcé d'endurer pour un plus grand bien' (*Correspondence and related documents*, *OCV*, t.102 (1971), lettre D7624, p.415-16.

5. Diderot, *Œuvres complètes*, t.20, p.423. Diderot n'est pas le seul à ne pas mettre sur le même pied la question préparatoire et la question préalable. Frédéric II, roi de Prusse, qui écrit contre la torture et l'abolit dans ses Etats, tient cette

D'après cet exégète de Beccaria, l'emploi de la torture sur des condamnés à mort peut se rendre nécessaire pour sauver des vies humaines: 'Pensez que quelques minutes de tourments dans un scélérat peuvent sauver la vie à cent innocents que vont égorger ses complices, et la Question vous paraîtra un acte d'humanité.' Un abîme sépare cette dernière affirmation, selon laquelle dans certains cas la torture serait 'un acte d'humanité', du discours abolitionniste développé par Jaucourt dans l'article QUESTION, où il est dit que 'la loi de la nature crie contre cette pratique, sans y mettre aucune exception vis-à-vis de qui que ce soit' (*ENC*, QUESTION, en *Procédure criminelle*, XIII, p.704a).

En critiquant le *Traité des délits et des peines*, l'auteur des notes endosse les raisons des juristes d'Ancien Régime, majoritairement convaincus de la nécessité de l'usage de la question définitive pour défendre la société.[6] Admettant que la question peut parfois être nécessaire, il réhabilite de fait la torture comme pratique juste et utile. Loin d'être désuète, cette idée demeure d'actualité, partagée comme elle l'est par les nouveaux théoriciens de la légitimation pragmatiste de la torture d'Etat, Alain Dershowitz en tête.[7] En effet, l'objection qui nous occupe formalise un argument qui deviendra paradigmatique dans le débat contemporain sur la torture aux Etats-Unis depuis les attentats de 2001, celui du dilemme contemporain de la 'bombe à retardement' (*the ticking*

même position dans une lettre à Voltaire du 11 octobre 1777: 'Pour la question, nous l'avons entièrement abolie [...], mais dans les Etats républicains, il y aurait peut-être quelques exceptions à faire pour les cas qui sont des crimes de haute trahison [...]. Dans ce cas, je crois que le bien public voudrait qu'on donnât la question au délinquant' (*Voltaire's correspondence*, éd. Th. Besterman, t.98 (Genève, 1964), lettre 19685, p.122-123.). Voltaire lui-même cautionne le maintien de la question préalable pour certains cas graves.

6. C'est notamment le cas de l'avocat Guy du Rousseaud de La Combe, qui applaudit aux résultats de la torture définitive (*Traité des matières criminelles* (Paris, s.n., 1741), p.425-26), et du criminaliste Daniel Jousse: 'On ne peut douter qu'elle [la torture] soit très utile et qu'on en tire un grand bien pour la société civile. D'ailleurs, toutes les raisons rapportées contre l'usage de la question préparatoire cessent ici d'avoir lieu puisque l'accusé étant condamné à mort n'a aucun motif de cacher la vérité [...]' (*Traité de la justice criminelle de France* (Paris, Debure, 1771), t.II, p.476).

7. *Why terrorism works: understanding the threat, responding to the challenge* (New Haven, CT, 2002).

time bomb scenario).[8] Un grand criminel a posé une bombe quelque part dans une ville, peut-être dans une école. Elle peut exploser à tout instant. Il a été arrêté et refuse de parler. Qu'est-il juste de faire? Risquer la mort de cent innocents ou torturer le détenu jusqu'aux aveux? A-t-on le droit d'employer la torture dans le but d'épargner des vies humaines? D'après cet argument, qui suppose une situation d'exception et d'urgence, la torture s'imposerait comme une nécessité dictée par un intérêt social puissant.

Nous reviendrons à deux reprises sur l'objection adressée à Beccaria: dans un premier moment, il s'agira de montrer la plausibilité de son attribution à Diderot; ensuite, que même si cette objection ne met pas en crise le discours abolitionniste de Beccaria, elle cible néanmoins un aspect vulnérable de son discours, celui qui concerne la torture préalable.

'Pensez que quelques minutes de tourments dans un scélérat peuvent sauver la vie à cent innocents que vont égorger ses complices, et la Question vous paraîtra un acte d'humanité.' Le caractère utilitaire de l'argument, est patent. Il s'agit de dire que torturer peut amener à sauver des vies, donc à un 'bien'. Poussant son raisonnement jusqu'au bout, l'auteur déclare que cette torture serait même un véritable 'acte d'humanité'. Or, l'assimilation paradoxale de la torture à un 'acte d'humanité' frappe et déroute. Comment tenir ensemble deux concepts aussi opposés que l'humanité et la torture?

Le sens que Diderot assigne à la notion d'humanité n'est pas inconciliable avec le concept de torture. Aujourd'hui comme au XVIIIe siècle, le terme d'humanité peut désigner tant l'idée collective de l'ensemble des hommes qu'un sentiment de bienveillance, de pitié, de bonté d'âme (*ENC*, HUMANITÉ, VIII, p.348a). Le mot 'humanité' peut encore désigner cet universel dans le particulier qu'est la dignité humaine, associée à l'idée des droits naturels de l'individu. Diderot n'emploie ce terme que dans les acceptions de genre humain et de générosité, sans accorder à l'humanité le sens de dignité de la personne humaine. D'une part, l'assimilation du mot 'humanité' à la famille humaine revient dans l'article HUMAINE ESPÈCE, tout comme dans un passage célèbre de

8. Michel Terestchenko, *Du bon usage de la torture, ou comment les démocraties justifient l'injustifiable* (Paris, 2008), p.73-85.

la lettre à Sophie Volland du 26 septembre 1762, dans lequel Diderot compare l'*Encyclopédie* à un ouvrage susceptible de 'servi[r] l'humanité'.[9] D'autre part, Diderot loue la générosité de l'auteur des *Délits et des peines*: 'J'admire le fonds inépuisable d'humanité qui l'a dicté.'[10]

Tout comme Diderot, l'auteur des notes sur la torture adopte la notion d'humanité dans cette double acception. Ces remarques sur le lexique permettent un premier rapprochement entre l'exégète de Beccaria et Diderot. Ce dernier considère que, dans le domaine de la morale, 'dont les lois sont la base' et qui 'a pour objet l'ordre public', ce sont le calcul et la raison qui doivent l'emporter sur la sensibilité et sur la pitié. L'objection à Beccaria sur la torture met de côté le sentiment d'humanité et fait valoir le primat du calcul: la torture n'est pas toujours le moindre mal entre deux maux possibles. Elle pourrait produire un bien pour le plus grand nombre, donc un bien *tout court*, une action que la morale exige et approuve, un 'acte d'humanité'. Un calcul mesurant les coûts et les bénéfices prouverait qu'il ne serait pas raisonnable, par quelque compassion généreuse, de sacrifier l'intérêt général au malheur de quelqu'un. L'intérêt supérieur de protection de cent innocents l'emporte sur le respect des droits individuels d'un 'scélérat'. Cette démarche ne laisse pas le choix à l'enquêteur: l'action et la décision à prendre étant dictées par le calcul objectif des utilités. Le calcul, plus que la sensibilité, doit l'emporter en matière politique.

Au demeurant, pour Diderot, ce n'est pas le libre arbitre, mais la faculté de raisonner-calculer qui fait la spécificité de l'homme par rapport à l'animal. N'a-t-il pas écrit dans son article DROIT NATUREL: 'Il faut raisonner en tout, parce que l'homme n'est pas seulement un animal, mais un animal qui raisonne' (*ENC*, DROIT NATUREL, en *Morale*, V, p.116a)? Et plus tard, dans ses *Observations sur le Nakaz* de Catherine II, écrites en 1774: 'Je ne prétends point à ôter au *Traité des délits et des peines* le caractère d'humanité qui lui a mérité un si grand succès [...]. Cependant je ne puis m'empêcher de calculer'. La thèse du primat de la raison sur le sentiment de générosité est accréditée par deux exemples tirés du droit de

9. Diderot, *Correspondance*, éd. Laurent Versini (Paris, 1997), p.448.

10. Diderot, *Œuvres complètes*, éd. Assezat-Tourneux (Paris, 1875-1877), t.4, p.61.

punir. A propos de la peine de mort, Diderot avance qu'elle fait beaucoup moins de victimes en France que les accidents (la tuile) et les maladies les plus courantes (le rhume). Quant aux supplices, il faut les choisir au moyen du critère de l'exemplarité: 'on ne saurait rendre l'appareil des supplices trop effrayant. Un cadavre que l'on déchire fait plus d'impression que l'homme vivant à qui on coupe la tête.'[11]

A propos de la conception pénale de Diderot, on a soutenu que son humanisme cède la place au réalisme et que l'utilité sociale prime sur le sentiment d'humanité.[12] En effet, le 'réalisme' de Diderot se déduit des principes essentiels de sa pensée politique et de son anthropologie, principes qui se trouvent en partie exposés dans l'article DROIT NATUREL. Diderot y théorise notamment que l'homme obéit à un déterminisme universel que traduisent les 'déterminations instantanées' et extérieures de sa conduite. Pétri de besoins et de passions, l'homme demeure 'un animal qui raisonne'. Ce raisonnement diffère de l'hobbesien calcul téléologique d'intérêts. On ne conduit bien sa raison, pour Diderot, que lorsqu'on écoute la volonté générale du genre humain. Cette volonté est inhérente à l'espèce humaine et, à la différence de Rousseau, antérieure à toute convention; elle est, en chaque individu, 'un acte pur de l'entendement qui raisonne dans le silence des passions sur ce que l'homme peut exiger de son semblable'. Cette volonté générale est toujours bonne et 'n'erre jamais'. Elle fonde en cela le droit naturel, qui rend possible la justice et l'humanité. Or, 'celui qui raisonne' possède, selon Diderot, 'le droit naturel le plus sacré à tout ce qui ne [lui] est point contesté par l'espèce entière'. En revanche, l'homme qui ne raisonne pas, celui qui n'écoute que sa volonté particulière, lui, est un 'méchant', c'est-à-dire un être 'dénaturé', un ennemi du genre humain, qu'il faut traiter comme tel (*ENC*, DROIT NATUREL, en *Morale*, V, p.115-16). Dans son naturalisme, Diderot affirme la nécessité de considérer l'humanité en sa dimension universelle pour juger des affaires de morale, de droit et de politique. Ne

11. Diderot, *Observations sur le Nakaz*, in *Œuvres politiques*, éd. P. Vernière (Paris, 1963), p.329-30.
12. Florent Guenard, 'La liberté et l'ordre public: Diderot et la bonté des lois', *Revue de métaphysique et de morale* 1 (janvier 2005), p.109-25.

retrouve-t-on pas une position analogue dans le passage qui nous occupe et qui justifie la question préalable?

L'‘humanité’ que l'annotateur de Beccaria veut défendre néglige l'intérêt particulier de l'individu coupable qui va être brutalisé dans une chambre de torture, au bénéfice des ‘cent innocents’ qu'il faut à tout prix chercher à sauver. L'auteur ne parie pas sur l'humanité de l'humain, mais sur l'‘intérêt général et commun’ du genre humain. Autrement dit, c'est parce que Diderot met en avant l'avantage de l'espèce sur les droits naturels de l'individu, que la torture préalable pourrait se transformer, selon cette morale utilitaire, en outil nécessaire, et donc juste. Rien ne semble alors empêcher, sur le plan conceptuel, de faire de la justification de la torture préalable un corollaire pratique de la singulière doctrine jusnaturaliste de Diderot.

Ajoutons que l'imbrication de ce double niveau de discours, ce qui relève de l'intérêt général et ce qui relève de l'humanité, est assez fréquent chez Diderot. Une addition éditoriale à l'article ANATOMIE du médecin Pierre Tarin, en offre un cas frappant:

> Qu'est-ce que l'humanité? Sinon une disposition habituelle de cœur à employer nos facultés à l'avantage du genre humain. Cela supposé, qu'a d'inhumain la dissection d'un méchant? [...] De quelque manière qu'on considère la mort d'un méchant, elle serait bien autant utile à la société au milieu d'un amphithéâtre que sur un échafaud; et ce supplice serait tout au moins aussi redoutable qu'un autre. Mais il y aurait un moyen de ménager le spectateur, l'Anatomiste et le patient: le spectateur et l'Anatomiste, en n'essayant sur le patient que des opérations utiles, et dont les suites ne seraient pas évidemment funestes: le patient, en ne le confiant qu'aux hommes les plus éclairés, et en lui accordant la vie s'il réchappait de l'opération particulière qu'on aurait tentée sur lui. L'Anatomie, la Médecine et la Chirurgie ne trouveraient-elles pas aussi leur avantage dans cette condition? Et n'y aurait-il pas des occasions où l'on aurait plus de lumières à attendre des suites d'une opération, que de l'opération même? Quant aux criminels, il n'y en a guère qui ne préférassent une opération douloureuse à une mort certaine; et qui plutôt que d'être exécutés ne se soumissent, soit à l'injection de liqueurs dans le sang, soit à la transfusion de ce fluide, et ne se laissassent ou amputer la cuisse dans l'articulation, ou extirper la rate, ou enlever quelque portion du cerveau, ou lier les artères mammaires et épigastriques, ou scier une portion de deux ou trois côtes, ou

> couper un intestin dont on insinuait la partie supérieure dans l'inférieure, ou ouvrir l'œsophage, ou lier les vaisseaux spermatiques sans y comprendre le nerf, ou essayer quelqu'autre opération sur quelque viscère. Les avantages de ces essais suffiront pour ceux qui savent se contenter de raisons' (*ENC*, ANATOMIE [*Anatomie simple et comparée*], I, p.400-10).

De nouveau, c'est au nom de l'humanité, définie ici comme une 'disposition habituelle du cœur à employer nos facultés à l'avantage du genre humain', que Diderot salue l'hypothèse de pratiquer des expériences chirurgicales sur des condamnés à mort. L'idée est que, de quelque manière qu'on considère la mort d'un méchant, elle serait bien autant utile au milieu d'un amphithéâtre que sur un échafaud; ce supplice serait tout au moins aussi redoutable qu'un autre. Aussi exécrable cette proposition soit-elle à nos yeux, elle est révélatrice du contexte dans lequel la notion d'humanité s'articule, chez Diderot, à la justice pénale. L'anatomie médicale exercée sur le corps vivant étant utile à la science, et le sort du condamné étant de mourir dans les tourments, il s'en suit, pour Diderot, qu'il serait non seulement 'utile' mais aussi 'humain' que le supplice des condamnés à mort se fasse par vivisection. Loin de procéder d'une philosophie des droits de l'homme soucieuse de ne pas porter atteinte à la dignité de la personne humaine, cette réflexion obéit à une logique des conséquences intéressée à tirer un profit général de l'exécution pénale. La mesure de l'humanité dont il est question dans l'article ANATOMIE de l'*Encyclopédie* est donnée par les bénéfices que tant la médecine anatomique que le condamné/patient lui-même tirerait de la vivisection. La médecine pourrait faire des découvertes utiles à l'espèce humaine, tandis que le supplicié, s'il 'réchappait de l'opération particulière qu'on aurait tentée sur lui', aurait la vie sauve. Loin de blesser l'humanité, au sens d'espèce humaine, cet usage de la vivisection en servirait parfaitement la cause, stipule Diderot. L'incompatibilité est ainsi totale entre la pensée de Diderot et le principe défendu par Beccaria, selon lequel l'homme doit être traité comme une personne et non pas comme une chose [en langage kantien, comme une fin en soi et jamais seulement comme un moyen]: 'Il n'est point de liberté, dit Beccaria dans le chapitre XX, dès lors que les lois permettent que dans certaines occasions l'homme cesse d'être une *personne* et devienne une *chose*.'[13]

Aussi mesure-t-on une tension dans l'argumentaire de Diderot, qui célèbre l'humanité d'une pratique se caractérisant par la déshumanisation de certains individus particulièrement vulnérables. La doctrine diderotienne de l'*homo criminalis* comme être appartenant à une humanité inférieure, dégradée, apte à être immolée sur l'autel du progrès scientifique, ou 'détruite'[14] pour la réussite d'une enquête judiciaire, n'est pas sans rappeler la logique qui a conduit à l'invention contemporaine du statut de 'combattants ennemis ou illégaux', statut qui a permis au gouvernement américain (*Patriot Act*) de détenir sans limite de temps et sans inculpation toute personne présumée terroriste.[15] Tant Diderot que les défenseurs de la torture d'Etat au XXIe siècle, refusent d'accorder à certaines catégories d'individus le statut de personnes à part entière. La construction d'une dimension 'infra-humaine'[16] de ces individus devient une raison supplémentaire invoquée pour justifier des traitements 'rudes'. Un élément lexical confirme cet aspect: les 'scélérats' de Diderot, comme les 'ennemis' qui sèment la terreur sont comparés à des animaux ou à des insectes. Diderot et Voltaire parlent de 'chiens enragés',[17] que l'Etat ne doit pas punir mais 'détruire', car ils seraient incorrigibles. Le major-général Geoffrey Miller, envoyé en août 2003 en Irak pour améliorer les méthodes d'extraction de renseignements, emploie, lui, le terme de 'cafards'.[18] Cet usage

13. *DP*, ch.XX, 'Violences', p.209. Pourtant, Beccaria lui-même semble se contredire lorsqu'il propose de remplacer la peine de mort par les travaux forcés à perpétuité, susceptibles de transformer un homme 'en bête de somme' [*bestia di servigio*], p.231. Voir ch.10, p.191-93.
14. 'Le malfaisant est un homme qu'il faut détruire et non punir', écrit Diderot dans la lettre à Landois du 29 janvier 1756 (Diderot, *Correspondance*, éd. Laurent Versini (Paris, 1997), t.5, p.56).
15. Karen J. Greenberg et Joshua L. Datel, *The Torture paper: the road to Abu Ghraib* (Cambridge, 2005), p.50.
16. Voir Terestchenko, *Du bon usage à la torture*, p.195-98.
17. Dans le *Prix de la justice et de l'humanité* de 1777 (art.III, 'Du meurtre', p.16-17), Voltaire affirme que la peine de mort doit disparaître, 'excepté dans un seul cas, c'est celui où il n'y aurait pas d'autre moyen de sauver la vie du plus grand nombre. C'est le cas où l'on tue un chien enragé'.
18. Voir Terestchenko, *Du bon usage à la torture*, p.196.

péjoratif revient également dans d'autres conflits marqués par la perpétration de crimes contre l'humanité, comme la guerre d'Algérie. Les journalistes Aggoun et Rivoire en ont donné ce témoignage: 'Comme les généraux Massu ou Bigeard, dont les paras torturaient les Algériens avec d'autant plus de facilité qu'ils ne les considéraient pas comme des hommes, mais comme des "ratons" ou des "bougnoules", les généraux éradicateurs algériens justifient désormais leurs crimes en considérant leurs adversaires islamistes comme des "infra-humains".'[19]

Ces considérations permettent-elles d'affirmer que Diderot est l'auteur des notes rédigées en marge de l'ouvrage de Beccaria? Puisqu'un fait ne se déduit pas, la réponse ne saurait être définitivement affirmative. Plusieurs indices de nature lexicale, théorique et intertextuelle portent néanmoins à croire que Diderot ait pu entériner l'usage de la torture au nom d'une certaine idée de l''humanité'. C'est la raison pour laquelle, sans vouloir trancher de façon définitive le problème de l'attribution, on fera dorénavant *comme si* Diderot était l'auteur des notes.

Bien que ces notes n'aient pas été rendues publiques par Diderot, Beccaria en a pris connaissance grâce à Morellet. Il n'a pourtant pas souhaité y répondre. L'objection de Diderot met-elle en crise son discours abolitionniste? Rappelons succinctement l'argumentaire de Beccaria contre la torture préalable:

1. 'Si nous avons prouvé qu[e la torture] n'est pas un moyen de connaître la vérité, comment servira-t-elle à faire connaître les complices, connaissance qui est une des vérités qu'on cherche?' Diderot semblerait ici être en contradiction lorsqu'il postule l'efficacité de la torture définitive après avoir reconnu l'inutilité de celle préparatoire.
2. 'Certainement, celui qui s'accuse lui-même, accusera les autres encore plus facilement'.
3. 'D'ailleurs est-il juste de tourmenter un homme pour le crime d'un autre?'[20] Diderot ne commente pas ces deux dernières interrogations.

19. Louis Aggoun, Jean-Baptiste Rivoire, *Françalgérie: crimes et mensonges d'Etat* (Paris, 2004), p.28.
20. Beccaria mobilise le principe de la responsabilité individuelle de la peine.

4. 'Ne découvrira-t-on pas les complices par l'examen des témoins, du criminel, des preuves, du corps du délit, et enfin par tous les moyens qui ont servi à constater le crime de l'accusé?'[21]

Ce quatrième argument, qui suppose que l'identité des complices peut être découverte sans torture, aurait gagné à être développé davantage par Beccaria, le problème de savoir comment remplacer la torture comme méthode d'enquête n'étant pas anodin. N'est-ce pas avant tout à cause de cette difficulté que le législateur français a aboli la torture judiciaire en deux moments différents? D'abord, en 1780, la question préparatoire; ensuite, huit ans plus tard, et sans dissimuler quelques hésitations, la question définitive. Dans la déclaration de Versailles du 1 mai 1788, relative à l'ordonnance criminelle, cet intervalle temporel est expliqué de la manière suivante:

> Nous avions pensé que la Question, toujours injuste pour compléter la preuve des délits, pouvait être nécessaire pour obtenir la révélation des complices; et en conséquence par notre déclaration du 24 août 1780, nous avions proscrit la question préparatoire sans abolir encore la question préalable [...]. De nouvelles réflexions nous ont convaincu de l'illusion et des inconvénients de ce genre d'épreuve.

La déclaration royale pointe trois défauts majeurs de la torture préalable: elle 'ne conduit jamais sûrement à la connaissance de la vérité'; elle 'prolonge ordinairement sans fruit le supplice des condamnés'; elle 'peut plus souvent égarer nos juges que les éclairer [...]'. Ainsi, cette épreuve est 'équivoque par les aveux absurdes', 'embarrassante pour les juges', 'dangereuse pour l'innocence'. C'est que

> la torture pousse les patients à des déclarations fausses, qu'ils n'osent plus rétracter, de peur de voir renouveler leurs tourments.

Une même logique est à l'œuvre dans le chapitre sur le suicide: de même qu'il est injuste de 'tourmenter un homme pour le crime d'un autre', de même il est injuste de confisquer les biens du suicidé car ce sont les parents du coupable, c'est-à-dire des innocents, qu'escompte cette peine.

21. Nous citons d'après la traduction de Morellet, car c'est ce texte-là que Diderot a annoté (*Traité des délits et des peines* (Amsterdam, s.n., 1766), ch.XII, 'De la question'). Voir *DP*, ch.XVI, 'De la torture', p.199-201.

> Ces considérations nous ont déterminés à tenter un moyen plus doux, sans être moins sûr, pour forcer les malfaiteurs de nommer leurs complices. Nous avons pensé que la loi ayant confié à la religion du serment les plus grands intérêts de la société, puisqu'elle en fait dépendre la vie des hommes, elle pouvait l'adopter aussi pour garant de la sûreté publique dans les dernières déclarations des coupables. Nous nous sommes donc décidé à essayer, du moins provisoirement, de ce moyen, nous réservant, quoique à regret, de rétablir la question préalable, si, après quelques années d'expérience, les rapports de nos juges nous apprenaient qu'elle fût d'une indispensable nécessité.

En effet, on a beau dénoncer la cruauté, l'injustice, la dangerosité de la torture; on a beau montrer que l'efficacité de la torture préalable est difficile à prouver: faute d'alternatives convaincantes, les défenseurs de la torture se sentent autorisés à présenter la torture comme un moyen d'investigation incontournable pour avoir révélation des complices.

Un auteur ayant proposé une réponse moins télégraphique que celle de Beccaria au problème de trouver un autre moyen pour tirer de la bouche d'un criminel le nom de ses complices, est l'avocat et encyclopédiste français Jacques-Vincent Delacroix.[22] Dans ses *Réflexions philosophiques* de 1778, ce juriste consacre un chapitre entier à la torture. Il avance que les enquêteurs peuvent arriver à des conclusions certaines par la persuasion, la finesse de leur interrogatoire, les confrontations habilement faites et les témoignages bien exploités, et donc sans recourir à des méthodes violentes de contrainte, destinées à amener les prévenus récalcitrants à parler. Delacroix affirme que lorsque le criminel

> est intimement convaincu qu'il va mourir, il est bien rare qu'il reste dans son âme quelque sentiment d'affection pour ceux qui l'ont excité au meurtre, ou l'ont aidé à le commettre. Pour peu que le juge emploie de douceur et de persuasion, pour peu d'adoucissement qu'il lui promette, il parvient plus sûrement à connaître ce qu'il lui importe de savoir. Si la vue du ministre de la justice, au lieu d'ouvrir à la confiance l'âme de ce condamné, ne le fait frémir que de haine et de rage; bientôt les exhortations du ministre de sa religion, le seul consolateur qu'il lui reste, le seul qui

22. La philosophie juridique de cet auteur est étudiée plus loin, voir ch.11.

> daigne encore s'occuper de lui, et dans les bras duquel il puisse se jeter, parviennent à le calmer, et le déterminent presque toujours à se concilier avec le Dieu de vérité, et à ne pas immoler les espérances qu'on lui donne d'un avenir heureux, au stérile avantage de conserver la vie à des complices qui ne peuvent plus rien pour lui, et auxquels il ne doit pas être lié par un sentiment trop délicat pour prendre naissance dans le cœur des scélérats.[23]

On peut sans doute s'interroger sur l'efficacité des moyens substitutifs préconisés par Delacroix. Un Facchinei, un Muyart de Vouglans, voire Diderot lui-même auraient-ils partagé l'idée selon laquelle on passe plus facilement des aveux à un confesseur qu'à un tortionnaire? Auraient-ils partagé la conviction qu'il est plus facile d'obtenir des renseignements à force d'adresse? N'auraient-ils pas plutôt répliqué qu'une fausse compassion augmente les risques de peupler une société de brigands? N'auraient-ils pas fait valoir que la solution envisagée procède moins de la force que de la faiblesse, et n'aurait pas tardé à s'avérer inopérante? Peut-on croire un seul instant que l'anticlérical Diderot ait approuvé que la vie de 'cent innocents' dépende d'un entretien entre un 'scélérat' et un prêtre?

Revenant à l'argumentaire de Beccaria, on regrettera que le marquis milanais n'ait pas répondu à l'objection que Diderot lui adresse. En fin de compte, cette objection s'appuie sur un argument réversible. A défaut de données empiriques, de nos jours nous dirions d'enquêtes statistiques, il est tout aussi bien possible de soutenir que le bandit torturé livre ses complices permettant de sauver des innocents, que la thèse inverse, selon laquelle non seulement la torture ne permet pas d'avoir révélation des complices, et donc de sauver des vies humaines, mais confond les juges, en les induisant à mettre en accusation des innocents sur la base de déclarations calomnieuses. Il revient à Pietro Verri d'avoir accordé à ce problème toute l'attention qu'il mérite. Dans ses *Observations sur la torture*, écrites en 1777, Verri relate l'histoire tragique du procès instruit en 1630 contre les prétendus propagateurs de peste, les sieurs Piazza et Mora, torturés et roués

23. Ce passage sera repris à l'article Question du *Répertoire de jurisprudence* de Guyot, t.L, p.359 et à l'article Question ou Torture dans *JEM*, VII, p.111ab.

suite à l'inculpation d'avoir oint les murs de Milan avec des substances pestifères. Verri relève l'hétérogenèse des buts réalisée par la question préalable: employée pour découvrir les complices d'un prétendu empoisonneur, elle condamne à une mort cruelle de nombreux innocents, dénoncés par des malheureux qui n'arrivaient plus à supporter la douleur.

Au-delà du problème de l'attribution de l'objection sur la torture préalable, objection qui nous semble être compatible avec les principes de la philosophie de Diderot, il importe de nuancer, en guise de conclusion, la thèse de l'abolitionnisme des philosophes en matière de torture. Certes, au cours du XVIIIe siècle cette pratique judiciaire perd son caractère d'évidence, mais la discussion sur la légitimité de la question préalable fait ressortir hésitations et divergences théoriques inhérentes au mouvement des Lumières. Commence, ainsi, une querelle philosophique qui se poursuit de nos jours. A l'heure de la 'guerre globale contre le terrorisme' (*Global war on terror*), selon l'expression désignant les campagnes militaires américaines engagées en réplique aux attentats du 11 septembre 2001, ne retrouve-t-on pas l'expression de ces hésitations dans le débat actuel sur la torture d'Etat?

10. Débats et polémiques autour de la peine de mort

> Au regard de l'histoire humaine, longue de plusieurs millénaires, nous devons reconnaître, que cela nous plaise ou non, que le débat pour l'abolition de la peine de mort ne fait que commencer.[1]

La proximité de Beccaria avec la culture française des Lumières explique que *Des délits et des peines* ait été connu en France dès sa parution et très rapidement traduit. D'après les *Mémoires* de Morellet, sa traduction lui aurait été commissionnée par Malehserbes,[2] lequel avait sans doute pris connaissance du livre par l'intermédiaire de D'Alembert.[3] En six mois, la version française fait l'objet de sept éditions.[4] Le succès du petit livre est immense. Pourtant, il n'a pas une résonance dans l'*Encyclopédie* de Paris, dont les dix derniers volumes de discours (lettres H-Z) sont terminés quand paraît l'ouvrage de Beccaria. La situation est différente pour les encyclopédies des années 1770 et 1780, qui puisent à pleines mains dans le *Traité des délits et des peines*. De fait, ces compilations se réfèrent de moins à moins à *L'Esprit des lois* de Montesquieu, et de plus en plus à Beccaria, dont les idées pénales

Ce chapitre est une version amendée de mon article 'Encyclopédisme et peine de mort', *Corpus, revue de philosophie* 62 (2012), p.243-62. Une version en anglais a été présentée au Colloque *Translation and transfer of knowledge in encyclopedic compilations 1680-1830* (Los Angeles, UCLA, avril 2013), organisé par Clorinda Donato et Hans-Jürgen Lüsebrink.

1. Norberto Bobbio, *L'Età dei diritti* (Turin, 1997), p.178, nous traduisons.
2. André Morellet, *Mémoires sur le XVIIIe siècle et sur la Révolution*, éd. critique par Dorothy Medlin et Kathleen Hardesty Doig (Paris, 2013), p.182.
3. Un exemplaire de l'ouvrage avait été expédié à D'Alembert par Paolo Frisi en juin 1765 (Venturi 1965, p.311).
4. Avec satisfaction, Morellet en donne la bonne nouvelle à Beccaria en juillet 1766: 'Savez-vous que depuis le mois de janvier il s'est déjà fait sept éditions de la traduction? [...] Puisqu'il y a sept éditions il y a donc au moins sept mille personnes qui lisent ce livre' (Morellet, *Lettres*, éd. Medlin *et al.* (Oxford, 1991-1996), n°17).

sont longuement citées et mises en relations avec celles d'autres auteurs, juristes ou philosophes. Les encyclopédies et les dictionnaires spécialisés en droit de cette période offrent un angle d'approche intéressant pour analyser les polémiques autour de la justice pénale, notamment au sujet de la délicate question de la peine de mort.

L'*Encyclopédie* d'Yverdon

Les 42 volumes de discours de cette encyclopédie de la Suisse romande, refonte 'chrétienne' de celle de Diderot et D'Alembert, et qui diffuse, en les amendant, les Lumières françaises en Allemagne et dans l'Europe du Nord, constituent une entreprise originale menée à bien par l'éditeur et philosophe De Felice, avec l'aide de plusieurs collaborateurs internationaux. Le cas de la peine de mort y est emblématique de la part de nouveauté dans le domaine de la justice pénale que comporte ce projet éditorial par rapport à la version parisienne. Deux articles sont représentatifs de la position générale qui se dégage de l'*Encyclopédie* d'Yverdon: CARCAN, de la main de Paul-Joseph Vallet, haut fonctionnaire de police,[5] et PEINE, signé par De Felice lui-même. Situé dans le tome VII, l'article CARCAN est le seul endroit dans lequel le nom de Beccaria résonne. Il ne comporte que deux courts paragraphes, tandis que l'article PEINE est construit par l'assemblage de plusieurs chapitres du *Des délits et des peines*, mais sans que le nom de Beccaria ne soit mentionné. Dans les deux cas, non seulement la mort naturelle comme peine n'a plus rien d'une idée acquise, mais la mise en accusation du dernier supplice est accompagnée de la proposition de peines substitutives. L'article CARCAN s'ouvre par la même définition que Toussaint propose dans l'article homonyme de l'*Encyclopédie* de Paris:

> est un poteau planté en terre, avec un collier de fer attaché à hauteur d'homme, à quoi on attache par le cou des malfaiteurs qu'on ne juge pas dignes de mort [...]. La plupart de ceux qu'on attache au *carcan*, ont été auparavant fustigés par le bourreau, et

5. Voir Kathleen Hardesty Doig, Clorinda Donato, 'Notices sur les auteurs des quarante-huit volumes de "discours" de l'*Encyclopédie* d'Yverdon', *RDE* 11 (1991), p.141.

marqués d'un fer chaud, et sont souvent ensuite ou bannis ou envoyés aux galères (*Encyclopédie* d'Yverdon, CARCAN, VII (1771), p.499b. Voir *ENC*, CARCAN, II, p.674b).

Entièrement nouveau, le texte qui suit est une contestation radicale de la peine de mort. Sans en réclamer explicitement l'abolition, l'auteur suggère, conformément aux idées de Beccaria, qu'elle soit remplacée par des peines privatives de liberté, plus précisément avec des travaux d'utilité publique:

> M. de Montesquieu, dans l'*Esprit des lois*; le marquis de Beccaria, dans le *Traité des délits et des peines*; Servant, avocat-général; William Mérédith, et Phileon, avocat à Besançon, ont démontré dans leurs discours sur l'administration et sur la réformation de la justice criminelle, que la peine de mort a toujours été pour l'ordinaire injuste, inutile et nuisible au bien public, et que le carcan, ou quelque peine semblable, peuvent suppléer avantageusement aux supplices de la corde, de la roue et du feu [...] Si les condamnations étaient proportionnelles au délit, et si le plus grand des supplices se bornait au carcan ou aux galères de mer ou de terre; alors chacun se ferait un devoir de contribuer à rétablir l'ordre public, en dénonçant avec exactitude et en jugeant avec célérité tous les criminels. (*ENC*, CARCAN, II, p.674b)

Ce texte restitue l'idéologie réformatrice d'un professionnel de la justice qui se revendique des grandes autorités philosophiques, en tête Montesquieu, Beccaria et Servan[6]. Au cours de son article, l'auteur considère que la peine de mort est 'injuste, inutile et nuisible au bien public', car elle peut, dans certains cas, entraîner l'impunité. En témoignerait le cas du vol domestique, lequel, étant passible de la peine de mort, n'est pas dénoncé par les victimes.

L'encyclopédiste Vallet épouse donc le réformisme de Beccaria en se limitant à quelques considérations. De Felice, lui, va plus loin dans le grand article PEINE, et publie une reprise ciblée et didactique du *Traité des délits et des peines* de Beccaria. En tant

6. Procureur général au parlement de Grenoble, Servan est l'auteur d'un très remarqué *Discours sur l'administration de la justice criminelle* (Genève, s.n., 1766). Voir Jérôme Ferrand, 'La philosophie de la réforme criminelle dans l'œuvre de Michel Joseph Antoine Servan', *L'Irascible, revue de l'Institut Rhône-Alpin de sciences criminelles* 1 (2011), p.59-149.

qu'exposé synthétique des nouveaux fondements sur lesquelles le droit pénal doit reposer, le petit livre de Beccaria se prête bien à un usage encyclopédique. Bien que d'origine napolitaine, De Felice a utilisé la version française *Des délits et des peines*, pour la raison qu'il a été lui-même l'éditeur de cette traduction en 1766. En outre, Beccaria a été invité à intégrer le cercle d'Yverdon, mais il n'a pas souhaité s'engager. De Felice n'en puisera pas moins à pleines mains dans son livre, le plus souvent sans citer la source. Il procède de la sorte dans les *Suppléments à l'Encyclopédie*, mis en œuvre par Robinet.[7] De Felice y compose, en 1776, l'article ACCUSATION SECRÈTE (*Politique*), en reproduisant le chapitre homonyme du *Traité des délits et des peines*. L'article PEINE de l'*Encyclopédie* d'Yverdon est lui-aussi organisé à l'aide d'emprunts substantiels à plusieurs chapitres de ce même traité.

Publié en 1774 dans le tome XXXII (p.620-29), l'article PEINE s'étend sur neuf pages et dix-huit colonnes. Sa structure présente une courte définition qui recouvre celle de l'article homonyme de l'*Encyclopédie*. Suit une longue introduction fixant les repères moraux et politiques pour repenser le droit pénal au nom des Lumières. Cette introduction reprend les deux premiers chapitres du livre de Beccaria, 'Origine des peines' et 'Droit de punir', que Morellet a unifiés. Elle mobilise des réflexions sur les caractères généraux que doivent avoir les lois pénales dans une législation éclairée. L'article s'articule en sous-parties, dont les titres, marqués en italiques, font écho aux intitulés des chapitres du *Traité des délits et des peines*, que nous reproduisons dans l'ordre suivi par De Felice: *Douceur des peines*, *Peine de mort*, *La punition doit être prompte, analogue au crime, et publique*, *La punition doit être certaine et inévitable*,[8] *Proportion entre les peines et les crimes*.

7. Dans cet ouvrage, Beccaria est mentionné aussi dans l'article INFANTICIDE (*Médecine légale*), du médecin légiste de Montpellier Jean Lafosse (1742-1775): 'Il me suffit de dire avec un auteur ami de l'humanité, *qu'on ne peut appeler précisément juste ou nécessaire la punition d'un crime, tant que la loi n'a pas employé pour le prévenir les meilleurs moyens possibles. Dei delitti e delle pene*' (t.III, p.592).
8. Mais alors que Morellet rattache la question de la certitude pénale à celle de la douceur des peines (ch.XX), De Felice, lui, la place à la suite de la question de la promptitude des peines: l'ordre choisi par De Felice dans le montage qu'il s'autorise du matériel de Beccaria ne reflète pas tout à fait celui adopté par Morellet.

Force est de reconnaître à l'*Encyclopédie* suisse d'avoir été la première entreprise alphabétique ayant reproduit le chapitre sur la peine de mort de Beccaria. Republiant ce texte révolutionnaire, De Felice joue bien le rôle de directeur d'une encyclopédie des Lumières. Conscient que 'les bons livres appartiennent non aux libraires, mais à l'humanité, qui demande d'être éclairée et formée à la vertu' et que les 'libraires ne sont que les intermédiaires de cet ouvrage salutaire',[9] il fait de son répertoire un véhicule de la nouvelle philosophie pénale. De Felice laisse la parole au champion de l'abolitionnisme, sans ajouter aucun commentaire. Il explique cette politique éditoriale, axée sur l'idée de liberté essentielle du lecteur, dans une lettre où on peut lire: 'nous éviterons toutes les critiques directes et toutes les disputes, mais nous exposerons les faits et les raisonnements, laissant au lecteur le soin de choisir, la liberté d'examiner et le droit de juger'. Or, aucun article substantiel ne venant compliquer la récusation de l'idéologie du gibet prononcée par le directeur de l'*Encyclopédie* d'Yverdon à travers la reproduction des thèses de Beccaria, on peut assigner à ce répertoire le statut d'ouvrage abolitionniste en matière de peine de mort.[10]

Avant de revenir en France, il importe de faire observer que le *Traité des délits et des peines* pénètre dans l'espace anglais. La première traduction anglaise est publiée à Londres en 1767. Le traducteur est anonyme. Le livre de Beccaria exerce une influence certaine sur Blackstone, Godwin et Bentham.[11] Dans le

9. Lettre de De Felice à Albrecht von Haller du 7 décembre 1770, Berne, Burgerbibliothek, N Albrecht von Haller Korr. F.-B. De Felice an AvH, 5, citée par Jean-Pierre Perret, *Les Imprimeries d'Yverdon au XVIIe et au XVIIIe siècle* (Genève, Paris, 1981), p.205.

10. Le succinct article Assassinat constitue une curieuse exception. De Felice y tient un propos digne d'un tenant de la rigueur des peines. 'L'*assassinat*, dit-il, est un crime si atroce, qu'on a pu très bien, sans aucune ombre d'injustice, infliger les plus grandes peines à ceux qui s'en sont rendus coupables du moindre degré, ou qui en ont seulement formé le dessein [...]' (*Encyclopédie d'Yverdon*, III, p.755).

11. Voir Anthony J. Draper, 'Cesare Beccaria's influence on English discussions of punishment, 1764-1789', *History of European ideas* 26 (2000), p.177-99, ainsi qu'Emmanuelle de Champs, 'Utility, morality and reform: Bentham and eighteenth century continental jurisprudence', in éd. Xiaobo Zai et Michael Quinn, *Bentham's theory of law and public opinion* (Cambridge, 2014), p.184-206.

domaine lexicographique, nous n'avons repéré aucune allusion au droit de punir d'inspiration beccarienne dans les éditions de l'*Encyclopaedia britannica* (celle de 1768-1771, et celle qui vit le jour entre 1777 et 1784). En revanche, le livre est cité dans l'édition tardive de la *Cyclopaedia* de Chambers, mise en œuvre en 1778-1788 par Abraham Rees. Même si elle est peu bavarde sur le droit pénal, cette compilation anglaise approuve sans réserve l'auteur milanais, à l'article CRIME (t.I): 'There is an excellent book on the subject of crimes and punishments, published by the marquis de Beccaria.'[12]

Le *Répertoire de jurisprudence* de Guyot

Ce recueil de droit 'universel et raisonné', très technique dans la mesure où il n'offre pas seulement une synthèse légale, mais détaille le plus souvent les textes de loi, se fait une tout autre idée du livre de Beccaria. La question de la peine de mort est traitée au cours de l'article PEINE, qui affiche une position clairement anti-abolitionniste. Paru dans le tome XLV, qui date de 1781, l'article est de la main de Philippe-Antoine Merlin.[13] Juriste conservateur, qui deviendra Garde des Sceaux sous le Directoire en 1793, Merlin reconduit la prétendue articulation Montesquieu-Beccaria en alternative. Après avoir fait l'éloge de la façon 'judicieuse' par laquelle Montesquieu a envisagé la question du droit de vie et de mort, il passe au crible la doctrine de Beccaria sur la peine de mort, n'hésitant pas à relever ses défauts:[14] l'auteur du traité *Des délits et des peines* n'aurait fait qu'étayer une 'suite de

12. Aussi mention est faite du nom de Beccaria dans l'article TORTURE (t.IV): 'The marquis Beccaria (ch.16) with exquisite raillery proposes the problem: the force of the muscles and the sensibility of the nerves of an innocent person being given, it is required to find the degree of pain necessary to make him confess himself guilty of a given crime.'

13. Voir l'étude d'Hervé Leuwers, *Merlin de Douai (1754-1838): un juriste en politique* (Arras, 1996).

14. 'Rien de plus judicieux sans doute que cette application [celle de Montesquieu] de la Peine de mort. Cependant un auteur dont l'ouvrage a été loué à outrance, même par des gens de mérite, a essayé d'établir que quelque crime qu'eut commis un citoyen, il n'était ni utile ni nécessaire de le condamner à mort. Il a prétendu que la peine de mort n'était appuyée sur aucun droit [...].' (Guyot, PEINE, VL, p.333).

raisonnements vicieux dans les principes, et absurdes dans les conséquences'.

L'argument contractualiste, selon lequel la peine de mort n'est pas déductible du pacte social, est contesté. Cet argument, le premier que Beccaria formule, avance notamment que si la société est le résultat d'un accord stipulé par des individus qui renoncent à vivre dans l'état de nature et qui se donnent des lois pour se protéger réciproquement, alors il est inconcevable que ces mêmes individus aient mis également le droit à la vie à la disposition de leurs semblables. Personne n'aurait ainsi conféré à l'Etat la faculté d'infliger la mort. D'après Merlin, la fragilité de cet argument tient à ce qu'il est réversible. Le juriste français fait reposer la légitimité de la peine de mort en cas de crime de sang précisément sur le contrat social fondateur. C'est parce que la souveraineté représente la volonté générale, qui est l'assemblage de toutes les volontés particulières, qu'il serait incompatible avec la perfection du contrat social que des individus aient pu se réserver une portion de leur liberté: 's'il restait quelques droits aux particuliers, comme il n'y aurait aucun juge commun qui pût prononcer entre eux et le public, l'état de nature subsisterait, et l'association deviendrait nécessairement illusoire' (*Guyot*, PEINE, VL, p.334-35). Droit régalien s'il y en a et corollaire du pacte social, le droit de punir par la mort ne saurait être nié sans porter préjudice à l'autorité de la monarchie et sans mettre en danger la conservation du pacte lui-même.[15]

Requise par la politique, la peine capitale est également un impératif moral. C'est une 'puissante loi naturelle' à obliger l'homme 'de s'occuper sans cesse des moyens de conserver sa vie'. En dépit des assertions de Beccaria, qui nient la nécessité comme l'utilité de cette sanction pénale, Merlin rétorque que la vie étant le plus grand de tous les biens, 'la crainte de la perdre doit donc être la plus grande de toutes les craintes, et par conséquent le plus grand obstacle qui puisse empêcher un scélérat de commettre un crime qui entraîne la peine de mort'.

15. A la différence de la doctrine de Fichte, étudiée par Norbert Campagna ('La question de la peine de mort chez Fichte', *Corpus, revue de philosophie* 62 (2012), p.287-302), Merlin endosse la thèse selon laquelle la peine de mort est nécessaire pour préserver le lien de la citoyenneté.

Loin d'être une absurdité juridique, l'homicide judiciaire 'est donc utile, [il] est donc nécessaire pour le maintien de l'ordre' (*Guyot*, VL, p.335).

En outre, pour avoir convoqué au soutien de sa doctrine l'autorité de la 'clémente' impératrice de Russie Elisabeth Petrovna, fille de Pierre le Grand, sous le règne de laquelle aucun criminel n'aurait été puni de mort, Beccaria est accusé d'avoir manqué une bonne occasion de se taire. Merlin observe que 'si une pitié excessive a déterminé cette princesse à faire subir de moindres Peines aux grands criminels, elle n'a du moins abrogé la Peine de mort par aucune loi: aussi sous [cette impératrice] on punit de mort sans difficulté tous les criminels dignes de cette peine' (*Guyot*, VL, p.336). Les avis de Beccaria et de Merlin sur la politique pénale de l'impératrice de Russie s'opposent. Qui a tort et qui a raison? Il est certain qu'Elisabeth Petrovna a bien promulgué deux décrets en 1753 et en 1754 interdisant les exécutions capitales. Pourtant, comme l'a rappelé jadis Franco Venturi, 'en réalité la peine de mort avait été remplacée par des peines très cruelles entraînant souvent la mort du condamné'.[16]

Le dernier argument que Merlin emploie contre Beccaria est insidieux. Il consiste à démentir l'affirmation de ce dernier selon laquelle 'l'expérience de tous les siècles prouve que la peine de mort n'a jamais empêché les scélérats déterminés de nuire à la société'. Loin de croire sur parole Beccaria, Merlin cherche à prouver la thèse inverse, selon laquelle l'efficacité dissuasive de la peine de mort lui paraît un fait acquis: 'où sont les monuments qui établissent cette expérience? Ne serait-il pas au contraire démontré, si l'on avait une confession exacte de tous les scélérats, que la crainte du dernier supplice a seule empêché qu'ils ne commissent une infinité de crimes?' (*Guyot*, VL, p.335, p.336). Alors que d'après Beccaria la peine de mort est comparativement inefficace par rapport à d'autres sanctions en termes de dissuasion de crimes, Merlin considère qu'aucune autre peine que la mort n'est capable d'installer une crainte plus grande dans l'esprit des hommes. On remarquera que ni Merlin ni Beccaria

16. Beccaria, *Dei delitti e delle pene*, in *La Letteratura italiana: storia e testi*, éd. Franco Venturi, vol.VLVI: *Illiministi italiani*, t.3: *Riformatori lombardi, piemontesi e toscani* (Milano-Napoli, 1958), p.74.

n'appuient leurs arguments sur des bases empiriques. Beccaria en appelle à une vague 'expérience de tout le monde'; Merlin, lui, se retranche derrière une improbable période hypothétique de l'impossibilité: 'si l'on avait une confession exacte de tous les scélérats'. A défaut de données empiriques fiables, sur la base desquelles élaborer des études statistiques, il est impossible de statuer sur la fonction intimidante et sur la réelle efficacité dissuasive de la peine capitale. Rien ne permet en effet d'établir de manière incontestable si le dernier supplice détourne ou pas les 'scélérats' potentiels des crimes auxquels ils seraient inclinés. Il faudra attendre le XXe siècle pour que des recherches sociologiques soient menées à propos de l'effet comparé sur la dissuasion du crime d'une peine de prison à vie et d'une exécution capitale.[17]

Quoi qu'il en soit de ce dernier aspect, qui reste à l'état actuel problématique et sujet à discussions,[18] la stratégie générale de Merlin est claire: en contrebalançant les raisons de Beccaria par d'autres raisons, ce juriste veut montrer que la ligne argumentative du philosophe milanais est parfaitement réversible et nullement apodictique. Remplie de paralogismes, d'illusions, d'imprécisions et parfois de 'paradoxes insoutenables', la doctrine de Beccaria serait de surcroît dangereuse: en faisant l'apologie d'un laxisme pénal en faveur des criminels, elle minerait l'ordre établi. Le verdict que Merlin rend est donc sans appel: 'le marquis de Beccaria [...] se flatte d'avoir plaidé et

17. La majorité des analyses menées portent sur le contexte social des Etats-Unis. Voir Thorsten Sellin, *The Death penalty* (Philadelphia, PA, 1959); Hugo Adam Bedau, 'Deterrence and death penalty: a reconsideration', *Journal of criminal law, criminology and police science* 61:4 (1970); Isaac Ehrlich, 'The deterrent effect of capital punishment: a question of life and death', *American economic review* 65 (June 1975), p.397-417; W. C. Bailey, R. D. Peterson, 'Murder, capital punishment, and deterrence: a review of the evidence and an examination of police killings', *Journal of social studies* 50:2 (1994). La question de l'efficacité dissuasive de la peine de mort est discutée dans l'ouvrage de Bertrand Guillarme, *Penser la peine* (Paris, 2003), p.122-26.

18. En 1996, les auteurs d'une synthèse des différentes études empiriques ayant affronté ce problème concluent qu'"il n'existe aucune preuve que la peine capitale soit plus efficace que l'incarcération pour dissuader du crime', Victor E. Kappeler, Mark Blumberg, Gary W. Potter, *The Mythology of crime and criminal justice* (Long Grove, IL, 1996), p.325.

gagné la cause de l'humanité. Mais on peut lui dire avec plus de vérité, qu'il a plaidé la cause de la scélératesse, et heureusement il l'a perdu' (*Guyot*, VL, p.336).

Le *Dictionnaire de Jurisprudence* de l'*Encyclopédie méthodique*[19]

Les recueils d'Yverdon et de Guyot défendent des positions contraires en matière de droit de punir par la mort. L'encyclopédisme reflète en cela les polémiques autour de la justice pénale qui agitent l'espace public à l'aube de la Révolution. Le traitement que le *Dictionnaire de Jurisprudence*[20] de l'*Encyclopédie méthodique* réserve à la peine capitale apporte une intéressante pièce supplémentaire à ce tableau. Dirigé par une 'société de jurisconsultes', ce dictionnaire se compose de huit volumes parus à Paris entre 1782 et 1789, auxquels viennent s'ajouter les deux volumes du *Dictionnaire de police et municipalités*, mis en ordre par Jacques Peuchet entre 1789 et 1791. Empruntant à plusieurs sources contemporaines, les rédacteurs offrent une synthèse des conceptions pénales les plus actuelles et mettent 'en texte deux cultures juridiques qui se rencontrent et discutent'.[21] La question de la légitimité et de l'utilité du châtiment suprême est abordée à deux reprises, une première fois dans le couple d'articles ASSASSIN (*Droit naturel et criminel*)/ASSASSINAT (*Jurisprudence criminelle*) et, une deuxième fois, dans la rubrique PEINE DE MORT. Dans les deux cas, bien que les raisons des pénalistes conservateurs ne soient pas passées sous silence, une place privilégiée est ménagée à la position des réformateurs. Alors que l'article ASSASSIN reproduit

19. Pour un tableau général des métamorphoses de l'*Encyclopédie* à l'*Encyclopédie méthodique*, voir les études récentes de Kathleen Hardesty Doig, *From 'Encyclopédie' to 'Encyclopédie méthodique': revision and expansion* (Oxford, 2013), et Martine Groult, *Savoir et matières: pensée scientifique et théorie de la connaissance de l'"Encyclopédie' à l'"Encyclopédie méthodique'* (Paris, 2011).

20. Pour une présentation contextualisée de ce dictionnaire, assortie de morceaux choisis, voir Delia et Groffier (éd), *La Vision nouvelle de la société dans l'"Encyclopédie méthodique' I. 'Jurisprudence'*.

21. Françoise Briegel, '"Asservir les jugements à la lettre, c'est en bannir la justice": la jurisprudence de l'"*Encyclopédie méthodique*', dans *L'"Encyclopédie méthodique' des Lumières au positivisme*, éd. C. Blanckaert, F. Brandli, M. Porret (Genève, 2006), p.311-39.

la conception de Locke, selon laquelle le malfaiteur qui viole la sécurité de l'innocent se met au ban de la nature humaine et s'expose à être éliminé 'comme une bête féroce' (*JEM*, ASSASSIN, I, p.492a),[22] l'article ASSASSINAT, lui, dit tout le contraire. Reproduisant l'article homonyme et non signé des *Suppléments à l'Encyclopédie* (I (1776), p.654a), il prône l'abolition de la peine de mort. Voici le dernier argument avancé:

> [...] en dérobant l'assassin à la peine de mort, nous ne prétendons pas le soustraire au supplice. Qu'on ne s'y trompe pas, la mort n'en est pas un; et c'est précisément pour le livrer à la peine, à la douleur, à l'infamie, à un travail dur et utile à la société, que nous voudrions l'arracher à la mort. Un pendu, un roué ne sont bons à rien. Il serait pourtant à désirer que les souffrances et les tourments de ceux qui ont nui à la société, fussent bons à quelque chose. C'est la seule manière de dédommager cette société, dont ils ont troublé l'ordre, et trahi les intérêts. Or, voilà ce qu'on ne peut faire qu'en les laissant vivre. Leur supplice devenu utile, ne sera même que plus grand; l'impression journalière qu'il fera sur les âmes, n'en acquerra que plus de force; et les effets qui en résulteront ne seront que plus sûrs et plus durables (*JEM*, ASSASSINAT [*Jurisprudence criminelle*], I, p.494-95).

Ce discours fait écho au réformisme pénal de Beccaria, qui considère qu'il vaut mieux condamner le coupable d'un crime grave à l'esclavage perpétuel plutôt que de le faire mourir. Il y a deux raisons à cela: d'une part, les travaux forcés à perpétuité offrent un spectacle continuel, ce qui fait que l'effet de la peine sur le public est plus intimidant; d'autre part, ces mêmes travaux procurent un bénéfice matériel à la société. Or, l'encyclopédiste de la *Méthodique* place explicitement ces réflexions sous le signe de Beccaria. Il en radicalise néanmoins la pensée: 'tel est le langage que la douceur et l'humanité ont inspiré [...] au marquis de Beccaria, qui dans un écrit plein de feu et d'enthousiasme, a soutenu que l'homme n'avait dans aucun cas le pouvoir d'ôter la vie, même judiciairement, à son semblable' (*JEM*, ASSASSINAT (*Jurisprudence criminelle*), I, p., 494a).

Or, cette affirmation est loin d'être évidente. D'une part, Beccaria semble admettre deux dérogations au principe

22. Voir Locke, *Second traité du gouvernement civil*, ch.II, para.11, p.9-10.

abolitionniste: la première, 'quand même privé de liberté, [le condamné] a encore de telles relations et une telle puissance qu'il intéresse la sûreté de la nation [...] son existence peut provoquer une dangereuse révolution dans la forme de gouvernement établie'; la deuxième, quand 'sa mort ne soit le seul véritable frein pour détourner les autres de commettre des délits'.[23] De fait, la question de l''abolitionnisme relatif' de Beccaria pose problème et demeure l'objet d'un conflit d'interprétations.[24] D'autre part, l'auteur prête à Beccaria des propos humanistes, alors que c'est précisément sur cette question des peines alternatives au dernier supplice que le philosophe milanais semble antéposer le souci d'efficacité à celui de l'humanité. Diderot a relevé cette tension:

> [...] j'observe qu'il [Beccaria] renonce, et avec raison, à son principe de douceur et d'humanité envers le criminel. 'Dans les chaînes, sous les coups, dans les barreaux de fer, le désespoir ne termine pas ses maux, mais il les commence.' Ce tableau est plus effrayant que celui de la roue, et le supplice qu'il présente est en effet plus cruel que la plus cruelle mort. Mais parce qu''il donne des exemples fréquents et durables', son efficacité le rend préférable au dernier supplice, qui ne dure qu'un instant, et sur lequel les criminels déterminés prennent trop souvent leur parti [...]. Un dur et cruel esclavage est donc préférable à la peine de mort, uniquement parce que la peine en est plus efficace [...][25].

Cette question de la 'surenchère de la cruauté' a fait réagir Jacques Derrida. Le philosophe français s'interroge sur la cohérence du discours de Beccaria: peut-on à la fois dénoncer la cruauté de la peine de mort, nuisible par l'exemple de férocité qu'elle donne, et proposer une peine de substitution encore plus cruelle comme les travaux forcés à perpétuité? Selon Derrida, avec l'emprisonnement à vie 'les maux ne font que commencer, c'est l'enfer. Ce n'est pas la mort, c'est l'enfer. Voilà la logique du grand abolitionniste, qui est admiré et respecté par beaucoup,

23. *DP*, ch.XXVII, '*De la peine de mort*', p.231. Voir Rousseau, *Du contrat social* (1762), V, 2: 'quand on fait mourir le coupable, c'est moins comme Citoyen que comme ennemi,' *Œuvres complètes* (Paris, 1964), t.3, p.376.
24. Voir *DP*, n.196, p.366-67. Voir aussi le chapitre 11, p.212-13.
25. Diderot, *Notes sur le Traité des délits et des peines*, in Venturi 1965, p.403-404.

moi-même je dois dire, j'ai un certain respect pour Beccaria, mais enfin il faut quand même regarder de près'.[26]

Dans une perspective similaire, Victor Serge a noté que la mort est une peine plus humaine que la prison perpétuelle ou de longue durée 'parce qu'elle abrège toute souffrance. Sur ce dernier point', écrit l'écrivain révolutionnaire,

> la civilisation moderne en est arrivée à un raffinement de cruauté bien paradoxal. Comptant peut-être, de même qu'elle compte en tout avec l'exploitation à fond de la capacité de travail du pauvre tenaillé par la faim, avec l'exploitation pénale, à fond, du vouloir-vivre, sa sensibilité hypocritement calculatrice préfère souvent à la peine de mort des peines perpétuelles que seule, de règle, termine la mort après d'interminables années de tourment.[27]

Quoi qu'il en soit de l'admissibilité de la peine de mort dans des cas exceptionnels et de la difficulté de concilier humanisme et utilitarisme dans l'approche de Beccaria, en particulier au sujet de l'atroce proposition de remplacer la peine de mort par une sorte de mort à petit feu que constitue la peine des travaux forcés à perpétuité, il importe ici de souligner que l'encyclopédiste de la *Méthodique* associe le nom du marquis milanais au refus radical de cette peine comme instrument ordinaire de politique criminelle. En outre, c'est en se revendiquant de Beccaria que ce même auteur s'insurge contre la dureté du système pénal de la France prérévolutionnaire et réclame une justice modérée: 'Notre code pénal est certainement d'une rigueur excessive, et il est réservé à Louis XVI, qui dès les premières années de son règne, a ordonné l'abolition de la torture, et de la peine de mort contre les déserteurs, de réformer l'injustice et la barbarie de nos lois criminelles' (*JEM*, Assassinat, I, p.495a).

La même exigence d'alléger les peines et d'humaniser le droit de punir est avancée au terme du riche article Peine de mort. Paru en 1786, dans le tome sixième du *Dictionnaire de jurisprudence* de la *Méthodique*, non signé, cet article constitue une dissertation en trois parties sur le sujet qui nous occupe. Dans un premier temps,

26. Jacques Derrida, *Séminaire: la peine de mort, I (1999-2000)*, éd. Geoffrey Bennington, Marc Crépon et Thomas Dutoit (Paris, 2012), p.143.
27. Victor Serge, *Les Hommes dans la prison* (Paris, 2011), p.120.

la parole est donnée à Beccaria, dont le chapitre sur la peine de mort est, une fois de plus, reproduit *in extenso.* Suit un deuxième exposé qui regroupe, en guise d'antithèse, les raisons des partisans du dernier supplice. L'apologie de la justice d'élimination s'appuie sur les arguments allégués par le juriste Merlin dans le *Répertoire universel et raisonné de jurisprudence* de Guyot, ainsi que sur les propos de l'avocat François-Michel Vermeil (1730-1810), qui est l'auteur d'un *Essai sur les réformes à faire dans la législation criminelle.* La position de Vermeil est redevable d'une logique rétributiviste:

> [...] c'est la peine du talion, celle qui touche de plus près aux premiers principes de l'équité naturelle. Si, à la perte d'un citoyen, elle ajoute la mort d'un autre, cette mort doit paraître utile; elle délivre la société d'un homme pervers qui ne doit plus lui appartenir, puisqu'il a rompu le lien des conventions sociales. Le supplice de cet assassin prévient d'ailleurs de nouveaux crimes, qu'il aurait pu commettre, et son châtiment devient un exemple important pour la perversité. (*JEM*, Peine de mort, VI, p.552b)

L'article Peine de mort de la *Méthodique* aligne donc les raisons pour et les raisons contre. Il ne débouche pas pour autant sur une forme d'isosthénie sceptique. L'encyclopédiste cherche en effet à accréditer l'idée selon laquelle personne ne saurait disposer d'un droit de vie et de mort. Pour ce faire, sont reproduites les raisons abolitionnistes contenues dans l'ouvrage contemporain *De l'état naturel des peuples ou Essai sur les points les plus importants de la société civile, et de la société générale des nations* (Paris, 1786, 3 vols in 8°). La troisième et dernière section de l'article Peine de mort est inspirée de cet ouvrage de l'écrivain Jean-François Gavoty de Berthe (II, 2, para.1-6).[28] Dépourvu de l'éloquence pressante qui caractérise la prose de Beccaria, le discours que l'encyclopédiste emprunte à Gavoty ne développe pas moins une riche argumentation. Il faudra se limiter ici à l'évocation de quelques passages parmi les plus marquants, dont certains sont assez originaux, alors que d'autres ne font que reformuler des arguments de Beccaria:

Le premier postule l'‘exacte ressemblance’ entre l'autorité paternelle et celle souveraine (*JEM*, Peine de mort, VI,

28. Cet essai n'a pas retenu l'attention de la littérature critique.

p.526a). Il s'en suit que comme le père ne détient pas le pouvoir de vie et de mort sur ses enfants, le roi non plus ne devrait disposer de ce droit sur les membres de la société qu'il régit. La prérogative régalienne de donner la mort apparait ainsi infondée.

Un deuxième argument dénonce l'inefficacité de la sévérité des peines à combattre le crime et à défendre la société. Après avoir suggéré que les peuples 'encore voisins de l'état de nature, faisaient un grand cas de la vie des hommes, et ne se croyaient pas permis de verser, de propos délibéré, le sang humain', Gavoty questionne avec un accent polémique: 'Qu'a-t-on gagné depuis avec les roues, les gibets, les tortures? Les prisons ne désemplissent pas, et les exécutions sanglantes se renouvellent tous les jours. La condition des hommes réunis dans les sociétés politiques n'est pas devenue meilleure' (*JEM*, PEINE DE MORT, VI, p.527ab).

Troisièmement, Gavoty met en avant les conséquences délétères et criminogènes de la justice éliminatrice, véritable source de corruption qui accoutume les hommes à la violence: 'Il semble que plus on a versé le sang des coupables, plus on leur a appris que le sang humain pouvait être versé' (*JEM*, PEINE DE MORT, VI, p.527b).

Le quatrième argument procède de considérations théologiques: la peine de mort est 'diamétralement contraire à l'esprit du divin législateur, qui [souhaite] la conservation de ses créatures, et leur correction'. Cet argument est lié à une réflexion utilitaire: 'Détruire le meurtrier, c'est offenser doublement la nature, c'est faire périr deux hommes à la fois; et pour conserver les membres de la société, on en multiplie la perte' (*JEM*, PEINE DE MORT, VI, p.527b).

La cinquième preuve considère que la peine de mort devrait être exclue du droit de punir, contraire comme elle est 'aux trois fins que l'on se propose dans la punition des coupables': la 'correction du coupable', 'l'avantage de celui qui avait intérêt que le crime ne fut pas commis', 'l'utilité de tous généralement' (*JEM*, PEINE DE MORT, VI, p.528ab).

Enfin, Gavoty s'interroge sur les peines alternatives à la justice qui tue. Sa réponse toute positive reflète la position de Beccaria: 'il est mille autres moyens de se garantir de toute récidive de la

> part d'un assassin, sans lui ôter la vie [...]'. Par exemple, 'en l'enfermant dans une prison', ou 'en l'envoyant dans quelque lieu éloigné', 'ou enfin en lui apprenant à devenir sage par l'expérience du mal qu'on lui fait souffrir' (*JEM*, PEINE DE MORT, VI, p.430a). Autrement dit, rien n'oblige le législateur à condamner à mort un assassin, car au moins trois autres peines peuvent convenablement remplacer ce châtiment: la prison, l'exil et les fers.

Or, il ne fait pas de doute que c'est derrière les positions de Beccaria et de Gavoty qu'il convient d'entendre la voix du rédacteur de l'article PEINE DE MORT: 'on ne peut disconvenir, écrit-il, que [ces raisons] sont puisées dans la nature de la chose, dans le bon sens et dans la loi de nature' (*JEM*, PEINE DE MORT, VI, p.430b). En vue d'exercer une réelle incidence sur les dynamiques politiques contemporaines, l'encyclopédiste lance un appel pour que la voix de la philosophie parvienne jusqu'au trône: 'Puissent les souverains, les législateurs et les magistrats, méditer des vérités aussi importantes pour le bonheur des peuples confiés à leur soins, et hâter une réforme des codes criminels, qui doivent être l'ouvrage d'un siècle aussi éclairé que le nôtre!' (*JEM*, PEINE DE MORT, VI, p.430b).

Cet appel ne restera pas entièrement inécouté: le premier *Code pénal* français de 1791 autorise l'élimination physique comme peine, mais 'sans qu'il puisse jamais être exercé aucune torture envers les condamnés' (I, 1 ,2). Après quelques hésitations sur les modalités, l'Assemblée se prononce pour la décapitation: 'Tout condamné à mort aura la tête tranchée' (I, 1, 3). L'entrée en scène de la guillotine, moment mécanique de l'histoire de la peine de mort, est ainsi préparée.[29] Issue du principe: faire mourir, sans faire souffrir, la guillotine représente, en un sens, une solution de compromis entre les revendications des partisans et celles des détracteurs de la peine capitale. Les uns obtiennent gain de cause

29. Sur la guillotine, on peut se reporter aux études de Daniel Arasse, *La Guillotine et l'imaginaire de la Terreur* (Paris, 1987); Antonio Castronuovo, *La Vedova allegra: storia della ghigliottina* (Roma, 2009); Pascal Bastien, *Une histoire de la peine de mort: bourreaux et supplices, Paris, Londres 1500-1800* (Paris, 2011), p.267-301; Jean Bart, 'La Révolution française et la peine de mort ou pourquoi la guillotine', *Corpus, revue de philosophie* 62 (2012), p.89-103; Luigi Delia, 'Justice des Lumières et guillotine: un problème philosophique', *Lumières* 20 (2012), p.121-34.

pour le maintien de la mort naturelle comme peine, tandis que les autres peuvent se réjouir de la suppression de la souffrance pénale et la considérer comme un premier pas vers l'abolition du châtiment suprême. De fait, le projet de réforme de Guillotin articule la conservation de la peine de mort à l'idée que l'usage d'un appareil mécanique pour son exécution favorise le processus de démocratisation, d'humanisation et de laïcisation du système pénal. C'est la raison pour laquelle, comme l'a fait observer Jean-Claude Beaune, 'la guillotine se détache sur un paysage philosophique riche de sens'.[30] Cet instrument, qui a pu se prévaloir de la supervision scientifique et de la mise au point technique du médecin légiste et encyclopédiste Antoine Louis (1723-1792)[31] de l'Académie de chirurgie, auteur d'études anatomiques à partir desquelles fut entreprise la fabrication de la machine, entretient un rapport de filiation certain avec les valeurs du siècle de la raison et constitue, malgré tout, un progrès à la fois scientifique et juridique. Capable d'égaliser la situation ultime des condamnés, de restreindre au minimum de temps la durée de l'acte fatal et de contribuer au processus de sécularisation du régime pénal par une désacralisation de la mise à mort, la guillotine ne tardera pas à trahir sa primitive vocation humaniste. Celle qui est désormais affublée du nom de ce 'bienfaiteur de l'humanité' que fut le professeur d'anatomie Guillotin, aura très vite facilité l'exécution d'une masse innombrable de victimes. Transformée en machine gouvernementale à l'époque de la Terreur,[32] la guillotine a permis d'exécuter, entre septembre 1793 et juillet 1794, 17 000 personnes au moins, la plupart pour

30. Jean-Claude Beaune, *Philosophie des milieux techniques: la matière, l'instrument, l'automat* (Seyssel, 1998), p.192.

31. Signataire des articles de chirurgie de l'*Encyclopédie*, qui donneront la nomenclature de base au *Dictionnaire de chirurgie* de l'*Encyclopédie méthodique*, mis en ordre par Daniel de La Roche et Philippe Petit-Radel et publié en 2 volumes entre 1791 et 1792, Louis est l'auteur d'un *Avis motivé sur le mode de décollation*, rédigé à la demande de l'Assemblée, dans lequel il suggère de remplacer la lame horizontale par une lame oblique (le tranchant convexe), apte à sectionner instantanément les vertèbres des condamnés. Voir Anne Carol, *Physiologie de la Veuve: une histoire médicale de la guillotine* (Paris, 2012).

32. Voir François Furet, 'Terreur', in *Dictionnaire critique de la Révolution française*, éd. François Furet, Mona Ozouf (Paris, 2007), p.293-315; Patrice Gueniffey, *La Politique de la terreur* (Paris, 2003).

délits d'opinion ou présomption d'activités contre-révolutionnaires.[33] Moyen privilégié d'une répression systématique, organisée, expéditive contre les adversaires politiques de la naissante République, la guillotine a fini par renier l'esprit des principes républicains et obscurcir les indéniables effets bénéfiques de la Révolution. Mécanisant l'assassinat légal, elle contribua à multiplier les exécutions capitales. Transformée en 'étendard de la Terreur', cette fille des Lumières n'est pas moins l'un des premiers exemples de leur dialectique.

Or, pour avoir une première contestation de cette machine judiciaire qui coupe la tête des coupables, il ne faut pas attendre le XXe siècle, et les magistrales *Réflexions sur la guillotine* d'Albert Camus.[34] Après la Terreur, la *Décade philosophique, littéraire et politique*, n°36, du 19 avril 1795, publie un article de l'idéologue Amaury-Duval, intitulé: 'De Beccaria et de son livre'. L'auteur demande la destruction de la guillotine, accusée de repaître les yeux des français 'de spectacles sanglants'. Sans ignorer que c'est précisément pour éviter des souffrances aux condamnés que la Louisette a été inventée, Amaury-Duval questionne:

> est-il bien sûr que toute sensibilité physique cesse, à l'instant de la séparation des vertèbres; que dans ce tronc, qui paraît inanimé, aucune douleur ne se fait ressentir, après que le couteau fatal est tombé? – Si nous jugions par des expériences faites sur plusieurs animaux... Mais il ne m'est pas possible d'arrêter plus longtemps mon esprit sur cette horrible image.

Amaury-Duval ne semble pas vouloir en finir avec la peine de mort. Au nom de l'humanité, il demande que cette forme d'exécution, par l'*immensité* du *sang* qu'elle produit, soit bannie:

> Législateurs [...], détruisez cette machine de mort, rougie du sang de tant d'innocentes victimes. Que l'on ne mène plus des hommes

33. Voir Monique Rabourdin, *Condamnés à mort par le Tribunal révolutionnaire: 1793-1795* (Paris, 1998).

34. Dans son riche plaidoyer contre la peine de mort, Camus souligne que cette peine enfreint le principe de proportionnalité entre le crime et la peine. Même lorsqu'elle est organisée par des moyens qui permettent d'éliminer la douleur physique, elle provoque une douleur psychologique intense qui tient à son caractère prévisible. La condamnation à la guillotine est ainsi assimilée à une forme particulièrement cruelle de torture.

> à la mort, comme des animaux à la tuerie, dans une sale et hideuse charrette. Faites honorer et respecter l'humanité, même dans des coupables: que l'auguste justice les frappe comme à regret, sans leur témoigner ni fureur ni mépris.

Partisan du maintien de l'élimination physique pour réprimer les crimes les plus graves, Amaury-Duval propose de remplacer la guillotine par une méthode d'exécution plus 'douce', qui annonce le moment chimique de la peine de mort, effectuée de nos jours par injection létale: 'Il est des poisons qui glacent peu à peu les sens, et mènent à la mort comme à un doux sommeil'.[35]

La complexité de l'héritage des idées réformatrices de Beccaria suggère d'éviter les distinctions trop nettes et simplificatrices entre défenseurs de l'ancien régime des délits et des peines et partisans des Lumières du pénal. En témoigne les *Réflexions philosophiques* du juriste et encyclopédiste Delacroix, auxquelles est consacré le chapitre suivant.

35. Pour les dernières citations voir Venturi 1965, p.534.

11. Les *Réflexions philosophiques* de Delacroix

Professeur de droit public, juge au tribunal civil, avocat au Parlement, jurisconsulte estimé, publiciste ayant fait revivre le *Spectateur français*[1] de Marivaux, homme de lettres prolifique, collaborateur engagé du *Dictionnaire de jurisprudence* de l'*Encyclopédie méthodique*, Jacques-Vincent Delacroix (1743-1831) est une figure marquante de la culture *jus*-politique française entre les deux siècles. Son œuvre ne demeure pas moins mal connue. On peut certes faire dépendre le relatif manque d'intérêt pour cet auteur du fait que sa biographie intellectuelle ne se laisse pas reconstruire aisément, Delacroix n'ayant pas laissé beaucoup de lettres.[2] Aussi peut-on ajouter que les nombreux travaux[3] qu'il a publiés n'ont pas débouché sur une doctrine systématique. Le *Moniteur universel* lui reproche précisément de ne pas être assez 'méthodique'.[4] Mais Delacroix avait mis en garde ses lecteurs sur la difficulté d'écrire autour d'une matière sensible comme le droit, dans des années de bouleversements profonds: 'Qu'on n'attende ni ordre, ni liaisons dans les sujets; je les traiterai tels qu'ils se présenteront à mon esprit. Eh! comment pourrais-je y mettre de la suite et de l'harmonie, lorsque ma pensée erre obscurément dans un chaos d'incertitudes et d'effroi?'[5]

En réalité, un tel défaut de systématicité ne procède pas uniquement des contingences historiques:[6] d'un côté, Delacroix

1. Maria Lucia Pallares-Burke, 'A spectator of the spectators: Jacques-Vincent Delacroix', dans *Enlightenment, revolution and the periodical press*, éd. Hans-Jürgen Lüsebrink et Jeremy D. Popkin, *SVEC* 2004:06, p.145-57.
2. Delacroix donne une présentation de son parcours intellectuel jusqu'à 1807 dans le 'Discours préliminaire' des *Réflexions morales sur les délits publics et privés* (Paris, 1807), p.i-xxx. Voir aussi la notice que lui consacre la *Biographie universelle, ancienne et moderne: supplément, par une société de gens de lettres et de savants*, vol.LXII (Paris, 1837), p.238-42.
3. La Bibliothèque nationale de France fait état de 93 notices.
4. *Réimpression de l'Ancien Moniteur* 3:7 (7 janvier 1790), p.57.
5. *MRF*, p.3.
6. Ayant soutenu l'incompétence de la Convention pour juger Louis XVI, Delacroix passa en jugement devant le tribunal révolutionnaire.

se singularise par rapport à la plupart des juristes de son temps, soient-ils conservateurs ou réformateurs, par son ouverture d'esprit, par sa posture que nous qualifierons aujourd'hui d'interdisciplinaire, par le regard tout à la fois technique et critique, descriptif et 'philosophique', politique et morale qu'il porte sur le droit. D'un autre côté, son style éloquent pèche parfois par la prolixité et les titres de ses livres ne sont pas toujours illustratifs du contenu. Tel est sans doute le cas des *Réflexions philosophiques sur l'origine de la civilisation, et sur les moyens de remédier aux abus qu'elle entraîne*, publiées en 1778 et plusieurs fois rééditées avec corrections, additions et sous des noms différents.[7] En dépit de l'intitulé, les 24 chapitres dont la brochure se compose examinent essentiellement les lois criminelles. En 1787, une version remaniée de l'ouvrage est distinguée du 'prix d'utilité' par l'Académie française. Sans craindre de manquer de modestie, Delacroix affirme que le livre 'n'en était pas indigne, puisque l'on s'accordait à dire qu'il avait produit l'abolition de la question, la suppression des cachots, l'établissement d'une prison distincte pour les débiteurs, un adoucissement sur le sort des jeunes galériens condamnés à la servitude pour avoir cédé trop docilement à l'autorité paternelle d'un contrebandier'. (*RM*, p.xv).

Après avoir resitué les *Réflexions philosophiques* dans le droit fil du réformisme beccarien, il s'agit de sortir de l'ombre et d'analyser plus en détail un texte que Delacroix publie vingt ans plus tard, et dans lequel il met explicitement en cause le projet abolitionniste de Beccaria en matière de peine de mort pour les crimes de droit commun. Paru en 1797, donc trois ans après la fin de la période dite de la Terreur, l'essai *Des moyens de régénérer la France, et d'accélérer une paix durable avec ses ennemis* compte 47 chapitres, dont la moitié traitent de justice pénale. Un chapitre tout entier, le XXI, pose la question de savoir si le recours à la peine de mort est juste et utile en cas de vol avec homicide.

7. L'ouvrage est republié chez Belin en 1781 (nous citons cette édition) et en 1783 sous le même titre. Il est ensuite réimprimé six ans plus tard sous un autre intitulé: *Observations sur la société et sur les moyens de ramener l'ordre et la sécurité dans son sein* (Paris, Royez, 1787), 2 vols. Enfin, une 'suite' est publiée à Paris en 1807, sous le titre: *Réflexions morales sur les délits publics et privés, pour servir de suite à l'ouvrage qui a obtenu le prix d'utilité de l'Académie française, en 1787*.

L'adjectif 'philosophique' que Delacroix choisit pour son essai, est utilisé au sens des Lumières.[8] Ce sont les considérations 'morales'[9] d'un homme de loi, fondées sur l'observation de la machine judiciaire, et ayant l'ambition de l'améliorer pour assurer le bonheur et la tranquillité des citoyens: 'Il est universellement reconnu que notre Justice criminelle a le plus grand besoin d'être réformée. Tandis que cette triste vérité fait gémir l'innocent & aggrave le tourment du coupable, tandis qu'elle excite les murmures de l'humanité, la procédure s'instruit toujours de même, & la Justice porte toujours les mêmes coups' (*RP*, p.5). Comment perfectionner et humaniser le droit de punir? Plusieurs prises de position de Delacroix reflètent les idées de Beccaria à l'égard de l'excès de rigueur de l'ancien régime procédural, en tête la réfutation de toute forme de torture judiciaire, préliminaire et définitive: 'Aveuglés par la vengeance et une prévention insurmontable, [les partisans de la torture] ne virent pas que cette lutte de la cruauté ardente contre la patience silencieuse, offrait aux yeux de l'équitable raison un spectacle révoltant.' (*RP*, ch.VII, 'De la Question', p.95).

Dans le sillage de la politique criminelle de la prévention pénale prônée par Beccaria,[10] Delacroix propose que le gouvernement détecte les causes de la délinquance, pour mieux détourner du crime le citoyen. Compagnon de route des philosophes, admirateur de Rousseau[11] et ami de

8. Des *Réflexions philosophiques sur l'origine des langues et la signification des mots* de Maupertuis jusqu'aux *Réflexions philosophiques sur l'égalité*, écrites au plus fort de la Terreur en 1793 par Necker, en passant par les 'réflexions philosophiques' du marquis d'Argens (1765) et de D'Alembert (1767), ou par les *Recherches philosophiques sur le droit de propriété* de Brissot de Warville (1780), auteur d'une célèbre *Bibliothèque philosophique du législateur, du politique, du jurisconsulte*, l'usage de cette locution est fréquent sous la plume des écrivains du siècle des Lumières.

9. 'Des raisons particulières ont déterminé l'Auteur, écrit Delacroix, [...] à jeter dans les premiers Chapitres des idées plus familières aux Ecrivains Moralistes, qu'aux Gens de Lois' (*RF*, 'Avertissement', éd. 1781).

10. 'Il est mieux de prévenir les délits que de les punir. Tel est le but principal de toute bonne législation' (*DP*, ch.XLI, 'Comment on prévient les délits', p.283).

11. Au début des *Réflexions philosophiques*, Delacroix cite le *Discours sur l'origine et les fondements de l'inégalité parmi les hommes* de Rousseau (p.17-18). Dans son *Eloge de Jean-Jacques Rousseau* (Amsterdam et Paris, Lejai, 1778), il en exalte la vertu et la frugalité.

Voltaire,[12] Delacroix fait sien le principe modérateur de la sanction défendu par Montesquieu[13] et par Beccaria: 'Un bon code de lois pénales est le résultat des idées les mieux combinées, d'après la connaissance parfaite du caractère d'une nation.' Son discours s'inscrit pleinement dans le périmètre du réformisme pénal des Lumières:

> Rien n'est plus facile que de prononcer des amendes, des confiscations, des emprisonnements; que de multiplier les tortures, les supplices; que de jeter l'épouvante dans toutes les âmes. Mais mesurer les peines pécuniaires sur les fortunes des individus répréhensibles, et sur le degré de leur attachement aux richesses; les peines afflictives sur leur sensibilité; les infamantes sur leur honneur; en imaginer qui humilient sans flétrir; respecter le plus qu'il est possible les grandes propriétés de l'homme, sa vie, sa liberté et son honneur [...], voilà ce qui est vraiment difficile, et ce qui demande une supériorité de lumières, de justice, d'humanité qui n'est malheureusement que trop rare. (*RP*, ch.II, 'Des peines, et de ce qui doit les précéder', p.28-29)

Delacroix s'attaque à l'ancienne magistrature et appelle les gouvernants à modifier la législation criminelle selon les vues des Lumières. En 1789, un exemplaire des *Réflexions philosophiques*, reproduit sous un autre titre, est dédié à l'Assemblée générale.[14] Delacroix invite le législateur à faire preuve de modération et à s'appliquer 'plus à donner des mœurs qu'à infliger des supplices', selon l'enseignement de Montesquieu:

> Plus un souverain aura l'âme grande, plus son code pénal sera modéré; la vie de ses sujets lui sera trop précieuse pour qu'il l'expose légèrement au glaive de la justice; il sera convaincu que la privation de l'estime, de la considération, est le véritable supplice des hommes bien nés; et afin que sa puissance ait plus de prise sur

12. Delacroix a laissé des *Observations impartiales sur le rapprochement ingénieux des titres de Voltaire à la gloire et des torts de cet illustre écrivain* (Paris, 1825). Voir Groffier, *Criez et qu'on crie! Voltaire et la justice pénale*, p.255-58.
13. Dans l'opuscule *Montesquieu considéré dans une république* (Paris, Moutardier, 1798), Delacroix brosse un portrait polémique de Montesquieu: l'image du savant cède la place à celle du philosophe militant. A bonne école avec D'Alembert, il fait de *L'Esprit des lois* un ouvrage stratégique au service du projet sociétal des Lumières.
14. *Réimpression de l'Ancien Moniteur* 3:7 (7 janvier 1790), p.57.

l'âme de ses sujets, il augmentera le plus qu'il lui sera possible cette sensibilité, cette délicatesse qui donne à une nation tant de supériorité sur une autre [...]. (*RP*, ch.II, p.30)

La prison

Les chroniqueurs du *Mercure de France* (5 septembre 1778, p.107) et de *L'Esprit des journaux français et étranger* (Janvier, 1779, p.144-46) ont relevé que l'un des aspects les plus intéressants des *Réflexions philosophiques*, et certainement l'un des plus actuels pour nous, concerne la polémique, alors récurrente, contre l'état lamentable des prisons ordinaires: entassement des détenus, promiscuité, insalubrité, abus des geôliers... En 1776, le ministre Malesherbes n'avait pas attendu les témoignages accablantes du philanthrope britannique John Howard sur les conditions de vie désastreuses des prisonniers, dans les prisons sordides de la fin du siècle,[15] pour dénoncer les geôles infectes d'Europe, alors même que la justice n'était pas censée renfermer pour punir, mais uniquement pour s'assurer de l'accusé durant l'enquête judiciaire, dans l'attente d'une sentence.[16] Dix ans plus tôt, Beccaria lui-même s'était insurgé contre le 'dénuement' et 'la faim des cachots [*carceri*]', qui dénaturent la fonction de l'incarcération: 'la prison est un supplice plutôt qu'une mise sous surveillance du coupable.'[17] Sensible à ce même problème, Delacroix dresse le portrait désolant des anciennes prisons françaises, où peut languir l'assassin, mais aussi 'l'homme vertueux' victime d'une délation:

> Lorsque je jette les yeux sur les murs rembrunis des prisons; lorsque j'entends leurs guichets à peine ouverts, se refermer avec

15. Voir *L'Etat des prisons, des hôpitaux et des maisons de force en Europe au XVIIIe siècle* (écrit entre 1777 et 1783), éd. et trad. fr. par Christian Carlier et Jacques-Guy Petit (Paris, 1994).

16. Christian Carlier, 'Histoire des prisons et de l'administration pénitentiaire française de l'Ancien Régime à nos jours', *Criminocorpus, revue hypermédia* [En ligne], *Varia*, mis en ligne le 14 février 2009, http://criminocorpus.revues.org/246 (dernière consultation, le 7 janvier 2015). Voir aussi Benoît Garnot, *Vivre en prison au XVIIIe siècle, lettres de Pantaléon Gougis, vigneron chartrain (1758-1762)* (Paris, 1994).

17. *DP*, ch.XXIX, *De la captivité*, p.243.

> bruits; lorsque mon imagination me présente des captifs pâles et défaits, étendus sur de la paille humide, faisant retentir de leurs chaines le cachot obscur, où de vils animaux viennent leurs livrer la guerre la nuit et le jour [...]: cette idée me contriste, et je ne vois plus que danger à vivre au milieu des hommes. (*RP*, ch.IV, 'Des prisons', p.57-58)

De même que Beccaria, Delacroix soulève la question des droits des prévenus et de la présomption d'innocence envers les accusés en situation de détention préventive. Celle-ci est parfois indispensable en tant que mesure de sûreté, mais elle durera le moins longtemps possible et le procès lui-même sera mené dans les meilleurs délais. Mais tandis que Beccaria s'était cantonné à des dénonciations, Delacroix détaille les moyens lui paraissant les plus propres à entretenir la salubrité dans les cellules et à en bannir l'oisiveté, qui endurcit et achève de corrompre celui qui y est retenu:

> Puisqu'il est nécessaire que dans nos cités, au milieu même de nos demeures, il existe des édifices où l'homme perde quelque fois le plus beau don de la nature, la liberté, hâtons-nous d'en changer la forme; rendons-les aussi salubres qu'il est possible qu'ils le soient; épargnons aux malheureux qui y sont renfermés cette horrible confusion qui est un supplice; que l'homme juste et pauvre ne soit pas condamné à respirer le même air que le scélérat, et à marcher sans cesse à ses côtés [...]. (*RP*, ch.IV, 'Des prisons', p.58-59).

Pour éviter que des détenus ne passent pas trop de temps en prison, Delacroix propose de renforcer le contrôle sur les conditions de la détention et sur sa durée. D'après lui, les prisons devraient soulager les malheurs des prisonniers et remplir une fonction éducatrice de réhabilitation. L'accent est mis sur le travail: 'Il serait bien important de leur faciliter [aux prisonniers] tous les moyens de travailler utilement pour eux: ils ne sortiraient pas des prisons plus paresseux, plus vicieux qu'ils n'y sont entrés.'[18] D'où l'urgence de supprimer les cachots, ces lieux souterrains, voûtés, sans aucun jour, véritables prisons dans la prison où l'on enferme les malfaiteurs: 'Si un criminel a mérité de ne plus voir le jour, qu'on lui ôte la vie; mais que le dernier bien

18. *RP*, ch.IV, 'Des prisons', p.59.

de l'homme, l'aspect du ciel, ne lui soit jamais ravi, tant qu'il doit respirer.'[19] Partisan d'une justice pénale adoucissant les malheurs des prisonniers, Delacroix salue l'initiative de l'Académie d'Architecture 'de proposer, pour sujet du Prix, qu'elle distribue tous les ans, le plan d'une prison' (*RP*, ch.IV, p.61). Enfin, il voudrait voir instaurer une politique de dédommagement pour les victimes d'erreurs judiciaires, qui ont langui longtemps dans une prison avant d'être déclarés innocents. L'indemnisation devrait être équivalente à ce que l'accusé aurait dû gagner par son travail s'il était resté en liberté (*RP*, ch.XIII, p.210). C'est sur cette question que l'engagement réformateur de Delacroix a été le plus incisif. Il y revient avec force dans la conclusion du livre: 'J'ai préféré d'élever ma faible voix en faveur du malheureux, que sa condition ou son indigence exposent plus aisément qu'un autre au soupçon du crime. J'ai taché de le garantir d'une captivité trop funeste, *d'une instruction* trop rigoureuse, de répandre sur l'innocence opprimée, les dédommagements qu'elle a le droit d'attendre du pouvoir protecteur du faible.' (*RF*, p.371-72). Dans l'article PRISON du *Dictionnaire de jurisprudence* de l'*Encyclopédie méthodique* (1787), Delacroix réitère sa conviction selon laquelle certaines de ses idées auraient inspiré la réforme des prisons engagée par Louis XVI par la Déclaration du 30 août 1780.

De façon générale, les *Réflexions philosophiques* s'inscrivent dans la lignée du réformisme pénal de Beccaria, dont elles partagent avant tout ce sentiment d'humanité que Delacroix célèbre dans un discours 'Sur l'injustice des Jugements portés contre les vrais philosophes', paru en 1794: 'Si les magistrats n'eussent pas rejeté avec une dureté inexorable les maximes des Beccaria, des Filangieri, des Dupaty, et de tous ceux qui les conjuraient, au nom de l'humanité, d'étendre une équité protectrice sur l'innocence et la misère, n'auraient-ils pas trouvé des défenseurs dans cette assemblée nationale qui a détruit leur empire?'[20]

19. Delacroix, *JEM*, COMMISSION, III, p.32a.
20. Delacroix, *Le Spectateur français pendant le gouvernement révolutionnaire*, V° Discours (Paris, Buisson, 1794), p.40-41.

La peine de mort

Delacroix manifeste pourtant son désaccord avec Beccaria sur le point majeur de l'abolition de la peine de mort. A l'instar de Montesquieu, de Voltaire,[21] jusqu'à certains membres de la société des idéologues dont on a parlé, comme Ameury Duval, Delacroix se contente de souhaiter une application parcimonieuse de la justice d'élimination. D'après lui, l'homicide d'Etat est un instrument pénal qu'il faut administrer rarement et uniquement pour sanctionner les transgressions les plus graves, commises par des individus trop dangereux pour qu'on puisse les laisser vivre, même derrière de solides barreaux. La société ne doit verser le sang du justiciable 'que lorsque son crime est si énorme qu'il ne puisse le réparer ni par l'argent, ni par des services militaires, ni par des travaux publics'. Bien qu'il déplore l'excès de sévérité des peines qui caractérise les régimes despotiques, Delacroix accepte que la sévérité de la justice s'appesantisse sur certains criminels considérés comme étant incorrigibles: il ne convient de 'retrancher de la société que les membres absolument gangrenés', écrit-il, en employant la métaphore de la criminalité comme maladie (*RP*, ch.II, p.29). Ainsi, loin de se prononcer pour l'abolition complète de la mort naturelle comme peine, Delacroix prône une abolition partielle. Loin d'être exceptionnelle, cette position fait écho à l'opinion la plus répandue chez les Constituants et chez les pénalistes réformateurs de la fin du XVIIIe siècle, majoritairement hostiles à la suppression de l'institution de la peine de mort, jugée une mesure trop radicale et potentiellement dangereuse pour l'ordre public. Généralement partagée par l'opinion publique naissante, elle aussi peu disposée à franchir le pas vers l'abolitionnisme total, cette conviction émerge dans les cahiers de doléances, rédigés au début de 1789 en vue des Etats généraux et demandant que la peine de mort soit réservée aux crimes les plus graves.

Delacroix ne prend pas pour autant à la légère le choix anti-abolitionniste. Il éprouve même la nécessité de motiver son désaccord avec Beccaria, en composant une réfutation

21. Voir lettre du 2 décembre 1770.

méthodique du célèbre chapitre sur la peine de mort. Placé au cœur du chapitre XXI de l'ouvrage *Des moyens de régénérer la France*, de 1797, ce texte est d'une longueur de douze pages, consacrées au 'Vol suivi d'Homicide'. Le sous-titre, qui ne figure pas dans la table des matières à la fin du livre, précise, entre parenthèses, qu'il s'agit d'examiner 'l'opinion de l'auteur des Délits et des peines, sur la peine de mort'.

Le discours de Delacroix s'organise en trois parties. D'abord, il énonce sa thèse principale, selon laquelle s'il y a bien un crime qu'il faut punir par la mort c'est le vol avec homicide. Aujourd'hui on parlerait de meurtre au premier degré avec circonstances spéciales, en l'occurrence à des fins pécuniaires. Delacroix propose ensuite une explication linéaire, bien que non exhaustive, du 'système' beccarien. Sans jamais se référer explicitement aux nombreux auteurs ayant formulé des objections au marquis milanais, il fait ressortir plusieurs points faibles de l'argumentation de Beccaria. En particulier, l'excès de philanthropie et le manque d'expérience juridique sont mis en relief: d'une part, le système de Beccaria procèderait moins de la raison et de l'expérience, que des 'principes du cœur'. D'autre part, le jurisconsulte et praticien Delacroix reproche à Beccaria de ne pas être un professionnel du droit.[22] Enfin, dans la dernière partie de sa dissertation, il relate une affaire criminelle 'qui frappe d'horreur tous les regards'. Il s'agit d'un vol avec homicide commis avec perfidie contre un vieillard, par deux criminels dont 'l'un avait échappé aux galères'. Mettant son talent de narrateur au service de sa thèse anti-abolitionniste, Delacroix veut montrer par cet exemple que 'les faits sont encore plus sûrs que les systèmes' (*MRF*, p.169).

Sans déprécier la noblesse du sentiment humaniste que le

22. Delacroix s'est notamment distingué en tenant la dragée haute à Linguet dans l'affaire du comte de Morangiès, puis en plaidant pour la marquise de Gouy, pour la marquise de Cabris, sœur de Mirabeau, et pour l'officier royal Jacques-Pierre Abbatucci, impliqué dans une affaire de faux témoignage, dont il obtint la réhabilitation, autant de causes que ses mémoires contribuèrent à rendre célèbres. Voir Michel Gilot, Delacroix, dans *Dictionnaire des journalistes (1600-1789)*, éd. Jean Sgard (Oxford, 1999), http://dictionnaire-journalistes.gazettes18e.fr/journaliste/214-jacques-delacroix (dernière consultation, le 7 janvier 2015).

projet d'abolir la peine de mort recèle, Delacroix considère néanmoins que 'l'expérience et une observation plus attentive' doivent conduire à tenir pour certain qu'"il existe une classe d'hommes si sanguinaires et si dépravés, que la pensée d'une destruction prochaine peut seule glacer sa main homicide et faire tomber le fer meurtrier dont l'intérêt sordide l'a armé'. Son raisonnement repose sur le postulat selon lequel il y aurait des personnes inexorablement vouées au mal, 'une classe de misérables qui ne devraient pas même être compris dans celle des hommes' (*MRF*, p.158-59). De nos jours, cette idée soulève bien des difficultés: sur quels critères peut-on statuer qu'un individu est irrécupérable? Les individus n'évoluent-ils pas au fil du temps? Et le criminel prétendument irrécupérable n'est-il pas encore un homme? Mais au siècle des Lumières, cette position était courante, y compris dans les milieux philosophiques. Déjà présent chez Locke,[23] le parallèle entre le criminel et la bête sauvage revient dans l'*Encyclopédie*, où Diderot définit le scélérat 'celui qui est né malfaisant, & qui s'est rendu coupable de quelques grands crimes'.[24] Citons encore l'avocat Servan, qui légitime le recours à la peine de mort dans les cas où la nature a 'fait des monstres',[25] ou Marat, qui s'interroge sur les scélérats invétérés: 'S'ils sont incorrigibles, il faut tourner leur châtiment au profit de la société.'[26] Au-delà de cette conception abstraite, qui déloge l'*homo criminalis* du périmètre de l'humanité, Delacroix place le voleur homicide au sommet de la catégorie des scélérats inamendables. Face à ce genre de criminel, qui associe une criminalité de sang à une criminalité de fraude, et qui est prêt à tuer 'pour satisfaire une odieuse cupidité', toute forme

23. *Second Traité du gouvernement civil*, ch.II, para.11, p.149.
24. *ENC*, SCELERAT, XIV (1765), p.751b.
25. Joseph-Michel-Antoine Servan, *De l'influence de la philosophie sur l'instruction criminelle*, in *Œuvres*, IV, p.32. Voir Fontenelle, qui pense comme Diderot que l'on peut croire que nous sommes totalement déterminés et estimer néanmoins qu'il faut punir les êtres malfaisants: 'Les criminels sont des monstres qu'il faut étouffer en les plaignant; leur supplice en délivre la société et épouvante ceux qui seraient portés à leur ressembler' (*Traité de la liberté de l'âme*, dans *Œuvres complètes*, éd. Alain Niderst (Paris, 1989-2001), vol.III, p.235).
26. Jean-Paul Marat, *Plan de législation criminelle* (1790), éd. Daniel Hamiche (Paris, 1974), p.70.

d'indulgence serait 'funeste' et 'onéreuse' à la société. Il serait 'funeste', c'est-à-dire hautement nuisible pour la société de ne pas mettre à mort ces coupables, parce que seulement la peine d'élimination a une valeur dissuasive capable d'arrêter les projets homicides de certains criminels qui ne craignent que la mort. Et il serait inutilement 'onéreux' pour l'Etat de tenir en vie un assassin qui, 'semblable à une bête féroce, peut lui échapper et recommencer de nouveaux meurtres'. (*MRF*, p.158-59).

Certes, à l'époque où Delacroix publie son chapitre, la législation française prévoit la peine capitale pour ce crime 'malheureusement trop commun'. Cependant, dans sa dernière séance, le 26 octobre 1795, la Convention abolit la peine capitale pour la première fois en France, mais seulement 'à dater du jour de la publication de la paix générale'. Pour Delacroix, il s'agit alors d'un 'décret échappé à un enthousiasme de l'humanité, plus louable que réfléchi'. D'où cette sombre prophétie, aussitôt formulée: 'Je le prédis avec douleur, si nos législateurs ne reviennent pas sur cette idée qu'ils croient bienfaisante,[27] le jour où la peine de mort sera abolie en faveur du vol avec homicide, ce crime hideux, enhardi par l'impunité qu'il croira voir, sortira de toutes parts avec assurance.' (*MRF*, p.160). Ce pari, qu'aujourd'hui nous pouvons tenir pour perdu, montre néanmoins à quel point pour cet esprit réformateur aucune peine n'est en mesure de remplacer la mort. Sont évoqués, pour être exclus, 'les détentions prolongées, les chaines pesantes, les expositions ignominieuses, les travaux humiliants'. Pourquoi ces différentes peines seraient-elles inefficaces? La réponse de Delacroix est formelle: parce que les criminels les plus endurcis s'évadent toujours et recommencent leurs forfaits. Agitant l'épouvantail sécuritaire de la récidive, il fait de l'élimination physique la seule peine véritablement susceptible d'assurer la prévention générale.

Sans craindre 'd'encourir la censure des philosophes modernes', l'auteur des *Réflexions philosophiques* sait que pour gagner l'assentiment de ses lecteurs il a besoin de neutraliser les arguments avancés par Beccaria contre la peine de mort 'injuste

27. Le 12 février 1810, le *Code pénal* impérial abandonne cette abolition conditionnelle.

et inutile'. Il fait alors le procès à son texte, qu'il cite d'après la traduction française établie par Etienne Chaillou de Lisy en 1773.[28] Avant tout et fort logiquement, Delacroix s'attaque à l'argument contractualiste, renforcé par celui de l'interdiction de se donner volontairement la mort. Les individus renonceraient à la plus petite portion de liberté possible afin d'atteindre la sécurité. La vie étant le bien le plus précieux – bien plus qu'une petite portion de liberté – il serait absurde de donner à l'Etat un droit sur sa propre vie. Au demeurant, les hommes n'ont pas même le droit de se suicider, comment pourraient-ils donc donner à un autre le droit de les condamner à mort? Il s'agit pour Delacroix de 'deux idées trop disparates pour devoir être présentées à la fois' (*MRF*, p.161). Avant de déjouer l'argument du suicide, il propose, avec Rousseau, une légitimation contractualiste de la peine de mort. C'est parce que la souveraineté représente la volonté générale, qui est l'assemblage de toutes les volontés particulières, qu'il serait incompatible avec la perfection du contrat social que des individus aient pu se réserver une portion de leur liberté. D'où cette première conclusion de Delacroix: 'il me semble que plus les membres de cette société attacheraient de prix à la vie, plus ils s'efforceraient de garantir la leur de l'homicide, par une loi très répressive.' Quant au suicide, Delacroix ne voit pas de rapport entre 'l'acte qui nous sépare volontairement de l'existence, pour notre repos personnel, et celui qui nous dévoue à la mort, si nous avons le malheur de nous rendre coupables d'un crime nuisible à la société' (*MRF*, p.162). Il lui paraît donc abusif de mettre en relation deux phénomènes comme la mort volontaire et la peine de mort qui ressortissent à deux logiques différentes.

Par ailleurs, Delacroix retient la similitude guerrière de Beccaria assimilant la peine de mort à 'une guerre déclarée à un citoyen par la nation'. Il en détourne toutefois le sens: au lieu de conclure de cette comparaison que la peine de mort est au droit ce que la force est à la justice, il fait valoir l'idée que la justice d'élimination peut être une forme de 'guerre juste'.

Malicieusement, Delacroix ne perd pas l'occasion de rappeler

28. Moins infidèle que celle de Morellet, cette version est rééditée en 1794, puis en 1796. Voir *DP*, p.107-108.

que 'l'écrivain le plus opposé à la peine de mort' aurait lui-même trouvé nécessaire d'assortir son discours d'exceptions: celle du crime politique, lorsque l'Etat est menacé dans ses fondements mêmes, mais aussi 'pendant le règne tranquille des lois', lorsque ce châtiment s'avérait être le moyen le plus adéquat de dissuader d'autres criminels. Face à cette dernière exception, qui semble réhabiliter la peine de mort dans le cadre du droit commun, Delacroix tient à préciser qu'il insisterait moins sur la nécessité de conserver la peine de mort si, par hypothèse, il existait des supplices capables d''imprimer une terreur salutaire' aux hommes disposés à commettre le même forfait, sans détruire leur vie. Cette hypothèse lui semble néanmoins aussi bien incongrue, car l'on accorderait trop de valeur à la vie d'un assassin, que dangereuse, à cause des risques de récidive: 'pourquoi donc attacher tant de prix à la vie de celui qui a compté pour rien celle de ses semblables? Pourquoi vouloir la conserver au risque de vouloir troubler encore la sécurité publique?' (*MRF*, p.164-65).

L'avant dernier argument que Delacroix allègue met en cause l'assertion de Beccaria selon laquelle 'l'expérience de tous les siècles prouve que la peine de mort n'a jamais empêché les scélérats déterminés à porter le trouble dans la société'. Avec la finesse du juriste, Delacroix fait observer que ce raisonnement n'entraîne pas que 'si ces supplices n'eussent pas existé, les crimes n'eussent pas été plus fréquents [...]'. Tout au plus, dit-il, on pourrait 'en conclure qu'il y a des hommes tellement pervers, tellement organisés pour le crime, que la crainte des supplices ne peut les arrêter; mais, qui peut douter que cette même crainte, impuissante pour eux, n'eut un effet répressif pour d'autres moins entrainés à la scélératesse?' (*MRF*, p.166).

L'exemple d'Elisabeth Petrovna fait de nouveau l'objet d'interprétations divergentes. Sans contester la véridicité du fait historique, pourtant douteux,[29] selon lequel l'impératrice russe n'aurait condamné à mort aucun de ses sujets durant son règne, Delacroix constate l'impossibilité pour le royaume de France de poursuivre une politique pénale analogue: 'oui, Elisabeth honora son règne supprimant dans ses états la peine de mort; mais la

29. Voir ch.10, p.188.

France n'a pas de Sibérie où elle puisse rejeter le crime, et l'y concentrer pour jamais.' (*MRF*, p.166). Considération bien hardie. Une dizaine d'années plutôt, Brissot de Warville ne dit pas exactement l'inverse? Hostile à 'la fureur d'avoir des colonies', cette 'maladie des états européens', Brissot préconise, dans les années 1780, l'esclavage perpétuel des assassins sur le territoire français:

> La France n'a-t-elle pas ses terres en friche, ses mines à exploiter, ses chemins publics, ses canaux à construire, ses colonies à peupler, ses manufactures à perfectionner? [...] Pourquoi ne pas occuper, dans nos forges, dans l'exploitation des mines de charbon, à d'autres travaux plus durs, plus terribles encore les coupables que la loi prive d'une liberté funeste au genre humain?[30]

La dernière thèse de Beccaria à être examinée est celle selon laquelle il faut choisir les peines susceptibles de produire 'l'impression la plus efficace et la plus durable sur l'esprit des hommes, et la moins cruelle sur le corps du coupable'. C'est sous ce triple rapport (efficacité, durée, cruauté) que la peine de mort doit être écartée. Trop cruelle, elle serait en même temps inefficace du fait même de son caractère instantané:

> ce n'est pas la sévérité de la peine qui produit le plus d'effet sur l'esprit des hommes, dit Beccaria, mais sa durée [...]. Le frein le plus propre à arrêter le crime n'est donc pas tant le spectacle terrible, mais momentané, de la mort d'un scélérat, que l'exemple frappant de l'homme privé de sa liberté, transformé en quelque sorte en bête de somme, et restituant à la société, par un travail pénible et de toute sa vie, le dommage qu'il lui a fait. (*MRF*, p.166-67)

Alors que pour Beccaria la peine de mort est comparativement inefficace par rapport à d'autres sanctions en termes de dissuasion de crimes, Delacroix, lui, estime qu'aucune autre peine que la mort n'est capable d'installer une crainte plus grande dans l'esprit des hommes: 'la mort est plus répressive pour la multitude et plus effrayante pour le coupable' (*MRF*, p.168). Sans nier que les travaux forcés à perpétuité représentent une punition

30. Brissot de Warville, 'Moyens de prévenir les crimes en France', in *Bibliothèque philosophique du législateur*, t.VI, p.128.

intimidante et apte à procurer un bénéfice matériel à la société, Delacroix suggère pourtant de la réserver aux seuls crimes contre la propriété. Ne serait-il pas injuste et contreproductif de condamner un assassin aux fers? Delacroix note que, d'un côté, ce n'est pas avec des travaux que l'assassin 'répare le tort qu'il a fait à la société', et plus particulièrement 'à une famille dont il a détruit le chef'. Son attention se focalise moins sur la déontologie rétributive que sur l'efficacité de la dissuasion pénale. Ainsi, d'un autre côté, le principe utilitaire de Beccaria, selon lequel les fers sont plus intimidants que la mort, est renversé en ces termes: 'est-il bien vrai que le spectacle d'un homme condamné à de longs travaux, produise un effet bien effrayant sur le mercenaire qui lui-même se dévoue volontairement aux emplois les plus vils, aux professions les plus périlleuses, et à celles qui répugnent le plus à tous les sens? L'expérience même ne contrarie-t-elle pas l'opinion de l'auteur?' (*MRF*, p.167).

L'"expérience' dont Delacroix emprunte le flambeau pour dénoncer l'abstraction du propos beccarien est ici représentée par les 'villes maritimes où s'offre journellement le spectacle des galériens traînant des fers'. L'auteur pense sans doute à Toulon et à Marseille, où se trouvait un arsenal des galères et où résidait l'intendant des galères. Ces villes, questionne le juriste français: 'sont-elles moins exemptes du crime que celles où cette image hideuse ne se présente jamais? Et si cela était, il faudrait donc dans tous les bourgs, dans toutes les campagnes, sur toutes les routes, effrayer l'imagination par la vue du travail forcé'. Si c'est avant tout l'organisation d'une telle pratique punitive qui lui semble difficilement réalisable, Delacroix ajoute que, parfois, les travaux forcés ne contribuent guère au maintien de l'ordre par la publicité et par l'exemple. Il arriverait même que le forçat, au lieu de donner l'image de fatigue et de souffrance que les spectateurs s'attendraient à voir, offre 'sur un visage déhonté les traits d'une joie brutale' (*MRF*, p.167-68).

Or, contrairement aux travaux forcés, la mort naturelle comme peine est à l'abri de ces critiques. Un double constat prouverait qu'elle intimide un criminel davantage que les fers: d'une part, tout condamné à mort ne peut qu'être heureux d'apprendre que sa sentence a été transformée en une 'servitude accablante et laborieuse'; d'autre part, les complices de ce scélérat verraient 'dans ce changement subit un adoucissement au sort du condamné' (*MRF*, p.168). Toujours est-il que la question de savoir laquelle, entre la peine de mort et les travaux forcés, est la punition la plus intimidante, a suscité l'une des controverses les plus vives du moment Beccaria.[31]

Les idées pénales du marquis milanais ont bien joué un rôle dans la formation de la pensée réformatrice de Delacroix, même si ce dernier développe des réflexions personnelles sur la signification des peines, sur la réforme des prisons et en matière de peine de mort.[32] Malgré le désaccord sur le principe abolitionniste, Delacroix félicite Beccaria d'avoir incité à une évaluation plus précise de ce châtiment extrême. En 1807, Delacroix revient sur la peine de mort, en lui consacrant le chapitre VIII de ses nouvelles *Réflexions morales sur les délits publics et privés* (dorénavant abrégées *RM*), où il dit avoir jeté 'quelques idées au-devant du Code pénal qui doit terminer glorieusement la tâche que s'est imposée le législateur des Français'.[33] (*RM*, p.xxv). Delacroix ne vise-t-il pas Beccaria lorsqu'il déplore l''excessive philanthropie' d'un 'auteur célèbre' qui a nié 'avec éloquence' le droit de la société de condamner à mort les grands criminels? Nombre d'arguments sont alors mobilisés pour prouver le 'fanatisme' et le 'délire' de cette position qui relève du 'paradoxe'. Deux d'entre eux sont destinés à montrer que la peine de mort demeure une évidence punitive aux yeux de Delacroix. Cette évidence serait fondée sur les principes classiques de la rétribution et de l'utilité. Ainsi, ce châtiment se justifie d'abord au nom du 'droit naturel' à se défendre dont toute société dispose:

> il est du droit naturel d'opposer la force à la violence, et de prévenir par un homicide le coup que veut nous porter un

31. Voir le dossier thématique sur 'La peine de mort', mis en œuvre par Luigi Delia et Fabrice Hoarau, *Corpus, revue de philosophie* 62 (2012).
32. Sans changer d'avis, Delacroix étoffera encore ses considérations sur la peine de mort dans l'opuscule *Opinion du 'Spectateur français' sur la proposition de supprimer la peine de mort dans notre législation criminelle et sur les moyens de purifier nos villes et nos campagnes* (Versailles, 1828).
33. Dans la même page, Delacroix mentionne le nom de Beccaria en italique et prend ses distances des 'subtilités' et des 'pensées paradoxales qui frappent' dans le traité *Des délits et des peines*.

> assassin. Aux yeux de la justice humaine et divine, celui-là est innocent qui a donné la mort au brigand qui voulait lui arracher la vie. Or ce que l'homme pouvait légitimement faire pour sa conservation, ne peut être contesté à la société, qui périrait en détail si l'assassin pouvait, à l'abri d'un respect insensé pour sa personne, multiplier ses victimes. (*RM*, p.48-49)

Ensuite, le caractère éminemment terrorisant de la peine de mort, prouvé par 'l'expérience', rendrait ce supplice d'une utilité irremplaçable:

> La réponse la plus tranchante que l'on puisse faire à ceux qui prétendent protéger l'humanité en s'efforçant d'abolir la peine de mort, se tire de l'expérience. Il n'est pas un de ceux qui suivent habituellement les cours criminelles qui n'ait remarqué la révolution subite qui s'opère sur le visage et dans toute l'habitude du corps d'un accusé, lorsque l'espérance d'être seulement envoyé aux fers s'évanouit par un jugement qui, frappant ses oreilles, présente à sa pensée l'horreur d'une destruction prochaine. (*RM*, p.51)

Expression des ambigüités et de l'esprit critique caractérisant le *mouvement* des Lumières du pénal, la voix éloquente de l'encyclopédiste Delacroix résonne dans les débats qui agitent l'espace public français avant et après l'épisode révolutionnaire. Ses 'réflexions philosophiques' et 'morales' participent de l'histoire complexe de l'héritage beccarien à la fin du XVIIIe siècle. La conviction qu'il a acquise et qu'il exprime tout au long de sa vie en faveur du maintien limité de la peine de mort pour protéger la vie et les biens du propriétaire, est celle de la majorité de ses concitoyens jusqu'à l'abolition de la peine capitale, le 9 octobre 1981. Cette conviction est issue de la tentative de réconcilier les visages sécuritaire et humaniste d'un pouvoir de punir qui chez Delacroix apparaît moins, en fin des comptes, comme un instrument du souverain en vue de la paix et du salut, que comme une garantie du citoyen contre les violences privées et publiques qui menacent ses droits.

La genèse du droit pénal moderne dépasse ainsi les limites du seul droit pénal, comme le montre un nombre important d'articles de la *Déclaration des droits de l'homme de 1789*, qui traduisent les nouveaux principes du droit pénal en dispositions normatives de rang constitutionnel.[34] A cet égard, au terme de ce chapitre, il importe de faire allusion à une autre conséquente entreprise éditoriale à laquelle Delacroix travaille à bras le corps entre 1791 et 1801. Placés sous le titre de *Constitutions des principaux états de l'Europe et des Etats-Unis de l'Amérique*, les six volumes de l'ouvrage concernent moins le droit pénal que précisément le droit public et politique.[35] L'auteur cherche à cartographier la mouvante et instable réalité politique française et européenne postrévolutionnaire. Parus en 1791, les trois premiers volumes envisagent, d'un côté, les formes de gouvernement de l'Europe septentrionale et centrale, de l'Angleterre et des Etats-Unis et, d'un autre côté, les constitutions des Etats de l'Europe méridionale, la nouvelle constitution polonaise, ainsi que celle française de septembre 1791. Réédité trois fois et rapidement traduit en anglais et en allemand, l'ouvrage est un succès. En 1792-1793, paraissent les tomes quatre et cinq, consacrés à l'histoire politique française des origines jusqu'à la Révolution. Delacroix reproduit les trente-cinq articles de la *Déclaration des droits de l'homme et du citoyen* et l'*Acte constitutionnel* de 1793 à la fin du tome cinq.[36] Enfin, en 1801 vient au jour le sixième tome de ce riche code constitutionnel.

Or, tandis que Delacroix cherche à fixer une image ou à pendre une certaine représentation de l'Europe à partir des constitutions de chaque Etat, le dernier chapitre de notre livre s'attache à retracer les grandes lignes d'une entreprise tout aussi bien alphabétique qu'utopique, pensée pour mettre à la disposition des législateurs et des magistrats éclairés les principes universels pour une constitution et une cité justes: le *Code de l'humanité*.

34. Voir les articles V et VII-XII, soit sept articles sur les dix-sept que compte la Déclaration, auxquels il faut ajouter certains aspects des articles IV et VI.

35. Voir Clizia Magoni, 'L'Europe des constitutions dans l'ouvrage de Jacques-Vincent Delacroix (1791-1801)', *La Révolution française: cahiers de l'Institut d'histoire de la Révolution française* 2011, 'Dire et faire l'Europe à la fin du XVIIIe siècle', mis en ligne le 8 juin 2011, http://lrf.revues.org/268 (dernière consultation, le 7 janvier 2015).

36. Delacroix, *Constitutions des principaux états de l'Europe et des Etats-Unis de l'Amérique* (Paris, Buisson, 1793), t.V, p.327-36.

12. De Felice et le *Code de l'humanité*

Publié en 1778 dans la Suisse romande des Lumières, entre l'*Encyclopédie* et l'*Encyclopédie méthodique*, le *Code de l'humanité* est un foisonnant dictionnaire antimatérialiste spécialisé en droit et en morale. Dans l'histoire des dictionnaires, il se singularise en ce qu'il est le premier recueil alphabétique qui fait une place centrale à la justice naturelle. En témoigne d'emblée l'allégorie de la justice reproduite dans la gravure du frontispice. Parmi plusieurs symboles ordinaires de la justice (la couronne, l'épée, rappelant que la justice est une vertu armée, la main au bout d'un sceptre...), un miroir est placé entre les plateaux de la balance, 'pour désigner que l'homme prudent ne peut régler sa conduite que par la connaissance de ses défauts'.[1]

Composé par une société internationale de juristes, moralistes, publicistes et théologiens protestants, réunis autour de Fortuné-Barthélémy De Felice, le *Code de l'humanité* se présente comme une entreprise de grande ampleur, puisqu'elle ne compte pas moins de treize tomes, comportant chacun environ 750 pages in 4° sur deux colonnes. Petit-fils de l'*Encyclopédie* de Diderot et D'Alembert, ce vaste ensemble de près de 10 000 pages est quasiment tombé dans l'oubli. Bien qu'il soit conservé dans quelques bibliothèques européennes, il n'est pratiquement jamais mentionné par les historiens des idées juridiques et politiques, ni dans les travaux portant sur les dictionnaires du XVIIIe siècle.[2]

Naturellement, un ouvrage de cette envergure recèle une part de compilation. Les entrées sur des points techniques du droit sont issues de l'*Encyclopédie* 'protestante' d'Yverdon, dont le *Code de l'humanité* est en partie extrait, en guise de dictionnaire spécialisé. Les articles consacrés aux questions de droit naturel et de droit

1. Honoré La Combe de Prézel, *Dictionnaire iconologique, ou, Introduction à la connaissance des peintures, sculptures, médailles, estampes, &c: avec des descriptions tirées des poètes anciens & moderne*, art. PRUDENCE (Paris, de Hansy, 1756), p.229.
2. Léonard Burnand et Alain Cernuschi, 'Circulation de matériaux entre l'*Encyclopédie d'Yverdon* et quelques dictionnaires spécialisés', *DHS* 38 (2006), p.253-67.

TOME I.

YVERDON,

DANS L'IMPRIMERIE DE M. DE FELICE.

M. DCC. LXXVIII.

Figure 2: Gravure du frontispice du *Code de l'humanité* (t.I, 1778), BCUL. © Bibliothèque cantonale et universitaire de Lausanne, photographe Laurent Dubois.

politique font la richesse du *Code de l'humanité*, qui peut être considéré comme le moment encyclopédique de l'histoire du droit naturel moderne. Cette considération repose avant tout sur un constat spatio-temporel: d'une part, le dictionnaire est publié à une époque charnière, entre les *Déclarations des droits* américaine (1776) et française (1789). D'autre part, le lieu de parution est à relever. La Suisse a joué un rôle capital dans la diffusion des cultures jusnaturalistes. C'est par l'enseignement du droit naturel, généralement dans le cadre des études de droit et à travers les commentaires, puis les traductions des traités de Grotius et de Pufendorf, que la Suisse remplit une fonction de médiation intellectuelle entre culture allemande (Pufendorf, Thomasius, Wolff) et culture française (Montesquieu, Voltaire, l'*Encyclopédie*). Décisifs seront, à cet égard, les cours de Jean Barbeyrac à l'académie de Lausanne (1711-1717) et ses traductions françaises de Grotius et Pufendorf, ainsi que l'enseignement de Jean-Jacques Burlamaqui à l'académie de Genève et ses ouvrages de synthèse, sans oublier l'œuvre du Neuchâtelois Emer de Vattel (1714-1767), auteur d'un traité qui a marqué le droit international public de l'époque: *Le Droit des gens ou principes de la loi naturelle appliqués à la conduite et aux affaires des Nations et des souverains* (2 vols, 1758).[3] Dans le sillage du philosophe Christian Wolff, Vattel confère au droit des gens la forme d'un système autonome et complet de règles juridiques ayant pour objet exclusif les relations entre les Etats. Ce traité eut une fortune considérable de part et d'autre de l'Atlantique, comme en témoigne la déclaration d'indépendance des Etats-Unis (1776), qui emprunte la définition de l'Etat donnée par Vattel et reprise par De Felice: 'Toute nation qui se gouverne elle-même, sous quelque forme que ce soit, sans dépendance d'aucun étranger, est un état souverain' (*Droit des gens*, I, I, ch.I, n°4; *CH*, ETAT (*Droit politique*), VI, 116a).

Ces remarques sur le contexte suscitent deux questions: en quoi ce dictionnaire participe-il de l'histoire intellectuelle du

3. Voir Christoph Good, *Emer de Vattel (1714-1767), Naturrechtliche Ansätze einer Menschenrechtsidee und des humanitären Völkerrechts im Zeitalter des Aufklärung* (Zürich, 2011), ainsi que l'ouvrage collectif *Vattel's international law in a XXIst century perspective*, éd. Vincent Chetail and Peter Haggenmacher (Leiden-Boston, 2011).

droit naturel? De Felice a-t-il mis en œuvre, avec le *Code de l'humanité*, un premier dictionnaire européen des droits naturels de l'homme?

L'examen des textes programmatiques du *Code de l'humanité* (intitulés, préface de l'éditeur, dédicace), de l'orientation jusnaturaliste de De Felice, des idées forces du droit naturel moderne autour desquelles De Felice tente d'unifier le dictionnaire, et, pour finir, des premières réceptions, européenne et américaine de l'ouvrage, permettra d'apporter quelques premiers éléments de réponse.

Un répertoire jusnaturaliste

Les deux titres que De Felice a choisis pour illustrer le dictionnaire ancrent cette entreprise alphabétique dans la tradition du droit naturel. Une première édition est parue en 1777 sous le nom de *Dictionnaire universel raisonné de justice naturelle et civile*.[4] On appréciera la similitude de cet intitulé avec le *Répertoire universel et raisonné de jurisprudence* du juriste Guyot, qui est néanmoins davantage centré sur le droit positif français. Une deuxième édition, identique à la première, exception faite de l'intitulé, est imprimée l'année suivante sous un autre nom: *Code de l'humanité*. Elle est assortie de ce sous-titre: *ou La Législation universelle, naturelle, civile et politique*. Le changement de titre répond-il à une stratégie commerciale ou relève-il d'une exigence de précision conceptuelle? La double casquette de De Felice, éditeur et 'Philosophe', conduit à penser que les deux choses ne s'excluent pas. Aussi importe-t-il de noter la permanence, dans les intitulés, des locutions 'Justice naturelle' et 'Législation naturelle'. Ces locutions sont mises en avant pour affirmer le primat du 'droit naturel' et de la 'morale universelle' sur les multiples divisions juridiques que le recueil aborde: le droit des gens, le droit politique, le droit public, le droit romain, le droit féodal et le droit canonique.[5] En effet, dans le sillage des grands maîtres de

4. Ouvrage composé par une société de moralistes, de jurisconsultes et de publicistes; le tout revu et mis en ordre par M. de Felice (Yverdon, De Felice, 1777-1778), 13 vols, in-4°.

5. Cette branche est confiée aux soins du canoniste aixois Pierre Toussaint

l'école moderne du droit naturel, De Felice cherche à fonder le droit dans la loi morale. Aussi la possibilité même du droit ne se conçoit-elle qu'en fonction des exigences morales. L'ordre moral, qui impose des devoirs envers autrui, et l'ordre juridique, qui implique pour tous les hommes des obligations réciproques, sont pour lui indissociables.

Mais qu'est-ce qu'un 'code de l'humanité'? Cette expression, qui n'est pas sans rappeler l'intitulé du traité utopien d'Etienne-Gabriel Morelly, le *Code de la nature* de 1755, reste remarquablement ambivalente. De Felice joue sur la polysémie de la notion d'humanité, tantôt vertu, tantôt concept collectif de genre humain: 'terme générique, lit-on dans l'article HUMANITÉ (*Morale*), qui embrasse toutes les qualités, tous les caractères et toutes les façons d'agir qui conviennent à l'homme, en tant qu'il est homme, et qu'il vit avec d'autres hommes'.[6] (*CH*, VII, p.511a). Plus précisément, sous l'angle juridique, la locution 'code de l'humanité' désigne conjointement un recueil de règles 'dictées par la nature à tous les individus de l'Humanité', et un ensemble de règles naturelles concernant les relations entre les sociétés: un code de droit naturel et un recueil de 'droit naturel des gens'[7] (*CH*, I, p.v).

A son tour, la préface témoigne de ce primat fondateur assigné à la justice sur le droit. Le *Code de l'humanité* est présenté comme un monument à la gloire de la morale, 'cette science raisonnée qui nous apprend ce qui est permis et ce qui est défendu, ce qu'il est à propos que l'homme fasse ou qu'il évite dans quelques circonstances qu'il soit placé' (*CH*, I, p.i). Le très substantiel article MORALE (*Morale, Ethica*), hisse même cette matière au rang de partie la plus noble de la philosophie. C'est elle

> qui expose les vrais principes des devoirs, qui en propose les règles, qui montre les moyens de les remplir [...]. Il est donc de la plus grande évidence que la *morale* [...] est la première des sciences,

---

Durand de Maillane, auteur de l'important *Dictionnaire de droit canonique et de pratique bénéficiale conféré avec les maximes et la jurisprudence de France*, 2 vols (Avignon, Bauche, 1761).

6. Signé par le sigle (F.), l'article est de l'académicien berlinois Jean-Henri-Samuel Formey.

7. Voir l'article DROIT DES GENS (*CH*, V, p.128-34, de la main de De Felice).

la plus importante, la plus universellement utile, celle qu'il faut enseigner avant toute autre à la jeunesse et au peuple, celle sur laquelle auraient dû insister de préférence les théologiens, les ministres de la religion, les docteurs de l'église dans leurs écrits [...]. (*CH*, IX, p.426b et p.431b).

Dans la *Préface* sont passées en revue les multiples branches du droit. Ensuite, l'ambition du dictionnaire est clairement affichée: il s'agit de réunir dans une seule et même série de volumes un ensemble exhaustif d'articles consacrés aux questions morales et juridiques. 'Combien sera utile et commode un ouvrage dans lequel on pourra facilement chercher et promptement trouver tout ce qu'on désire d'apprendre ou de se rappeler relativement à chaque objet de la morale, ou des divers droits connus.' (*CH*, I, p.7).

Le langage des droits naturels revient dans la *Dédicace* à Gustave III. Ce monarque, partisan cultivé des Lumières, est roi de Suède de 1771 jusqu'en 1792. Il est en place depuis six ans lorsque De Felice lui rend hommage avec son *Code*. Gustave III règne alors en souverain éclairé: il réaménage la justice et les finances, interdit la torture d'Etat, encourage l'enseignement primaire, améliore la condition paysanne. Aussi libéralise-t-il partiellement le marché des grains. En revanche, en 1774, il promulgue une ordonnance royale limitant la liberté de la presse. Francophile, il réorganise l'Académie des Belles-Lettres sur le modèle de l'Académie française. En 1789, il propose au Riksdag de réduire les privilèges de la noblesse. Il promulgue une nouvelle constitution (Acte d'union et de sécurité) qui accorde à tous les Suédois l'égalité des droits, dont l'accès aux fonctions publiques.[8] De même que Voltaire avec Frédéric II de Prusse et Diderot avec Catherine II de Russie, De Felice s'adresse à un prince étranger. La nomenclature du *Code de l'humanité* est offerte au monarque suédois comme une sorte de philosophie méta-constitutionnelle par alphabet, devant servir de source au droit civil, public et privé, en vue d''un renouvellement admirable de la constitution de ce gouvernement'. Le *Code de l'humanité*, censé procurer 'le bien physique et moral' des

8. Voir Claude Nordmann, *Gustave III: un démocrate couronné* (Lille, 1986). Gunnar von Proschwitz, *Gustave III par ses lettres* (Stockholm, Paris, 1986). Voir aussi les articles SUÈDE et DROIT DE SUÈDE du *Code de l'humanité*.

Etats (*CH*, I, p.7), a donc comme ambition première celle d'orienter le pouvoir vers un projet de constitutionnalisation de l'Etat. Pour ne pas rester un rêve philosophique, un tel projet requiert le 'soutient' de l'autorité établie:

> C'est en vain que les philosophes dans leurs écrits, saisissent les vrais principes de la justice naturelle et de la morale universelle [...]; toutes leurs peines [...] restent sans fruit et sans effet, si elles ne sont pas propagées et soutenues par l'autorité et l'exemple des Princes [...]. Je rassemble dans [...] le *Code de l'humanité*, les diverses décisions de la justice naturelle et civile, et les droits réels ou prétendus que les hommes des différents ordres se sont attribués (*CH*, *Dédicace* à Gustave III, daté du 24 mars 1777).

Tout comme De Felice, Gustave III est de confession protestante. L'adhésion au christianisme réformé est un élément clé pour comprendre l'intérêt que les encyclopédistes d'Yverdon accordent au droit naturel moderne. D'abord, la Réforme est sans doute l'une des 'matrices des droits de l'homme'.[9] En révolutionnant le rapport du chrétien aux autorités scripturaires, cléricales et politiques, elle fait de l'individu un sujet autonome, pratiquant le libre examen des Ecritures et seul responsable de son salut face à Dieu. De surcroît, la fin de l'homogénéité confessionnelle contribue à saper la conception communautaire de la société et alimente la revendication de la liberté de conscience, premier des droits naturels de l'homme: 'Aucun souverain n'a le droit de contraindre par la violence un sujet à participer au culte de la religion de l'Etat, si ce sujet croit en sa *conscience*, que ce culte est mauvais, ou qu'il ne peut être agréable à la divinité' (*CH*, Conscience, *Liberté de* (*Droit naturel, Politique*), III, p.474b). Il convient de rappeler que les discussions sur la liberté de conscience participent de l'ère de paix confessionnelle qui s'ouvre en Suisse en 1712, et qui fait de la tolérance un véritable maître mot du siècle.

Deuxièmement, le *Code de l'humanité* consacre des 'notices littéraires', parfois détaillées, aux grands auteurs du jusnaturalisme réformé. En voici une douzaine en guise d'exemple: Abbadie,

9. Voir Jean-François Kervégan, 'Les droits de l'homme', dans *Notions de philosophie, II*, éd. Denis Kambouchner (Paris, 1995), p.647-49.

BARBEYRAC, BUDDAEUS, BURLAMAQUI, CUMBERLAND, GROTIUS, LEIBNITZ, LOCKE, PUFENDORF, THOMASIUS, WOLFF, WOLLASTON.

Aussi faut-il souligner que l'adhésion de De Felice à la confession calviniste, son 'choix protestant',[10] aide à comprendre la sélection de ses quinze collaborateurs. Parmi ces savants, retenons ici le chevalier de Jaucourt,[11] le pasteur vaudois Elie Bertrand, de l'Eglise française à Berne, 'membre des principales académies de l'Europe',[12] le secrétaire perpétuel de l'Académie de Berlin Jean-Henri-Samuel Formey et le théologien calviniste Gabriel Mingard,[13] auteur de plusieurs centaines d'articles pour l'*Encyclopédie* d'Yverdon, qui font de lui l'un des principaux collaborateurs de De Felice. Un discours à part devrait être réservé au magistrat et canoniste aixois Durand de Maillane.[14] Auteur d'un *Dictionnaire de droit canonique et de pratique bénéficiale* en deux volumes (Paris, 1761), gallican converti à l'ultramontanisme, il fut député aux Etats généraux de 1789, et pris une part active aux travaux de l'Assemblée constituante. Il sera l'un des premiers à œuvrer pour la rédaction d'une déclaration des droits servant de préface à la constitution.[15]

Mais le rédacteur le plus prolifique d'articles pour le *Code de l'humanité* est De Felice lui-même. Formé par les jésuites au collège

10. La conversion au protestantisme de cet ancien moine franciscain est étudiée par Clorinda Donato, 'Religion et Lumières en Italie, 1745-1775: le choix protestant de Fortunato Bartolomeo De Felice', in Jean-Daniel Candaux *et al.* (éd.), *L'Encyclopédie d'Yverdon et sa résonance européenne: contextes, contenus, continuités* (Genève, 2005), p.89-120; Stefano Ferrari, 'La conversione "filosofica" di Fortunato Bartolomeo De Felice', dans *Illuminismo e protestantesimo*, éd. Giulia Cantarutti et Stefano Ferrari (Milan, 2010), p.87-105.

11. Entre autres, il signe les articles LIBÉRALITÉ, NAISSANCE, NOBLESSE, SOBRIÉTÉ, SUJET.

12. Bertrand (B.C.) signe plusieurs articles, dont CONSCIENCE, *Liberté de*, FEMME, HOBBES, JUSTICE et MORALE. Sur cet auteur, voir Marc Weidmann, 'Un pasteur naturaliste du XVIIIe siècle: Elie Bertrand (1713-1797)', *Revue historique vaudoise* XCIV (1986), p.63-108.

13. Pour le *Code*, Mingard (G. M.) contribue nombre d'articles importants, dont AUTORITÉ, AVORTEMENT, BONHEUR, CALOMNIE, DEVOIR, ENNEMI, EVANGILES, NÈGRES, SUICIDE et VERTU, ainsi que NATURE, où il sape les fondements théoriques du matérialisme (Spinoza et d'Holbach), pour le discréditer comme doctrine philosophique.

14. Voir Brigitte Basdevant-Gaudemet, 'Durand de Maillane', *dans Dictionnaire historique des juristes français*, éd. P. Arabeyre *et al.*, p.294-95.

15. Nous devons au professeur Bronislaw Baczko cette précieuse indication.

Romain, ancien professeur de philosophie à Rome et de physique expérimentale à l'Université de Naples,[16] De Felice quitte l'Italie en 1757 pour Berne (attiré par le prestige de Haller), avant de s'établir en 1762 à Yverdon, où il ouvre une imprimerie qui devient bientôt et, reste jusqu'à sa mort, l'une des plus influentes de la Suisse.[17] Connu avant tout pour avoir dirigé en chef d'équipe l'*Encyclopédie* d'Yverdon, De Felice n'est pas seulement un encyclopédiste, un publiciste, un médiateur culturel et un éditeur important de l'Europe des Lumières.[18] Il est également l'auteur d'une demi-douzaine d'ouvrages philosophiques et pédagogiques,[19] qui n'ont pas pour l'heure fait l'objet d'études fouillées. Son intérêt pour la justice naturelle précède la mise en chantier du *Code de l'humanité*. Entre 1766 et 1768, il publie une imposante édition préfacée et augmentée d'une suite inédite des *Principes du droit de la nature et des gens* de Burlamaqui, en 8 volumes.[20] Cette édition complète les célèbres *Principes du droit naturel* (1747), 'l'ouvrage le plus récent, le plus précis, & le plus méthodique que nous ayons sur le *droit naturel*', de l'avis de Boucher d'Argis (*ENC*, Droit naturel ou Droit de la nature, V (1754), p.133).[21] Après avoir rappelé que ce traité de Burlamaqui est divisé en deux parties, dont la première a pour objet les principes généraux du droit et la seconde les lois naturelles, Boucher d'Argis avait noté que

> l'avertissement qui est en tête de l'ouvrage annonce que ce traité n'est que le commencement d'un ouvrage plus étendu, ou d'un système complet sur le *droit de la nature & des gens*, que l'auteur se

16. De Felice publie le volume *De Newtoniana attractione* (Bernae, ex officina typographica illustrissimae Reipublicae, 1757).
17. Voir Giulietta Pejrone, 'Fortunato Bartolomeo De Felice: éducateur, publiciste, éditeur', *Annales Benjamin Constant* 14 (1993), p.57-62.
18. Entre 1758 et 1766, il édite l'*Estratto della letteratura europea (Esprit de la littérature européenne)*.
19. Retenons ici le *Discours sur la manière de former l'esprit et le cœur des enfants* (Yverdon, s.n., 1768); ses *Leçons de logique* en 2 vols (Yverdon, s.n., 1770); et un *Tableau philosophique de la religion chrétienne, considérée dans son ensemble, dans sa morale, et dans ses consolations* (Yverdon, s.n., 1779).
20. *Les Principes du droit de la nature et des gens* par J.-J. Burlamaqui; avec la suite du 'Droit de la nature' qui n'avait point encore paru; le tout considérablement augmenté par M. de Felice (Genève, Yverdon, 1746-1768), 8 vols.
21. Ce jugement est reproduit en 1784 dans *JEM*.

> proposait de donner au public; mais qu'ayant été traversé dans ce dessein par d'autres occupations & par la faiblesse de sa santé, il s'est déterminé à publier ce premier morceau. Quoique ce soit un précis excellent du *droit naturel*, on ne peut s'empêcher de désirer que l'auteur achève le grand ouvrage qu'il avait commencé, où l'on verrait la matière traitée dans toute son étendue (*ENC*, V, p.133).

Par sa riche édition, De Felice a exhaussé les vœux de Boucher d'Argis. La notice BURLAMAQUI du *Code de l'humanité* évoque d'ailleurs cet aspect: '[Burlamaqui] n'ayant pu donner la dernière main à la seconde partie du *droit naturel*, M. de Felice, ayant obtenu son canevas, a donné du tout une édition très complète, et a augmenté de près de trois quarts l'ouvrage du savant professeur de Genève' (*CH*, II, p.344a).

Mais comment De Felice a-t-il travaillé pour établir cette édition? Des détails sont fournis dans une lettre à Formey du 19 novembre 1765:

> Ayant déterré un M[anu]s[crit] du célèbre Burlamaqui qui contient le reste de son Droit Naturel, j'ai pensé de donner une édition complète de ses œuvres. Mais comme ce M[anu]s[crit] est tout décharné, et presqu'une analyse de ses leçons, j'ai pris le parti d'y travailler, en ajoutant ce que je crois nécessaire non seulement au M[anu]s[crit] mais aussi à tout ce qu'il y avait d'imprimé c'est à dire les Principes du Droit Naturel et le Droit des Gens; de manière que je pense pouvoir donner [...] un cours complet et systématique du Droit Naturel et des Gens de la façon de Burlamaqui, qui est surement celui qui a mieux que tous les autres lié les idées de cette science.[22]

De surcroît, De Felice s'est appuyé sur ce travail éditorial pour composer des *Leçons de droit de la nature & des gens*, en deux volumes. Parues à Yverdon en 1769, ces leçons jusnaturalistes, qu'il serait intéressant d'étudier en détail, s'ouvrent sur des mots qui donnent le sens de son rationalisme moins platonicien que cartésien, d'après lequel les idées du juste et de l'injuste, du bien et du mal, de l'honnête et du malhonnête sont naturellement, encore que virtuellement, dans l'esprit de tous les hommes. L'homme peut découvrir ou reconnaître l'ensemble des principes

22. De Felice à Jean-Henri-Samuel Formey le 19 novembre 1765, Berlin, Staatsbibliothek, Preussischer Kulturbesitz, Nachlass Formey.

du droit naturel par sa lumière naturelle, qui n'est pas quelque chose de figé, mais une force de penser:

> On a défini l'Homme un être raisonnable. Nous adoptons avec plaisir une définition qui flatte si fort notre amour propre, & nous nous regardons comme des êtres raisonnables, c'est-à-dire comme des êtres qui dans toutes leurs démarches suivent les lumières de la raison. Trompeuse illusion! L'homme n'est pas un être raisonnable, il s'en faut bien. Ce n'est qu'un être capable de raison [...]. Voilà ce qui m'a engagé à publier ces *Leçons de droit de la nature & des gens*.[23]

Un dictionnaire des droits de l'homme?

La prise en compte des textes programmatiques, des contextes intellectuels et des réseaux culturels est certes incontournable. Elle ne saurait pourtant dispenser le chercheur d''entrer dans la forteresse' du dictionnaire, pour employer une formule chère à ce grand savant que fut Jacques Proust. Or cette entrée confirme pleinement l'inspiration jusnaturaliste du recueil. D'AUTORITÉ, CITOYEN, CODE à PEINE, SOCIÉTÉ, SUJET, en passant par EGALITE, LIBERTÉ, LOIS FONDAMENTALES, les articles qui témoignent d'un effort d'approfondissement spéculatif sont nombreux. Dans le cadre de cette étude, nous nous attarderons sur quatre idées forces du droit naturel moderne[24] qui parcourent l'ouvrage: l'absorption des principes fondamentaux du christianisme en une philosophie morale; la compréhension rationaliste du droit; l'affirmation de droits inhérents à la nature humaine, dont chaque individu est titulaire et qui sont opposables au pouvoir; enfin, une conception de l'origine des sociétés fondée sur l'idée de sociabilité naturelle de l'homme. Liés et interdépendants, ces quatre thèses permettent à De Felice de reconstituer un arrangement d'ensemble, nonobstant le morcellement de l'exposé.

Protestant antidogmatique et philosophe humaniste, De Felice

23. De Felice, *Leçons de droit de la nature & des gens*, 2 vols (Yverdon, s.n., 1769), t.I, préface, p.i.

24. Voir la récente mise au point de Dario Ippolito, 'Giusnaturalismo: elementi filosofici e lineamenti storici', dans *Filosofia del diritto: introduzione critica al pensiero giuridico e al diritto positivo*, éd. Giorgio Pino, Aldo Schiavello, Vittorio Villa (Turin, 2013), p.3-20.

s'emploie à associer révélation et raison. Il fait passer le christianisme d'une dogmatique à une attitude morale. Plus précisément, il enracine la théologie réformée, libérée du dogme et de toute attitude fanatique, dans une philosophie morale tributaire de la moderne conceptualité jusnaturaliste. Dans la préface du *Code de l'humanité*, il met précisément en avant cette 'philosophie morale', qui reconnaît l'origine divine de la loi naturelle, tout en accordant une place prépondérante à la conscience individuelle, et donc au 'bon sens', entendu, à la manière de Descartes, comme la faculté naturelle de discerner le juste de l'injuste. De même que Barbeyrac et à l'instar de Burlamaqui, De Felice établit l'autorité du droit naturel sur la raison *et* sur la religion, qui sont les deux grandes lumières que Dieu a donné à l'homme pour se conduire. Loin de s'exclure, le bon sens et la morale chrétienne se montrent complémentaires. Cette complémentarité procède de l'identité des lois de la conscience et des lois divines. Ainsi, la recherche de règles de conduite universellement valides ne procède pas sous la tutelle de la théologie. De Felice et ses collaborateurs pensent désormais le christianisme réformé comme la base de la morale naturelle: 'Toutes les vérités essentielles du *christianisme* tendent à la vertu, sont les principes ou les motifs de la morale, servent de sanction aux lois morales, en sorte que l'on peut dire que le *christianisme* est une religion toute morale' (*CH*, CHRISTIANISME (*Morale*), III, p.32b. L'article n'est pas signé). Une telle approche n'est pas sans répercussions sur la promotion de la tolérance religieuse (voir *CH*, TOLÉRANCE (*Morale, Droit naturel*), XIII, p.335-60), sur la subordination de la société à l'individu, et finalement sur l'affirmation des droits naturels de l'individu. Au demeurant, cette imbrication de cultures philosophique et protestante qui traverse les articles du *Code de l'humanité* que nous avons consultés, va dans la direction d'un affadissement de l'esprit religieux au profit d'un recentrage vers une sorte d'humanisme très large, un spiritualisme à forte connotation morale, très à l'aise dans son rapport à la raison, à la modernité, au libéralisme économique et aux idées maçonniques. Ainsi, dans l'article RIGORISME (*Morale*), il est commode à Gabriel Mingard de dénoncer toute doctrine religieuse qui outre les préceptes de la morale naturelle et 'choque tous les penchants': y sont mentionnés les règles monastiques, les jansénistes et, chez les protestants, 'les dévots, et ceux qu'on connaît en Hollande sous le nom de *fins*, et en Angleterre sous celui de *méthodistes*' (*CH*, XII, p.324b, l'italique est dans le texte). Cette orientation caractérisait déjà les articles CALVIN, CALVINISME et CALVINISTE que le pasteur Bertrand a rédigé pour l'*Encyclopédie* d'Yverdon. Esprit modéré, soucieux d'afficher sa liberté d'opinion, cet auteur s'attarde sur la biographie de Calvin et de sa doctrine, à partir de l'*Institution de la religion chrétienne*, et prend quelque peu ses distances de ce grand homme du XVIe siècle, 'respectable sans doute [...] mais point du tout un docteur infaillible ni un maître qu'ils [les calvinistes] suivent sans examen' (*Encyclopédie* d'Yverdon, CALVINISTE (*Théologie*), VII, 128b).

En bref, De Felice, et ses collaborateurs adhèrent à la confession réformée sans renoncer à exercer leur liberté de pensée et de jugement: se faisant ils participent d'une forme de protestantisme libéral qui se tient à égale distance du catholicisme politique que ses adversaires ont qualifié de cléricalisme, et de mouvements rationalistes hostiles ou indifférents à la religion.

Avec le jusnaturalisme moderne, l'appel à la droite raison acquiert une centralité nouvelle. La raison a la capacité de découvrir les principes de la normativité naturelle sans passer nécessairement par la révélation. Le fait est que, d'après De Felice, 'le fondement général du système des lois naturelles, c'est la nature de l'homme prise avec toutes les circonstances qui l'accompagnent' (*CH*, LOI NATURELLE, VIII, p.527b). La revendication intellectuelle de Grotius d'avoir traité le droit comme les mathématiciens considèrent les figures, en faisant abstraction des corps, se fait programme scientifique. Il s'agit de soustraire la réflexion sur la justice au jeu des opinions concurrentes et d'élever la connaissance des règles des actions humaines au même degré de certitude des connaissances géométriques. La rigueur de la démonstration mathématique est ainsi pour la première fois appliquée à l'étude du droit naturel: 'notre Grotius est le premier qui ait traité cette matière méthodiquement', écrit De Felice (*CH*, GROTIUS (*Hist. litt.*) VII, 276a). Dans un autre article, est louée la démarche systématique de Wolff: 'Ce qui caractérise principalement les écrits philosophiques de ce savant homme, c'est la méthode [...]. Il a donc entrepris de faire de toutes les connaissances philosophiques un vrai système, qui procédât de principes en conséquences, et où toutes les propositions fussent déduites les unes des autres avec une évidence démonstrative' (*CH*, WOLFF, *Christiern* (*Histoire littéraire*), XIII, p.733a). Tributaire de la méthode cartésienne,[25] cette approche rationaliste détonne par rapport à l'état d'incertitude et de confusion de l'ancien droit commun, caractérisé par l'hétérogénéité des sources normatives et par l'excessive variété des jugements (commentaires, décisions, interprétations...). Ce rationalisme a inspiré les travaux techniques du juriste Jean Domat, dont le traité *Les Lois civiles selon leur ordre naturel* présentait le champ de la législation française selon un plan systématique. Selon De Felice, aucun des livres qui ont 'embrassé l'universalité de la jurisprudence, n'a traité ce sujet plus heureusement, tant pour le choix des principes et des lois, que pour leur expression, leur disposition, et pour l'ordre des matières entre elles' (*CH*, DOMAT Jean (*Histoire littéraire*), V, p.26b). Le travail de Domat inspire cette idéologie de la 'codification',[26] dont nous avons parlé dans les chapitres précédents. Or, c'est aussi dans ce cadre conceptuel que le choix de De Felice d'employer la notion de 'code' dans l'intitulé de l'ouvrage peut être compris. Le code appelle une législation ordonnée, composée de règles claires, générales et abstraites, déduites des *dictamina rectae rationis*. L'article CODE CRIMINEL (*Jurisprudence*), sous-entrée de l'article vedette CODE, est révélateur de l'ambition rationalisatrice de De Felice, éditeur, correspondant[27] et propagateur de beaucoup d'idées pénales de Beccaria.[28] Succinct

25. De Felice rend ses lettres de noblesse à Descartes dans l'article CARTÉSIANISME, *Philosophie morale de Descartes* (*CH*, II, p.419-30). Alors que la réception de la philosophie de Descartes dans l'*Encyclopédie* a été étudiée (voir notamment Mariafranca Spallanzani, *L'Arbre et le labyrinthe: Descartes selon l'ordre des Lumières*, trad. fr. Martin Rueff (Paris, 2009)), aucune recherche n'a fait le point sur le cartésianisme dans le milieu protestant de l'*Encyclopédie* d'Yverdon.
26. Inconnu avant le XIXe siècle, ce terme permet néanmoins de désigner l'exigence des Lumières juridiques de ne considérer que la loi comme source fondamentale du droit.
27. Les échanges épistolaires entre De Felice et Beccaria ont lieu entre le mois de septembre 1766 et le mois d'octobre 1769.
28. A ces thèses fait défaut celle de la laïcisation du droit de punir: en effet, l'articulation entre culture réformée et culture philosophique ne favorise pas

et programmatique, cet article propose des lignes directrices pour systématiser la catégorisation des crimes et des peines:

> Pour que le *code criminel* soit complet, il doit avoir pour but les six objets suivant:
> 1. la nature des délits et des peines;
> 2. les personnes capables de délit;
> 3. le degré du délit dans le principal délinquant ou dans l'accessoire;
> 4. les diverses espèces de délits avec les peines à y attacher;
> 5. les moyens de prévenir les délits, et
> 6. la manière d'infliger les peines (*CH*, III, p.122-23).

Cinq renvois vers autant de notions pénales achèvent l'article: DROIT CRIMINEL, DÉLIT, CRIME, DÉLINQUANT, PEINE. Ces renvois, ils construisent un parcours d'idées autour d'articles particuliers qui fixent les repères conceptuels pour réorganiser la législation criminelle selon les préconisations de Beccaria.

Un troisième concept vecteur concerne l'affirmation de 'droits subjectifs', pour parler comme Michel Villey.[29] Contrairement à la vision ancienne du droit de nature comme loi de l'ordre objectif, le jusnaturalisme moderne s'adresse à des individus auxquels il impose des obligations et confère des droits. Défendue par des auteurs de la fin du XVIIe siècle comme Locke, cette doctrine fait procéder de la loi naturelle les droits à la vie (sûreté), à la liberté (politique, civile, d'opinion et de conscience) et à la propriété. Elle fait de la protection de ces droits individuels le fondement de la légitimité du pouvoir politique. L'idée de l'inaliénabilité et de l'inviolabilité des droits naturels se répand au XVIIIe siècle. Elle imprègne les discours des révolutionnaires américains et français. Avec les *Bills of rights* des anciennes colonies britanniques et avec la *Déclaration des droits de l'homme et du citoyen* de 1789, la revendication d'une sphère individuelle de libertés fondamentales se déplace du discours des philosophes à la réalité politique: se faisant, elle commence à façonner le droit positif moderne. Le *Code de l'humanité* participe de cette histoire

---

une conception sécularisée du droit, notamment sur le plan pénal: De Felice et ses collaborateurs ne distinguent pas toujours infraction juridique et péché (*CH*, VIII, p.657b).

29. Voir Michel Villey, *Le Droit et les droits de l'homme* (1983, Paris, 2009).

intellectuelle. Dans l'article PERSONNES (*Jurisprudence*), après avoir remarqué que 'les Romains ne mettaient pas leurs esclaves au rang des personnes, mais des choses, parce qu'ils entraient dans le commerce', il est affirmé que 'les personnes sont le premier objet du droit' (*CH*, X, p.588a). L'idée de personne désigne l'universel: si les droits de la personne sont inhérents à la nature humaine, tous les hommes ont nécessairement les mêmes droits, quels que soient leurs origines (*CH*, EGALITÉ NATURELLE, V, p.454-57). Les noirs ne sauraient constituer une exception: chercher à les réduire en esclavage ou à en faire une marchandise revient à violer les droits de l'humanité. Dans l'article NÈGRES, *esclavage ou commerce des* (*Droit naturel*), le prétendu 'droit de l'esclavage' et la traite des noirs sont condamnés de façon véhémente. Signé par Gabriel Mingard, ce beau texte est un brûlot révolutionnaire qui reproduit des extraits de l'*Histoire des deux Indes* (*CH*, IX, p.625-29). Les 'personnes' se voient également reconnues par De Felice certaines garanties juridiques fondamentales, comme le droit à ne jamais être soumis à la torture par l'autorité judiciaire (voir *CH*, QUESTION (*Jurisprudence*), XI, 669-73), ainsi que le droit à ne pas être emprisonné arbitrairement: 'C'est une erreur non moins répandue que contraire à la fin de l'établissement de la société, qui est *la sureté personnelle*, de laisser le magistrat, exécuteur des lois, maître d'emprisonner un citoyen, d'ôter la liberté à celui qu'il hait, sous de frivoles prétextes.' (*CH*, EMPRISONNEMENT, en *Jurisprudence*, V, 569a, nous soulignons).

La peine de mort est-elle aussi à bannir, parce qu'elle est contraire au droit naturel: 'Le droit de donner la mort [...] n'est donné à personne sur la terre. Il est si souverain, qu'il est réservé à Dieu seul. Les despotes l'ont usurpé: il ne leur appartenait pas. Il est contre les lois de la nature, que la mort dépende de la volonté et du caprice d'aucun mortel' (*CH*, DROIT DE VIE ET DE MORT, V, 179b). Enfin, le droit naturel exige que l'homme soit propriétaire. Au terme du dense article PROPRIÉTÉ (*Droit naturel et Politique*), qui s'étend sur des dizaines de pages pour analyser l'origine et le fondement du droit de propriété, De Felice conclut que 'rien' n'est 'plus conforme à la droite raison, et par conséquent au droit naturel, que l'établissement de la propriété des biens, puisque sans cela il aurait été impossible que les hommes vécussent dans une société paisible, commode et agréable'(*CH*, XI, p.530b).

Une quatrième idée force concerne la formation des sociétés humaines. Ni organisation politique naturelle, ni résultat d'une investiture divine, l'Etat procède d'un pacte social. La souveraineté doit sa légitimité au consensus des associés. Cette vision de la genèse sociale repose sur des principes individualistes et s'articule notamment autour de trois notions fondamentales: l'état de nature, où les hommes vivent sans liaisons politiques et détiennent les mêmes droits naturels; la société civile, où les hommes dépendent d'une autorité commune, ayant le pouvoir de promulguer les lois et de les faire respecter; le contrat social, qui assure le passage de l'état de nature à la société civile. De Hobbes à Kant, les théoriciens du droit naturel déclinent diversement ce schéma conceptuel, qui permet de penser la genèse politique de l'Etat.[30] Le *Code de l'humanité* ménage une place majeure aux doctrines de Locke et de Burlamaqui, au détriment des principes politiques de Hobbes, qui sont constamment rejetés par les encyclopédistes d'Yverdon: ainsi pour l'assimilation de l'état de nature à un état de guerre, la négation de la sociabilité naturelle des hommes, la légitimation de l'autorité sans bornes du souverain... Dans l'article HOBBES, Thomas (*Histoire littéraire*), Bertrand pointe 'ses principes pernicieux [qui] travestissent l'homme en bête, le rendent ennemi de toute société, et ne donnent des magistrats que pour la vie animale, et nullement pour la morale' (*CH*, VII, p.404-408). Contre l'hobbisme, Locke renverse les termes traditionnels de l'obligation politique: à la place de la déontologie de l'obéissance, qui prescrit le devoir du sujet d'obéir aux commandements du souverain, il s'agit d'affirmer le devoir du souverain de respecter et de protéger les droits du sujet. Or, dans l'article LIBERTÉ POLITIQUE, De Felice souligne avec optimisme que les princes des états biens constitués 'sauront proscrire un jour les systèmes des instigateurs du despotisme, pour se renfermer dans les justes bornes de la puissance représentative et des droits du peuple et de la gloire des souverains' (*CH*, VIII, p.419a). Mais que faire sous le joug d'une domination tyrannique? Dans différents articles, De Felice et Jaucourt affirment que tout abus du pouvoir sous forme

30. Voir Silvia Rodeschini, *Stati di natura: saggi sul contrattualismo moderno e contemporaneo* (Rome, 2012).

d'atteinte aux droits naturels justifie la résistance à l'oppression et le dépôt des autorités publiques.[31] Face à l'oppresseur, le citoyen a le devoir et le droit de se révolter. Dans le riche article SUJET (*Morale, Droit civil et politique*) du *Code de l'humanité*, Jaucourt affirme, en héritier d'une tradition jusnaturaliste qui voit la source de toutes les lois positives dans un droit universel et immuable fondé sur la raison, que 'les lois sont faites pour les hommes, et non les hommes pour les lois'. (*CH*, XIII, p.186b). Portalis fera sienne cette idée au début de son *Discours préliminaire* sur le *Projet de code civil*: 'Les lois ne sont pas de purs actes de puissance; ce sont des actes de sagesse, de justice et de raison. Le législateur exerce moins une autorité qu'un sacerdoce. Il ne doit point perdre de vue que les lois sont faites pour les hommes, et non les hommes pour les lois.'[32] Le principe fondamental du droit de résistance à l'oppression,[33] qui annonce le dernier article de la déclaration française des droits de l'homme,[34] est ainsi clairement réaffirmé dans le *Code de l'humanité*: 'la justice serait vraiment bannie de la terre, si les ordres des princes étaient des lois auxquelles il ne fût jamais permis de résister' (*CH*, XIII, p.185b). Un exemple historique célèbre de légitimation du droit à la révolte est offert par la justification contractualiste de la révolution américaine, énoncée par Thomas Jefferson dans la *Declaration of independence*: lorsque l'Etat ne respecte pas ses devoirs de tutelle des droits fondamentaux, le peuple est autorisé à se réapproprier la souveraineté, pour former un nouveau gouvernement basé sur le consensus des gouvernés, et donc sur une autorité légitime. De son côté, Gabriel Mingard, dans l'article AUTORITÉ du premier tome, écrit significativement:

31. De Felice s'exprime en faveur du principe de la résistance à l'oppression dans les articles DESPOTISME (*Droit politique*), IV, p.467-68 et DROIT *du plus fort*, V, p.179ab, où est reproduit intégralement le chapitre I, 3 du *Contrat social* de Rousseau, sans nommer l'auteur.

32. 21 janvier 1801, Paris, Pierre-Antoine Fenet, *Recueil de travaux préparatoires du Code civil* (Paris,1827), t.I, p.466.

33. Sur ce principe, voir l'étude d'Andrea Buratti, *Dal diritto di resistenza al metodo democratico: per una genealogia del principio di opposizione nello stato costituzionale* (Milan, 2006), p.85-170.

34. Article 35: 'Quand le gouvernement viole les droits du peuple, l'insurrection est pour le peuple, et pour chaque portion du peuple, le plus sacré des droits, et le plus indispensable des devoirs'.

> C'est des lois que dépend la légitimité du *pouvoir*; c'est du mérite qu'elles supposent, que naît l'autorité qui rend respectable, et qui obtient l'obéissance volontaire; c'est de la réunion du mérite connu, et des lois, que naît cet empire suprême, auquel tout cède sans résistance et avec plaisir, et qui fait des princes légitimes et estimables, les images visibles de Dieu (*CH*, I, p.729a).

De Felice de lui faire écho dans l'article MONARCHIE, où le pouvoir absolu et héréditaire du monarque, source de violence politique et donc 'ennemi de la Justice et de la Raison', ainsi que 'la liberté licencieuse de la démocratie', sont délaissés au profit d'une forme de gouvernement monarchique limité par des corps intermédiaires (*CH*, IX, p.374-75).

Des recherches récentes sur la correspondance inédite[35] de De Felice permettent de mieux apprécier les efforts de cet encyclopédiste dans la promotion de son *Code* auprès des milieux intellectuels européens.[36] Certes, le *Code de l'humanité* fut un relatif échec commercial et sa parution ne fit pas l'effet d'un coup de tonnerre. On aurait pourtant tort de croire que l'ouvrage ait passé inaperçu. En France, il souffre sans doute l'hostilité de l'influent imprimeur-libraire Panckoucke.[37] Dès la fin des années 1760, le projet d'encyclopédie de De Felice entre en concurrence directe avec les ambitions éditoriales de ce magnat de la presse française,[38] alors engagé dans l'édition des *Suppléments à l'Encyclopédie* de Robinet. Dix ans plus tard, la guerre commerciale se déplace sur le terrain des dictionnaires juridiques: alors que De Felice met en œuvre le *Code de l'humanité*, Panckoucke, lui, édite deux recueils d'envergure: le *Répertoire* de Guyot et le *Dictionnaire de jurisprudence* de l'*Encyclopédie méthodique*.

Fortement concurrencé en France, le dictionnaire de De Felice

35. Voir l'édition électronique de la *Correspondance inédite* de De Felice, éd. Léonard Burnand (Lausanne, 2013), www.unil.ch/defelice (dernière consultation le 7 janvier 2015).
36. Léonard Burnand, 'Les chemins du droit: F.-B. De Felice et la diffusion des idées juridiques au temps des Lumières', *L'Irascible: revue de l'Institut Rhône-Alpin de sciences criminelles* 4 (2013), p.77-89.
37. La correspondance entre De Felice et Panckoucke témoigne des rapports extrêmement conflictuels entre ces éditeurs. Voir la Lettre de F.-B. De Felice à Charles-Joseph Panckoucke du 14 avril 1769.
38. Voir Robert Darnton, 'The Encyclopédie wars in prerevolutionary France', *American historical review* 78 (1973), p.1331-52.

peine également à conquérir le marché des états italiens, encore sous l'influence de la culture catholique. Moins prisé dans l'espace méditerranéen que dans les pays de l'Europe réformée du Nord, le *Code* d'Yverdon est bien accueilli par les gazettes de l'époque. En témoignent les recensions de *L'Esprit des journaux, français et étrangers*, de décembre 1779 (t.XII, An 8, Paris-Liège, p.414-18), et du *Journal des savants* du mois d'octobre 1778:

> L'ouvrage que nous annonçons, en exposant les décisions de la justice civile, fait sentir jusqu'où elle se conforme à la justice naturelle, et où elle s'en écarte. La Morale fait la base de ce grand Ouvrage. Jamais ses vérités n'ont été présentées avec plus de candeur, de solidité, de profondeur et de franchise, qu'elles le sont dans ce Dictionnaire, qui jusqu'ici nous manquait, et qui est bien digne d'occuper une place dans toutes les bibliothèques publiques et particulières; c'est le Code de l'Humanité; il devrait être le manuel de ces respectables Magistrats, qui ne prononcent que d'après les arrêts infaillibles de la justice naturelle et de l'équité. (Paris, p.2286)

Quarante ans plus tard, en 1820, le *Code* est de nouveau signalé parmi 'les livres les plus précieux et les ouvrages les plus utiles' par le *Manuel du libraire et de l'amateur de livres*, établi par Jacques-Charles Brunet (Paris, 1820, t.IV, n°1537, p.37). Vaste répertoire bibliographique, ce *Manuel* classe le recueil de De Felice parmi les 'traités généraux du droit de la nature et des gens'. En réalité, *le Code de l'humanité* n'est pas un traité. Sa forme est davantage celle d'un dictionnaire encyclopédique. Tout au plus, en raison de certains articles particulièrement développés, qui s'étendent sur des dizaines de pages, on pourrait le comparer à une collection alphabétique de traités très condensés. Reste que le *Code de l'humanité* a été appréhendé, dès sa parution, comme une œuvre de 'droit de la nature'.

Enfin, l'ouvrage a dépassé les frontières européennes et retenu l'attention des pères fondateurs des Etats-Unis. Thomas Jefferson lui-même s'en est procuré un exemplaire, ce dont témoigne le catalogue de sa riche bibliothèque privée. Qui plus est, il fait l'éloge de l'ouvrage et se préoccupe de le faire connaître à ses confrères. Un exemplaire est expédié à Edmund Randolph, le futur secrétaire d'Etat des Etats-Unis, assorti d'une lettre de Jefferson, envoyée de Paris, le 20 septembre 1785:

> I therefore send you by way of Havre a dictionary of law Natural & municipal in 13. vols 4to. Called le *Code de l'humanité*. It is published by Felice, but written by him & several other authors of established reputation. It is an excellent work. I do not mean to say that it answers fully to its title. That would have required fifty times the volume. It wants many articles which the title would induce us to seek in it. But the articles of which it does treat are well written. It is better than the voluminous *Dictionnaire diplomatique*, & better also than the same branch of the *Encyclopédie méthodique*.[39]

Ce document confirme que le *Code de l'humanité* a été reçu comme un 'excellent travail' de 'droit naturel et civil'. Partie prenante de la culture juridique des Lumières, remarqué par les fondateurs des Etats-Unis qui souhaitaient fonder une société nouvelle basée sur un pouvoir politique limité, le *Code de l'humanité* est bien un premier dictionnaire européen des droits naturels de l'homme en ce qu'il aborde l'ensemble des thèmes qui concernent le droit de l'individu à la vie, à la liberté et à la propriété. De ce fait, il représente le moment encyclopédique de l'histoire du jusnaturalisme moderne, à une époque où la problématique classique sur les droits naturels se transforme en une politique des droits l'homme.

39. Cette indication est fournie par le Sowerby catalogue, vol.II (Philosophy – moral, ch.XVI 'Law of nature and nation'), p.73, des *Thomas Jefferson's libraries*. La lettre est référencée: LC 2533.

Conclusion

L'idée directrice de cet ouvrage est que l'encyclopédisme du siècle des Lumières ne se réduit pas à une pure et simple restitution des débats juridiques de son temps, mais il joue un rôle intellectuel dans le processus de réforme du droit ayant bouleversé l'ordre traditionnel du corps politique et social à la fin du XVIIIe siècle. En particulier, cette étude a permis de constater que l'*Encyclopédie* et ses suites peuvent être appréhendées autrement que comme des colossales compilations savantes ou comme des vitrines des idées scientifiques nouvelles. Lieux où deux modèles de science juridique se rencontrent, celui de la jurisprudence traditionnelle et celui de l'école moderne du droit naturel, les encyclopédies furent aussi bien des voies d'accès aux connaissances juridiques que des laboratoires intellectuels dans lesquels ces mêmes connaissances juridiques dialoguent avec la philosophie et les autres disciplines. Aussi les encyclopédies furent-elles de puissants vecteurs culturels[1] – des ponts tendus entre la culture juridique des Lumières et les citoyens – dont la pénétration dans les milieux philosophiques et judiciaires eut un impact certain sur l'opinion publique naissante[2] et sur l'évolution du langage juridique. Nourri par un large éventail de sources philosophiques, politiques et juridiques, et animé par le projet de 'changer la façon commune de penser', l'encyclopédisme fut partie prenante de cet usage public de la raison dans le domaine littéraire qui n'a cessé d'adresser sa critique à l'absolutisme de

1. Comme l'a fait observer Isabelle Moreau, 'parler de circulation des idées dans l'espace culturel de l'époque, c'est d'abord s'interroger sur les mécanismes sociaux et politiques qui assurent leur diffusion au sein de la république des lettres. Il faut tenir compte des sociétés savantes et de leurs réseaux d'information, des académies et des institutions, mais aussi des périodiques et des publications *in fine* d'auteurs qui alimentent le débat' (*Les Lumières en mouvement*, p.12-13).
2. Voir Keith Michael Baker, *Au tribunal de l'opinion: essais sur l'imaginaire politique au XVIIIe siècle*, trad. L. Evrard (Paris, 1993), p.219-66 et Ethel Groffier, *Un encyclopédiste réformateur: Jacques Peuchet (1758-1830)* (Québec, 2009), p.81-102.

droit divin, comme des auteurs tels que Koselleck[3] ou Habermas[4] l'ont suggéré.

Au-delà de la part de compilation, qui est inévitable dans des ouvrages de cette envergure, l'esprit critique et émancipateur étant à l'origine de l'entreprise encyclopédique de Diderot et D'Alembert, et dont les encyclopédies suivantes s'inspirent, fait bon ménage avec un effort de totalisation du savoir juridique. Pourtant, le lecteur ne trouvera pas dans les encyclopédies des Lumières une disposition systématique du droit: en effet, ces entreprises appellent de leurs vœux les codes juridiques plus qu'elles ne les réalisent. Qu'ils concernent la justice naturelle, militaire, civile, pénale ou politique, les milliers d'articles encyclopédiques de cette période charnière ne forment jamais un corps unifié de doctrine juridique: l'esprit de réforme des Diderot, des Jaucourt, des De Felice, des Delacroix, des Mingard cohabite avec l'idéologie conservatrice des spécialistes de l'ancien droit (Boucher d'Argis, Guyot, Merlin de Douai...). Cette pluralité de conceptions du droit et d'argumentaires concurrents qui traversent les encyclopédies et les dictionnaires spécialisés n'est pas, ou en tout cas, pas seulement, affaire d'auteurs de tendances et de provenances diverses. Ce n'est pas davantage affaire de doctes, doctrine commune ou juxtaposition de thèses: autour de chaque question, c'est un tableau critique qui est dressé et porté à l'attention du jugement autonome des lecteurs. Or, le regard porté par la postérité sur l'encyclopédisme du siècle des Lumières a souvent occulté cette dimension polyphonique, qui est moins révélatrice d'une pensée éclatée ou syncrétique que le signe d'une approche le plus souvent antidogmatique, fille de la 'tentative d'un siècle philosophe' (*ENC*, ENCYCLOPÉDIE, V, p.644a), et à ce titre soucieuse avant tout d'éveiller l''esprit philosophique' du lecteur (p.647a).

Consciente que le rapport avec les sources n'y a pas le même sens que dans d'autres écrits du temps[5] (traités, romans

3. Reinhart Koselleck, *Le Règne de la critique*, trad. H. Heidenbrand (Paris, 1979), ch.2, en particulier p.50-54.
4. Jürgen Habermas, *L'Espace public: archéologie de la publicité comme dimension constitutive de la société bourgeoise*, trad. M.-B. de Launay (Paris, 1978), p.61 et s.
5. Marie Leca-Tsiomis a bien souligné cet aspect à propos des articles de

philosophiques, pamphlets, pièces théâtrales...), cette étude a souhaité porter la plus grande attention au travail complexe de décontextualisation et de recontextualisation des connaissances qui se réalise dans le corps des dictionnaires raisonnés. Une telle enquête exégétique a pu mettre en relief, au fil des différents projets éditoriaux, la richesse critique du regard porté par les encyclopédistes sur le droit et la justice, sur ce qui relève de la loi positive changeante et incertaine, d'une part, et sur ce qui relève, d'autre part, d'un idéal de droit: la loi naturelle, régulatrice, expression d'un droit naturel universel. Sans négliger la voix des tenants de l'ancien droit, cette enquête a essentiellement cherché à restituer l'apport des encyclopédies à l'émergence d'un discours juridique hostile aux formes d'assujettissement de l'autorité absolutiste: en témoignent la revendication constante des droits naturels de l'homme et l'engagement réformateur dans le domaine de la justice criminelle. Loin de se limiter à réordonner les connaissances, ces répertoires, avec des accents différents, osent bousculer les normes établies au nom du renforcement des droits des personnes: ainsi pour les femmes, les prisonniers de guerre, les esclaves, les prévenus en attente de jugement, les détenus... Sous ce jour, les encyclopédies que nous avons envisagées, et tout particulièrement celle de Diderot et D'Alembert, marquée par la contribution déontologique de Jaucourt, et *a fortiori* celle de De Felice, le *Code* jusnaturaliste *de l'humanité*, n'ont guère parues étrangères au mouvement de transformation des droits naturels de la théologie en droits de l'homme de la philosophie. Entamée dans les siècles précédents, cette lente métamorphose se poursuit à l'âge des Lumières et trouve une première grande occasion de se concrétiser au niveau politique avec l'essor de la république démocratique moderne par les Etats-Unis d'Amérique.

Enfin, selon la façon qui est la leur, les encyclopédies du second XVIIIe siècle rendent compte et participent d'une autre bouleversante évolution dans le domaine des idées juridiques.

'grammaire' de Diderot: *Ecrire l'Encyclopédie: Diderot, de l'usage des dictionnaires à la grammaire philosophique*, *SVEC* 375 (1999). Voir aussi l'article de Yiochi Sumi, 'Puiser aux sources de l'*Encyclopédie*', *RDE* 46 (2011), p.227-32.

Publiées entre le déclin des supplices royaux et la naissance du pénitentiaire, les sources encyclopédiques nous éclairent sur les mutations du droit pénal et sur les enjeux liés à ces mutations. Ligne de démarcation entre la liberté et l'oppression selon Montesquieu, le droit de punir est pour lui comme pour Voltaire la mesure de la liberté politique d'un peuple. A cet égard, la réflexion humaniste et utilitaire de Beccaria, ce confrère des philosophes (Montesquieu, Helvétius, Rousseau, Voltaire) et admirateur de l'*Encyclopédie*, a paru déterminante pour mieux apprécier le renouveau des controverses autour de trois questions cruciales pour construire un sens de l'universel juridique et penser la genèse des droits fondamentaux: la peine de mort, la torture judiciaire et la défense des garanties juridiques des détenus.

Au bout de cette double enquête sur le droit dans l'*Encyclopédie* et, par-delà l'*Encyclopédie*, sur la modernisation des idées pénales impulsée par la philosophie de Beccaria, il semble alors légitime de prendre position contre la thèse de la discontinuité entre l'*Encyclopédie* et l'esprit de la *Déclaration* de 1789, et en faveur de l'hypothèse de la filiation, jadis avancée par Jacques Chouillet.[6] Toujours est-il, cependant, que ce rapport de relative continuité se présente moins sous la forme simplificatrice d'un héritage direct et immédiat que comme une relation médiate, complexifiée par le travail, tout à la fois savant et 'philosophique', que le mouvement encyclopédique francophone des années 1770-1790 a accompli sur la pensée et sur le langage juridique à la suite du moment Beccaria.

6. 'De l'*Encyclopédie* à la *Déclaration des droits de l'homme*: rupture ou continuité?', *RDE* 8 (1990), p.55-66.

Bibliographie

Sources

Dictionnaires et recueils

Bayle, Pierre, *Dictionnaire historique et critique*, 4 vols (Rotterdam, Reinier Leers, 1697; Amsterdam, Brunel, Humbert, Wetstein & Smith, 1740).

Bretonnier, Barthélemy-Joseph, *Recueil par ordre alphabétique des principales questions de droit qui se jugent dans les différents tribunaux du royaume* (Paris, Emery, Saugrain, Martin, 1739).

Chambers, Ephraïm, *Cyclopaedia, or An Universal dictionary of arts and sciences*, 2 vols (Londres, D. Midwinter, W. Innys, C. Rivington, A. Ward, J. and P. Knapton, 1741-1743).

–, *Cyclopaedia, or An Universal dictionary of arts and sciences*, avec supplément éd. Abraham Rees, 5 vols (Londres, s.n., 1784-1788).

Code Louis: testi e documenti per la storia del processso, éd. Nicola Picardi et Alessandro Giuliani, 2 vols (Milan, 1996).

Code noir, ou Recueil des règlements rendus jusqu'à présent: concernant le gouvernement, l'administration de la justice, la police, la discipline & le commerce des nègres dans les colonies françaises, et les conseils & compagnies établis à ce sujet (Paris, Prault, 1767).

De Felice, Fortuné Barthélémy, *Code de l'humanité, ou La Législation universelle, naturelle, civile et politique, avec l'histoire littéraire des plus grands hommes qui ont contribué à la perfection de ce code* (Yverdon, De Felice, 1778), 13 vols.

–, *Dictionnaire universel raisonné de justice naturelle et civile*, 13 vols, ouvrage composé par une société de moralistes, de jurisconsultes et de publicistes (Yverdon, De Felice, 1777-1778).

–, *Encyclopédie ou Dictionnaire universel raisonné des connaissances humaines*, 58 vols (Yverdon, De Felice, 1770-1780).

Denisart, Jean-Baptiste, *Collection de décisions nouvelles et de notes relatives à la jurisprudence actuelle*, 4 vols (Paris, s.n., 1771).

Des Essarts, Nicolas-Toussaint, *Dictionnaire universel de police*, 8 vols (Paris, Moutard, 1786-1790).

–, *Essai sur l'histoire générale des tribunaux des peuples tant anciens que modernes ou Dictionnaire historique et judiciaire*, 6 vols (Paris, l'auteur, 1778-1780).

Diderot, Denis et Jean Le Rond D'Alembert (éd.), *Encyclopédie ou Dictionnaire des sciences, des arts et des métiers, par une société de gens de lettres* (Paris, Briasson, David, Le Breton, Durand,

1751-1772), 28 vols, éd. Robert Morrissey, ARTFL.

Durand de Maillane, Pierre Toussaint, *Dictionnaire de droit canonique et de pratique bénéficiale conféré avec les maximes et la jurisprudence de France*, 2 vols (Paris, Bauche, 1761).

Edits, déclarations et arrêts concernant la religion prétendue réformée, 1662-1751 (Paris, 1885).

Ferrière, Claude Joseph de, *Dictionnaire de droit et de pratique* (Paris, 1758).

Furetière, Antoine, *Dictionnaire universel* (La Haye et Rotterdam, A. et R. Leers, 1690).

Guyot, Joseph-Nicolas, *Répertoire de jurisprudence civile, criminelle, canonique et bénéficiale, ouvrage de plusieurs jurisconsultes*, 64 vols (Paris, Panckoucke, 1775-1783).

Isambert, François-André, *Recueil général des anciennes lois françaises depuis l'an 420 jusqu'à la révolution de 1789*, éd. Jourdan, Isambert, Decrusy, 29 vols (Paris, 1821-1833).

James, Robert, *A Medicinal dictionary*, 3 vols (Londres, Osborne, 1743-1745).

L'Averdy, Charles-Clément-François de, *Code pénal ou Recueil des principales ordonnances, édits et déclarations sur les crimes et délits* (Paris, Saillant et Desaint, 1765).

La Combe de Prézel, Honoré, *Dictionnaire iconologique ou Introduction à la connaissance des peintures, sculptures, médailles, estampes, &c: avec des descriptions tirées des poètes anciens & modernes* (Paris, de Hansy, 1756).

La Roche, Daniel et Philippe Petit-Radel, *Dictionnaire de chirurgie de l''Encyclopédie' méthodique*, 2 vols (Paris, Liège, Panckoucke, 1791-1792).

Merlin de Douai, Philippe Antoine, *Répertoire universel et raisonné de jurisprudence*, 16 vols (Paris, 1807-1821).

Moréri, Louis, *Le Grand dictionnaire historique, ou Le Mélange curieux de l'histoire sacrée et profane... le tout enrichi de remarques... tirées... du 'Dictionnaire critique' de M. Bayle, commencé en 1674, par Mre Louis Moreri,... et continué par le même et par plusieurs auteurs...* (Basle, Jean Brandmuller, 1731).

Panckoucke, Charles Joseph, *Dictionnaire de Jurisprudence de l'Encyclopédie méthodique*, 'par une société de jurisconsultes', 8 vols (Paris, Liège, Panckoucke, 1782-1789).

Prost de Royer, Antoine-François, *Dictionnaire de jurisprudence et des arrêts*, 7 vols (Lyon, La Roche, 1781-1788).

Recueil des lettres circulaires, instructions, programmes, discours et autres actes publics, 3 vols (Paris, Imprimerie de la République an VII [1799] – an X).

Robinet, Jean-Baptiste, *Suppléments à l'Encyclopédie ou Dictionnaire raisonné des Sciences, des Arts et des Métiers* [...], 4 vols (Amsterdam, Rey, 1776-1777).

Trévoux, *Dictionnaire universel contenant tous les mots de la langue française des sciences et des arts*, imprimé à Trévoux (multiples éditions de 1704 à 1771).

Voltaire, François-Marie Arouet, dit, *Dictionnaire philosophique*, 2 vols, éd. Christiane Mervaud, dans *OCV*, t.35-36.
–, *Questions sur l'Encyclopédie II*, éd. Nicholas Cronk et Christiane Mervaud, dans *OCV*, t.38.
–, *Questions sur l'Encyclopédie IV*, éd. Nicholas Cronk et Christiane Mervaud dans *OCV*, t.40.
–, *Questions sur l'Encyclopédie V*, éd. Nicholas Cronk et Christiane Mervaud dans *OCV*, t.41.

Autres répertoires

Brunet, Jacques-Charles, *Manuel du libraire et de l'amateur de livres* (Paris, 1820).

Dictionnaire critique de la Révolution française, éd. François Furet et Mona Ozouf (Paris, 2007).
Dictionnaire culturel en langue française, éd. Alain Rey, 4 vols (Paris, 2005).
Dictionnaire de Diderot, éd. Roland Mortier et Raymond Trousson (Paris, 1999).
Dictionnaire historique des juristes français XIIe-XXe siècle, éd. Patrick Arabeyre, Jean-Louis Halpérin, et Jacques Krynen (Paris, 2007).
Dictionnaire des journalistes (1600-1789), éd. Jean Sgard (Oxford, 1999).
Dictionnaire européen des Lumières, éd. Michel Delon (Paris, 1997).
Dictionnaire Montesquieu, éd. Catherine Volpilhac-Auger (Lyon, 2013), http://dictionnaire-montesquieu.ens-lyon.fr/fr/accueil/ (dernière consultation le 8 janvier 2015).

Histoire et dictionnaire de la Révolution française, éd. Jean Tulard, Jean-François Fayard et Alfred Fierro (Paris, 1987).

Presse ancienne

Ancien Moniteur, t.3, 7 (Paris, Panckoucke, janvier 1790).

Décade philosophique, littéraire et politique, La, (Paris, s.n., 1794-1807).

Esprit des journaux, français et étrangers, L' (Paris-Liège, Valade, Tutot, 1772-1817).

Journal des savants (Paris, Lacombe, 1778).

Spectateur français, pour servir de suite à celui de M. de Marivaux (Paris, Duchesne, 1770-1772).

Sources et écrits du temps

Alembert, Jean Le Rond D', *Discours préliminaire de*

l'Encyclopédie, éd. Michel Malherbe (Paris, 2000).
–, *Discours préliminaire de l'Encyclopédie et articles de l'Encyclopédie*, éd. Martine Groult (Paris, 2011).
–, *Elogio di Montesquieu*, éd. Giovanni Cristani (Naples, 2010).
–, *Œuvres complètes*, 5 vols (Genève, 1967).
Aguesseau, Henri-François, d', *Œuvres complètes*, nouv. éd., 16 vols (Paris, 1819).
Archives parlementaires, t.IX, séance du 9 octobre 1789, 'Discussion du projet sur la réforme provisoire de quelques points de la jurisprudence criminelle', in Jean-Claude Farcy, *La Peine de mort en France: de la Révolution à l'abolition* (2005), https://criminocorpus.org/IMG/pdf/criminocorpus_guide_exposition_peine_de_mort.pdf (dernière consultation le 7 janvier 2015).
Argenson, René Voyer de Paulmy, marquis d', *Mémoires et journal inédit*, 5 vols (Paris, 1858).

Bailly, Sylvain, *Mémoires d'un témoin de la Révolution*, avec des notes et des éclaircissements historiques par MM. Berville et Barrière, 3 vols (Paris, 1822).
Bayle, Pierre, *Pensées diverses sur la comète* (1682), éd. Hubert Bost (Paris, 2007).
Beccaria, Cesare, *Carteggio I et II*, vol.IV et V de *Opere*, 9 vols (Milan, 1984-1998).
–, *Dei delitti e delle pene*, éd. Gianni Francioni, in *Edizione nazionale delle opere di Cesare Beccaria*, éd. Luigi Firpo, vol.I (Milano, 1984).
–, *Dei delitti e delle pene*, in *La Letteratura italiana: storia e testi*, éd. Franco Venturi, vol.VLVI: *Illuministi italiani*, t.3: *Riformatori lombardi, piemontesi e toscani* (Milano-Napoli, 1958), p.74.
–, *Dei delitti e delle pene con una raccolta di lettere e documenti relativi alla nascita dell'opera e alla sua fortuna nell'Europa del Settecento* (Turin, 1965).
–, *Dei delitti e delle pene, Des délits et des peines*, trad. et éd. Philippe Audegean (Lyon, 2009).
–, *Dei delitti e delle pene*, préface de Pietro Calamandrei (Florence, 1945).
–, *Traité des délits et des peines*, trad. fr. André Morellet (Amsterdam, s.n., 1766).
Blackstone, William, *Commentaries on the laws of England*, 4 vols (Oxford, Clarendon Press, 1765-1769).
Boncerf, Pierre-François, *Des inconvénients des droits féodaux* (Paris, Valade, 1776).
Boucher d'Argis, André-Jean-Baptiste, *Lettres d'un magistrat de Paris à un magistrat de province sur le droit romain et la façon dont on l'enseigne en France*, éd. Withold Wolodkiewicz (Naples, 1984).
–, *Observations sur les loix criminelles de France* (Amsterdam et Paris, Leboucher, 1781).
Brissot de Warville, Jacques Pierre, *Bibliothèque philosophique*

du législateur, du politique, du jurisconsulte (Paris, Defauges, 1782).
–, *Essai sur les moyens d'adoucir la rigueur des lois pénales en France* (Châlon-sur-Marne, Seneuze, 1781).
–, *Le Sang innocent vengé ou Discours sur les réparations dues aux accusés innocents*, in *Bibliothèque philosophique*, vol.VI (Paris, Defauges, 1782), p.167-243.
–, *Théorie des loix criminelles* (Neuchâtel, Desauges 1781).
Burlamaqui, Jean-Jacques, *Principes du droit naturel, avec Les Principes du droit de la nature et des gens*, éd. considérablement augmentée par De Felice, 8 vols (Genève, Yverdon, 1748-1768).
–, *Principes du droit naturel* (Genève, Philibert, 1756), éd. Jean-Paul Coujou (Paris, 2007).
–, *Principes du droit politique* (Amsterdam, Zacharie Chatelain, 1751).

Calvin, Jean, *Institution de la religion chrétienne* (1536; éd. fr. 1541), 4 vols (Genève, 1955-1958).
Castel de Saint-Pierre, Charles-Irénée (abbé de Saint-Pierre), *Projet pour rendre la paix perpétuelle en Europe* (Utrecht, Schouten, 1713).
Charondas, *voir* Le Caron
Condorcet, Jean-Antoine-Nicolas de Caritat (marquis de), *Arithmétique politique: textes rares ou inédits (1767-1789)*, éd. Bernard Bru et Pierre Crépel (Paris, 1994).
–, *Réflexions sur l'esclavage des nègres* (1781), éd. David Rochefort (Paris, 2009).
Correspondance littéraire, philosophique et critique, par Grimm, Diderot, Raynal, Meister, etc... éd. Maurice Tourneux, 16 vols (Paris, 1879).

De Felice, Fortuné Barthélemy, *Correspondance inédite*, éd. Léonard Burnand (Lausanne, 2013), http://www.unil.ch/defelice (dernière consultation le 7 janvier 2015).
–, *De Newtoniana attractione* (Bernae, ex officina typographica illustrissimae Reipublicae, 1757).
–, *Discours sur la manière de former l'esprit et le cœur des enfants* (Yverdon, s.n., 1768).
–, *Leçons de droit de la nature & des gens*, 2 vols (Yverdon, s.n., 1769).
–, *Leçons de logique*, 2 vols (Yverdon, s.n., 1770).
–, *Tableau philosophique de la religion chrétienne, considérée dans son ensemble, dans sa morale, et dans ses consolations* (Yverdon, s.n., 1779).
Déclaration des droits de l'homme et du citoyen (1789), éd. Stéphane Rials (Paris, 1988).
Delacroix, Jacques-Vincent, *Constitutions des principaux états de l'Europe et des Etats-Unis de l'Amérique*, 6 vols (Paris, Buisson, 1791-1801).
–, *Eloge de Jean Jacques Rousseau* (Amsterdam, Paris, Lejai, 1778).
–, *Le Spectateur français pendant le gouvernement révolutionnaire*, V° Discours (Paris, Buisson, 1794).
–, *Les Moyens de régénérer la France, et d'accélérer une paix durable avec ses ennemis* (Paris, Buisson, 1797).

–, *Montesquieu considéré dans une république* (Paris, Moutardier, 1798).
–, *Observations impartiales sur le rapprochement ingénieux des titres de Voltaire à la gloire et des torts de cet illustre écrivain* (Paris, 1825).
–, *Observations sur la société et sur les moyens de ramener l'ordre et la sécurité dans son sein*, 2 vols (Paris, Royez, 1787).
–, *Opinion du 'Spectateur français' sur la proposition de supprimer la peine de mort dans notre législation criminelle et sur les moyens de purifier nos villes et nos campagnes* (Versailles, 1828).
–, *Réflexions morales sur les délits publics et privés* (Paris, 1807).
–, *Réflexions philosophiques sur l'origine de la civilisation et sur les moyens de remédier à quelques-uns des abus qu'elle entraîne* (Paris, Le Jay, 1778).
Delolme, Jean-Louis, *Constitution d'Angleterre, ou Etat du gouvernement anglais, comparé avec la forme républicaine & avec les autres monarchies de l'Europe* (Londres, G. Robinson, J. Murray, 1785).
Descartes, René, *Œuvres complètes*, éd. Charles Adam et Paul Tannery, 11 vols (Paris, 1996).
Diannyère, Antoine, *Eloge de M. le Président du Paty, suivi de notes sur plusieurs points importants de l'ordre public* (Naples, s.n., 1789).
Diderot, Denis, *Correspondance*, éd. Laurent Versini (Paris, 1997).
–, *Œuvres*, éd. Laurent Versini, 5 vols (Paris, 1994-1997).
–, *Œuvres complètes*, éd. Assezat-Tourneux (Paris, 1875-1877).
–, *Œuvres complètes*, 15 vols, éd. Georges Lewinter (Paris, 1969-1973).
–, *Œuvres complètes*, éd. Jane Marsh Dieckmann, Georges Dulac, Jean Varloot (Paris, 1995), t.XX, 'Paradoxe sur le comédien'.
–, *Œuvres politiques*, éd. Paul Vernière (Paris, 1963).
Domat, Jean, *Le Droit public, suite des loix civiles dans leur ordre naturel*, 1697 première édition (Paris, Imbert Debats, 1701).
Donne, John, *Biathanatos, a declaration of that paradoxe, that selfhomicide is not so naturally sinne, that it may never be otherwise* (1608), première éd. posthume 1647; éd. M. Rudick et M.P. Battin (New-York, Londres, 1982).
Dupaty, Charles-Marguerite-Jean-Baptiste Mercier, *Lettres sur la procédure criminelle de la France: dans laquelle on montre sa conformité avec celle de l'inquisition et les abus qui en résultent* (Paris, s.n., 1788).
–, *Mémoire justificatif pour trois hommes condamnés à la roue* (Paris, Pierres, 1786).

Facchinei, Ferdinando, *Note ed osservazioni sul libro intitolato Dei delitti e delle pene*, in Franco Venturi 1965.
Fénelon, *Œuvres*, éd. par Jacques Le Brun, 2 vols (Paris, 1983-1997).
Fenet, Pierre Antoine, *Recueil de travaux préparatoires du Code civil* (Paris,1827).
Ferrière, Claude-Joseph de, *Dictionnaire de droit et de pratique*, 2 vols (Paris, Damonneville, 1758).

Fontenelle, Bernard de, *Œuvres complètes*, éd. Alain Niderst, vol.9 (Paris, 1989-2001).

Gavoty de Berthe, Jean-François, *De l'état naturel des peuples, essai sur les points les plus importants de la société civile, et de la société générale des nations*, 3 vols (Paris, Herissant, 1786).

Giudici, Antonio, *Apologia della giurisprudenza romana, o note critiche al libro intitolato: Dei delitti e delle pene* (Milan, Galeazzi, 1784).

Grevius, Johann, *Tribunal reformatum, in quo sanioris et tutioris justitia via [...] demonstratur, rejecta et fugata tortura, cujus iniquitatem [...], aperuit* (Hamburg, H. Carstens, 1624).

Grimm, voir *Correspondence littéraire*

Grotius, Hugo, *Du droit de la guerre et de la paix*, traduit du latin par P. Pradier-Fodéré, éd. D. Alland et Simone Goyard-Fabre (Paris, 2005).

Hegel, Georg Wilhelm Friedrich, *Leçons sur la philosophie de l'histoire*, trad. fr. (Paris, 1963).

Hobbes, Thomas, *De cive* (1642), éd. et trad. Ph. Crignon (Paris, 2010).

–, *Eléments de la loi naturelle et politique* (1640, publ. 1650), éd. et trad. D. Weber (Paris, 2003).

–, *Léviathan* (1651), éd. et trad. François Tricaud et Martine Pécharman (Paris, 2004).

Holbach, Paul-Henri Thiry, baron d', *Ethocratie ou Le Gouvernement fondé sur la morale* (Amsterdam, Rey, 1776).

–, *Système de la nature, ou Des Lois du monde physique et du monde moral*, 2 vols (Londres, Amsterdam, Rey, 1770).

Hommel, Karl Ferdinand, *Des Herrn Marquis von Beccaria unsterbliches Werk von Verbrechen und Strafen* (1778, s.l.), Berlin, 1977).

Howard, John, *L'Etat des prisons, des hôpitaux et des maisons de force en Europe au XVIIIe siècle*, éd. et trad. Christian Carlier et Jacques-Guy Petit (Paris, 1994).

Jousse, Daniel, *Nouveau commentaire sur l'ordonnance criminelle* du mois d'août 1670 (Paris, Debure, 1763).

–, *Traité de la justice criminelle de France*, 4 vols (Paris, Debure, 1771).

Kant, Immanuel, *Fondements de la métaphysique des mœurs*, trad. fr. V. Delbos, revue par A. Philonenko (Paris, 1997).

–, *Métaphysique des mœurs: doctrine du droit*, trad. A. Philonenko (Paris, 1979).

La Bruyère, Jean de, *Les Caractères*, éd. Robert Pignarre (Paris, 1965).

–, *Œuvres complètes*, éd. J. Benda (Paris, 1951).

La Harpe, Jean-François de, *Des malheurs de la guerre et des avantages de la paix* (Paris, Regnard, 1767).

Le Caron, Louis, dit Charondas, *Œuvres: responses ou décisions du droict français confirmées par arrêts des cours souveraines de France*, 2 vols (Paris, Richer, 1637).

Linguet, Simon-Nicolas-Henri, *Mémoires et plaidoyers de M. Linguet*, 10 vols (Liège, Bassompierre, 1776).
–, *Théorie des lois civiles ou Principes fondamentaux de la société* (Londres, s.n., 1767).
Locke, John, *Second Traité du gouvernement civil*, éd. et trad. Jean-Fabien Spitz (Paris, 1994).

Mably, G. Bonnot de, *De la législation ou Principes des lois* (1776), in *Œuvres complètes de l'abbé de Mably*, t.9 (Lyon, Delamollière, 1792).
Mandeville, *La Fable des abeilles* (1714), éd. et trad. L. et P. Carrive (Paris, 1998).
Marat, Jean-Paul, *Plan de législation criminelle* (1790), éd. Daniel Hamiche (Paris, 1974).
Mercier, Louis-Sébastien, *Tableau de Paris*, éd. Jean-Claude Bonnet, 2 vols (Paris, 1994).
Montaigne, Michel de, *Essais*, éd. Michel Villey (Paris, 2004).
Montesquieu, Charles Louis de Secondat, baron de La Brède, *De l'esprit des loix: manuscrits*, in *Œuvres complètes de Montesquieu*, 3 vols, éd. Catherine Volpilhac-Auger (Oxford, 2008).
–, *Défense de L'Esprit des lois*, in *Œuvres complètes de Montesquieu*, t.7, éd. Pierre Rétat (Lyon-Paris, 2010).
–, *Lettres persanes*, in *Œuvres complètes de Montesquieu*, t.1, éd. Jean Ehrard et Catherine Volpilhac-Auger (Oxford-Naples, 2004).
–, *Mes pensées*, éd. Louis Desgraves (Paris, 1991).
–, *Réponses à la Faculté de théologie*, in *Œuvres complètes de Montesquieu*, éd. André Masson (Paris, 1955), t.III.
Morellet, André, *Lettres*, éd. Dorothy Medlin, Jean-Claude David et Paul Leclerc, 3 vols (Oxford, 1991-1996).
–, *Mémoires sur le XVIIIe siècle et sur la Révolution*, éd. Dorothy Medlin et Kathleen Hardesty Doig (Paris, 2013).
Morelly, Etienne-Gabriel, *Code de la nature ou Le Véritable Esprit de ses lois* (Amsterdam, Partout/Chez le vrai sage, 1755).
Muratori, Ludovico Antonio, *De' difetti della giurisprudenza* (Venise, Pasquali, 1742), dans *Dal Muratori al Cesarotti t.I: opere di Lodovico Antonio Muratori*, éd. Giorgio Falco et Fiorenzo Forti (Milan-Naples, 1964), p.863-98.
Muyart de Vouglans, Pierre-François, *Institutes au droit criminel ou principes généraux sur ces matières, suivant le droit civil, canonique, et la jurisprudence du royaume* (Paris, Le Breton, 1757).
–, *Les Lois criminelles de France suivant leur ordre naturel* (Paris, Merigot, Crapart, Morin, 1780).
–, *Lettre sur le système de l'auteur de L'Esprit des lois touchant la modération des peines* (Bruxelles, Paris, Durand, 1785).
–, *Réfutation des principes hasardés dans le Traité des délits et des peines* (Lausanne, Paris, Desaint, 1767).

Nicolas, Augustin, *Si la torture est un moyen seur à vérifier les crimes secrets: dissertation morale et juridique* (Amsterdam, Wolfgang, 1682).

Pothier, Robert-Joseph, *Coutumes des duché, bailliage et prévôté d'Orléans* (Paris, Debure, 1780).

Portalis, Jean-Etienne-Marie, *Discours, rapports et travaux inédits sur le Code civil* (Paris, 1844).

Pièces originales et procédures du procès fait à Robert-François Damiens tant en la Prévoté de l'Hôtel, qu'en la Cour du Parlement, 4 vols (Paris, Simon, 1757).

Pufendorf, Samuel, baron de, *Les Devoirs de l'homme et du citoyen tels qu'ils lui sont prescrits par la loi naturelle* (Amsterdam, Leipzig, Arkstee et Merkus, 1756), traduit du latin par Jean Barbeyrac, 2 vols (Caen, 2002).

–, *Le Droit de la nature et des gens ou Système général des principes les plus importants de la morale, de la jurisprudence et de la politique*, traduit du latin par Jean Barbeyrac (Basle, Thourneisen, 1732).

Raynal, Guillaume-Thomas, *Histoire philosophique et politique des établissements et du commerce des Européens dans les deux Indes*, 10 vols (Paris, Berry, 1780).

Robespierre, Maximilien-François-Marie-Isidore de, *Mémoires authentiques de Maximilien de Robespierre*, 2 vols (Bruxelles, 1830).

Rousseau, *Œuvres complètes*, éd. Bernard Gagnebin et Marcel Raymond, 5 vols (Paris, 1959-1995).

–, *Du contrat social*, in *Œuvres complètes*, t.3 (Paris, 1964).

–, *Julie ou La Nouvelle Héloïse*, in *Œuvres complètes*, t.2 (Paris, 1961).

Rousseaud de La Combe, Guy du, *Traité des matières criminelles, suivant l'ordonnance du mois d'août 1670, & les édits, déclarations du roi, arrêts & règlements intervenus jusqu'à présent* ((1re éd. 1741), Paris, s.n., 1762).

Rusca, Franchino, *Specimen jurisprudentiae criminalis ad principia legis naturae* (s.l., s.n., 1775).

Seigneux de Correvon, Gabriel, *Essai sur l'usage, l'abus et les inconveniens de la torture dans la procédure criminelle* (Lausanne, François Grasset, 1768).

Serpillon, François, *Code criminel ou Nouveau commentaire sur l'ordonnance de 1670*, 2 vols (Lyon, Perisse, 1767).

Servan, Joseph-Michel-Antoine, *Œuvres*, 5 vols, éd. par X. de Portets (Paris, 1822-1825).

Spinoza, Baruch, *Traité théologico-politique*, trad. Jacqueline Lagrée et Pierre-François Moreau (Paris, 1999).

Toussaint, François Vincent, *Les Mœurs* (1748), nouv. éd. revue et corrigée (Berlin, s.n., 1757).

Turgot, Anne-Robert-Jacques, baron de l'Aulne, *Œuvres*, 5 vols (Paris, 1913-1923).

Vattel, Emer de, *Le Droit des gens ou Principes de la loi naturelle appliqués à la conduite et aux affaires des nations et des souverains*, 2 vols (Leide, Dépense de la Compagnie, 1758).

Vermeil, François-Michel, *Essai sur les réformes à faire dans notre législation criminelle* (Paris, Demonville, 1781).

Verri, Pietro, *Observations sur la torture: et notamment sur ses conséquences à l'occasion des onctions maléfiques auxquelles fut attribuée l'épidémie de peste qui ravagea Milan en 1630* (1777), éd. François Bouchard (Paris, 2004).

–, Pietro et Alessandro, *Voyage à Paris et à Londres*, éd. et trad. Monique Baccelli (Paris, 2004).

Voltaire, François-Marie Arouet, dit, *Commentaire sur L'Esprit des lois de Montesquieu* (1777), dans *Montesquieu: mémoire de la critique*, éd. Catherine Volpilhac-Auger (Paris, 2003).

–, *Commentaire sur le livre Des délits et des peines*, éd. Christophe Cave, dans *OCV*, t.61A, *Œuvres de 1766 (II)*, p.1-167.

–, *Correspondence and related documents*, éd. Th. Besterman, dans *OCV*, t.85-135 (Genève, Banbury, Oxford, 1968-1977).

–, *Essai sur les mœurs et l'esprit des nations* (1756), éd. Bruno Bernard, John Renwick, Nicholas Cronk et Janet Godden, dans *OCV*, t.24, ch.100, 'Des duels'.

–, *Mélanges*, éd. Jacques van den Heuvel (Paris, 1961).

–, *Prix de la justice et de l'humanité* (1re éd., Londres, s.n., 1777).

–, *Voltaire's correspondence*, éd. Th. Besterman, 107 vols (Genève, 1953-1965).

Ecrits modernes

Aggoun, Louis, Jean-Baptiste Rivoire, *Françalgérie: crimes et mensonges d'Etat* (Paris, 2004).

Arasse, Daniel, *La Guillotine et l'imaginaire de la Terreur* (Paris, 1987).

Astaing, Antoine, 'Le refus du dogmatisme et du pyrrhonisme: la preuve pénale dans le traité de la justice criminelle de France (1771)', dans *Daniel Juste: un juriste au Temps des Lumières (1704-1781)*, éd. Corinne Leveleux-Teixeira (Limoges, 2007), p.71-83.

Audegean, Philippe, 'Codification et interprétation: le ch.IV des *Délits et des peines* de Beccaria', *L'Irascible: revue de l'Institut Rhône-Alpin de sciences criminelles* 1 (2011), p.15-34.

–, 'Genèse et signification des *Délits et des peines* de Beccaria', *Archives de philosophie du droit* 53 (2010), p.11-24.

–, *La Philosophie de Beccaria: savoir punir, savoir écrire, savoir produire* (Paris, 2010).

Baczko, Bronislaw, 'Les trois temps de la *Méthodique*', dans *L'Encyclopédie méthodique (1782-1732), des Lumières au positivisme*, éd. C. Blanckaert, F. Brandli, M. Porret (Genève, 2006), p.763-97.

Bailey, William C. et Ruth D. Peterson, 'Murder, capital punishment, and deterrence: a review of the evidence and an examination of police killings', *Journal of social studies* 50:2 (1994).

Baker, Keith Michael, *Au tribunal de l'opinion: essais sur l'imaginaire politique au XVIIIe siècle*, traduit de l'anglais par Louis Evrard (Paris, 1993).

Barrera, Guillaume, *Les Lois du monde: enquête sur le dessein politique de Montesquieu* (Paris, 2009).

Barret-Kriegel, Blandine, *Les Droits de l'homme et le droit naturel* (Paris, 1989).

Bart, Jean, 'La Révolution française et la peine de mort ou pourquoi la guillotine', *Corpus, revue de philosophie* 62 (2012), p.89-103.

–, 'Montesquieu et l'unification du droit', dans *Le Temps de Montesquieu*, éd. Michel Porret et Catherine Volpilhac-Auger (Genève, 2002), p.137-46.

Basdevant-Gaudemet, Brigitte, 'Durand de Maillane', dans *Dictionnaire historique des juristes français*, éd. P. Arabeyre *et al.*, p.294-95.

Bastien, Pascal, 'Angleterre: la contrainte physique dans la procédure criminelle', dans *La Torture, de quels droits? Une pratique de pouvoir (XVIe-XXIe siècle)*, éd. N. Campagna, L. Delia, B. Garnot (Paris, 2014), p.127-38.

–, *Une histoire de la peine de mort: bourreaux et supplices, Paris, Londres 1500-1800* (Paris, 2011).

Beaune, Jean-Claude, *Philosophie des milieux techniques: la matière, l'instrument, l'automate* (Seyssel, 1998).

Becq, Annie (éd.), *L'Encyclopédisme* (Paris, 1991).

Bedau, Hugo Adam, 'Deterrence and death penalty: a reconsideration', *Journal of criminal law, criminology and police science* 61:4 (1970).

Belissa, Marc, 'L'art militaire dans l'*Encyclopédie méthodique*', dans *L'Encyclopédie méthodique (1782-1832): des Lumières au positivisme*, éd. Claude Blanckaert, Fabrice Brandli et Michel Porret (Genève, 2006), p.361-79.

–, 'Montesquieu, *L'Esprit des lois* et le droit des gens', dans *Le Temps de Montesquieu*, éd. Porret et Volpilhac-Auger, p.253-74.

Benot, Yves, *La Modernité de l'esclavage: essai sur la servitude au cœur du capitalisme* (Paris, 2003).

Benrekassa, Georges, '*L'Esprit des lois* dans l'*Encyclopédie*: de la liberté civile à la contribution citoyenne, des droits subjectifs au pacte social', dans *Le Temps de Montesquieu*, éd. Porret et Volpilhac-Auger, p.253-74.

–, 'Montesquieu et le problème de l'esclavage: ce que nous apprend l'étude du manuscrit du livre XV de *L'Esprit des lois*', *Bulletin de la Société Montesquieu* 3 (1991), p.4-9.

Bernardi, Bruno, 'Consécration et crise du droit naturel: Burlamaqui et l'*Encyclopédie*', dans Bruno Bernardi, *Le Principe d'obligation* (Paris, 2007).

–, 'Le droit de vie et de mort selon Rousseau: une question mal posée?', *Revue de métaphysique et de morale* 37 (2003), p.89-106.

Bettati, Mario, *Droit humanitaire* (Paris, 2000).

Bianchi, Lorenzo, 'Du *Dictionnaire* de Bayle à l'*Encyclopédie*: la remarque et l'ordre', *Corpus, revue de philosophie* 51 (2007), p.21-41.

Biard, Michel (éd.), *La Révolution française: une histoire toujours vivante* (Paris, 2010).

Billacois, François, *Le Duel dans la société française des XVI*e *et XVII*e *siècles* (Paris, 1986).

Binoche, Bertrand, *Introduction à 'De l'esprit des lois' de Montesquieu* (Paris, 1998).

Biondi, Carminella, *Mon frère, tu es mon esclave! Teorie schiaviste e dibattiti antropologico-razziali nel Settecento francese* (Pise, 1973).

Birocchi, Italo, *Alla ricerca dell'ordine: fonti e cultura giuridica nell'età moderna* (Turin, 2002).

Blanchart, Gilles et Olsen, Mark, 'Le système de renvoi dans l'*Encyclopédie*: une cartographie des structures de connaissances au XVIIIe siècle', *RDE* 31-32 (2002), p.45-70.

Bobbio, Norberto, *L'Età dei diritti* (Turin, 1997).

–, *Giusnaturalismo et positivismo giuridico*, préface de Luigi Ferrajoli (Rome, 2011).

Boulad-Ayoub, Josiane (éd.), *Les Lumières et la Déclaration des droits de l'homme: rupture ou continuité?* (Québec, 1990).

Bourdieu, Pierre, 'Habitus, code et codification', *Actes de la recherche en sciences sociales* 64 (1986), p.3-19.

Boussuge Emmanuel et Alain Mothu, 'Autour de Diderot: archives policières de la Bastille, 1748-1749', *La Lettre clandestine* 19 (2011), p.317-64.

Boutmy, Emile, *Etudes politiques* (Paris, s.n., 1907).

Braunrot, Christabel, et Kathleen Hardesty Doig, *The Encyclopédie méthodique: an introduction, SVEC* 327 (1995), p.1-152.

Briegel Françoise, '"Asservir les jugements à la lettre, c'est en bannir la justice": la jurisprudence de l'*Encyclopédie méthodique*', dans *L'Encyclopédie méthodique (1782-1732): des Lumières au positivisme* éd. Claude Blanckaert, Fabrice Brandli et Michel Porret (Genève, 2006), p.311-39.

Brioist, Pascal, Hervé Drévillon, Pierre Serna (éd.), *Croiser le fer: violence et culture de l'épée dans la France moderne (XVI*e*-XVIII*e *siècle)* (Seyssel, 2002).

Buratti, Andrea, *Dal diritto di resistenza al metodo democratico: per una genealogia del principio di opposizione nello stato costituzionale* (Milan, 2006).

Burgio, Alberto, 'Tra diritto e politica: note sul rapporto Beccaria-Montesquieu', *Rivista di storia della filosofia* 51:3 (1996), p.659-76.

Burnand, Léonard, 'Les chemins du droit: F.-B. De Felice et la diffusion des idées juridiques au temps des Lumières', *L'Irascible: revue de l'Institut Rhône-Alpin de sciences criminelles* 4 (2013), p.77-89.

–, et Alain Cernuschi, 'Circulation de matériaux entre l'*Encyclopédie* d'Yverdon et quelques dictionnaires spécialisés', *DHS* 38 (2006), p.253-67.

Cahiers de philosophie politique et juridique 12 (1987), 'La loi civile'.
Calore, Antonello (ed.), *'Guerra giusta'? La metamorfosi di un concetto antico* (Milan, 2003).
Cameron, Ian A., *Crime and repression in the Auvergne and the Guyenne, 1720-1790* (Londres et New York, 1981).
Campagna, Norbert, 'La question de la peine de mort chez Fichte', *Corpus, revue de philosophie* 62 (2012), p.287-302.
–, Luigi Delia, Benoît Garnot (éd.), *La Torture, de quels droits? Une pratique de pouvoir (XVIe-XXIe siècle)* (Paris, 2014).
Candaux, Jean-Daniel, Alain Cernuschi, Clorinda Donato (éd.), *L'Encyclopédie d'Yverdon et sa résonance européenne: contextes, contenus, continuités* (Genève, 2005).
Carbasse, Jean-Marie, *Histoire du droit pénal et de la justice criminelle* (Paris, 2006).
–, *Histoire du droit* (Paris, 2010).
–, *La Peine de mort* (Paris, 2002).
Carbonnier, Jean, *Essais sur les lois* (Paris, 1979).
Carlier, Christian, 'Histoire des prisons et de l'administration pénitentiaire française de l'Ancien Régime à nos jours', *Criminocorpus, revue hypermédia* [En ligne], *Varia*, mis en ligne le 14 février 2009, http://criminocorpus.revues.org/246.
Carol, Anne, *Physiologie de la Veuve: une histoire médicale de la guillotine* (Paris, 2012).
Carrithers, David W., 'La philosophie pénale de Montesquieu', *Revue Montesquieu* 1 (1997), p.39-63, http://montesquieu.ens-lyon.fr/IMG/pdf/6-Carrithers_1_.pdf.
Cartuyvels, Yves, *D'où vient le code pénal? Une approche généalogique des premiers codes pénaux absolutistes au XVIIIe siècle* (Bruxelles, Montréal, Ottawa, 1996).
Cassirer, Ernst, *La Philosophie des Lumières*, éd. et trad. Pierre Quillet (Paris, 1966).
Castan, Nicole et André Zysberg, *Histoire des galères, bagnes et prisons en France* (Paris, 2002).
Castronuovo, Antonio, *La Vedova allegra: storia della ghigliottina* (Rome, 2009).
Cattaneo, Mario A., *Il liberalismo penale di Montesquieu* (Naples, 2000).
Certeau, Michel de, *L'Ecriture de l'histoire* (Paris, 1975).
Charlier, Gustave, 'Un encyclopédiste à Bruxelles', *Annales Prince de Ligne* XVII (1937), p.5-22.
Chartier, Roger, *Les Origines culturelles de la Révolution française* (Paris, 2000).
–, et Henri-Jean Martin (éd.), *Histoire de l'édition française: le livre triomphant, 1660-1830* (Paris, 1990).
Chetail, Vincent, et Peter Haggenmacher (éd.), *Vattel's international law in a XXIst century perspective* (Leiden-Boston, 2011).
Chiffoleau, Jacques, 'Le crime de lèse-majesté: la politique et l'extraordinaire', dans *Les Procès politiques (XVIe-XVIIe siècle)*, éd. Yves-Marie Bercé (Rome, 2007), p.577-62.
Chouillet, Jacques, 'De l'*Encyclopédie* à la *Déclaration des*

droits de l'homme: rupture ou continuité?', *RDE* 8 (avril 1990), p.55-66.

Church, William, *Richelieu and reason of state* (Princeton, NJ, 1972).

Coqui, Guillaume, 'Esclavage', dans *Dictionnaire culturel en langue française*, éd. Alain Rey, 4 vols (Paris, 2005), vol.2, p.632-38.

–, 'Le droit de vie et de mort est-il un droit de punir? (sur Rousseau, *Du contrat social*, II, v)', *Corpus, revue de philosophie* 62 (2012), p.155-74.

Crocker, Lester, G., 'The discussion of suicide in the eighteenth century', *Journal of the history of ideas* 13 (1952), p.47-72.

Cuénin, Micheline, *Le Duel sous l'Ancien Régime* (Paris, 1982).

Darnton, Robert, *L'Aventure de l'Encyclopédie (1775-1800): un best-seller au siècle des Lumières*, traduit de l'américain par Marie-Alyx Revellat (Paris, 1982).

–, *The Business of Enlightenment* (Cambridge, 1979).

–, 'The Encyclopédie wars in prerevolutionary France', *American historical review* 78 (1973), p.1331-52.

Dauchy, Serge et Véronique Demars-Sion (éd.), *Les Recueils d'arrêts et dictionnaires de jurisprudence (XVIe-XVIIIe siècles)* (Paris, 2005), p.283-343.

Davis, David Brion, *The Problem of slavery in Western culture* (Ithaca, NY, 1967).

De Champs, Emmanuelle, 'Utility, morality and reform: Bentham and eighteenth century continental jurisprudence', dans *Bentham's theory of law and public opinion*, éd. Xiaobo Zai et Michael Quinn (Cambridge, 2014), p.184-206.

Delbeke, Francis, baron, *L'Action politique et sociale des avocats au XVIIIe siècle* (Louvain, 1927).

Delia, Luigi, 'Entre Domat et Beccaria: Muratori et la codification de la jurisprudence', *Archives de philosophie du droit*, 57 (2014), p.551-624.

–, '"La torture vous paraîtra un acte d'humanité". Diderot *vs* Beccaria', dans *La Torture, de quels droits? Une pratique de pouvoir (XVIe-XXIe siècle)*, éd. Norbert Campagna, Luigi Delia, Benoît Garnot (Paris, 2014), p.35-50.

–, 'La légitimation nuancée de la torture: hier et aujourd'hui', *dans L'Homme est né libre... Raison, politique et droit. Mélanges en l'honneur de Paule-Monique Vernes*, éd. J. Boulad-Ayoub, (Québec, 2014), p.327-38.

–, 'Giustizia penale e tortura: il punto vista degli *encyclopédistes*', dans *La libertà attraverso il diritto. Illuminismo giuridico e questione penale*, éd. Dario Ippolito (Naples, 2014), p.93-113.

–, 'Le droit dans l'*Encyclopédie*. Cartographies, enjeux, contributeurs'. *RDE* 48 (2013), p.143-67.

–, 'L'*Encyclopédie* et le "code criminel Montesquieu"', dans *Montesquieu et les philosophies de*

l'histoire, éd. Lorenzo Bianchi et Rolando Minuti (Naples, 2013), p.93-106.
–, 'I Filosofi e il duello. Dallo *Spirito delle leggi* all'*Enciclopedia*', *Consecutio temporum. Hegeliana, marxiana, freudiana*, avril 2013, en ligne: http://www.consecutio.org/2013/04/i-filosofi-e-il-duello-dallo-spirito-delle-leggi-alla-enciclopedia/ (dernière consultation, le 7 janvier 2015).
–, 'Justice des Lumières et guillotine: un problème philosophique', *Lumières* 20 (2012), p.121-34.
–, 'La peine de mort dans l'*Encyclopédie* et ses *Suppléments*', *Revue française d'histoire des idées politiques* 35 (2012), p.93-107.
–, 'Encyclopédisme et peine de mort', *Corpus, revue de philosophie* 62 (2012), p.243-62.
–, 'La "science des lois" et ses formes encyclopédiques, *Studi Filosofici* 35 (2012), p.123-37.
–, 'Jaucourt, Montesquieu et la discipline *Droit naturel* dans l'*Encyclopédie*', dans *Les Lumières et l'idée de nature*, éd. Gérard Chazal (Dijon, 2011), p.139-53.
–, 'Guerre juste et droit de la guerre dans l'*Encyclopédie*', *Montesquieu.it, Biblioteca elettronica su Montesquieu e dintorni* 2 (2010), p.94-108.
–, 'Esclavage colonial et droits de l'homme dans l'*Encyclopédie*', dans *L'Esclavage en question: regards croisés sur l'histoire de la domination*, éd. Luigi Delia et Fabrice Hoarau (Dijon, 2010), p.43-63.
–, 'Crime et châtiment dans l'*Encyclopédie*. Les enjeux de l'interprétation de Montesquieu par Jaucourt', *DHS* 41 (2009), p.469-86.
–, 'La torture judiciaire dans l'*Encyclopédie*', dans *Filósofos, filosofía y filosofías en la 'Encyclopédie'*, éd. Miguel Angel Granada, Rosa Rius et Piero Schiavo (Barcelone, 2009), p.175-88.
–, 'Le crime de lèse-majesté en question dans l'*Encyclopédie*: de l'article PARRICIDE à l'article LIBELLE', *Corpus, revue de philosophie* 51 (2006), p.249-77.
–, 'Torture ou question', *Dictionnaire Montesquieu* [En ligne], éd. C. Volpilhac-Auger, septembre 2013, http://dictionnaire-montesquieu.ens-lyon.fr/index.php?id=570.
–, et Ethel Groffier (éd.), *La Vision nouvelle de la société dans l'Encyclopédie méthodique'*, vol.1, *Jurisprudence* (Québec, 2012).
–, et Fabrice Hoarau (éd.), 'La peine de mort', dans *Corpus, revue de philosophie* 62 (2012).
–, et Gabrielle Radica (éd.), *Penser la peine à l'âge des Lumières* (Bordeaux, 2012).
–, et Catherine Volpilhac-Auger (éd.), *(Re)lire 'L'Esprit des lois'* (Paris, 2014).
Demars-Sion, Véronique, 'Les lettres de cachet, instrument de l'absolutisme?', dans *L'Absolutisme éclairé*, éd. Serge Dauchy et Catherine Lecomte (Lille, 2002), p.61-82.
Derathé, Robert, 'Le droit de punir chez Montesquieu, Beccaria et Voltaire', dans *Atti del convegno internazionale su*

Cesare Beccaria (Turin, 1966), p.85-100.

Derrida, Jacques, *Séminaire: la peine de mort, I (1999-2000)*, éd. Geoffrey Bennington, Marc Crépon et Thomas Dutoit (Paris, 2012).

Dershowitz, Alain, *Why terrorism works: understanding the threat, responding to the challenge* (New Haven, CT, 2002).

Doig, Kathleen Hardesty, *From 'Encyclopédie' to 'Encyclopédie méthodique': revision and expansion* (Oxford, 2013).

–, 'The principle of order in André Morellet's thought', *SVEC* 2003:10, p.3-29.

–, et Clorinda Donato, 'Notices sur les auteurs des quarante-huit volumes de "discours" de l'*Encyclopédie d'Yverdon*', *RDE* 11 (1991), p.133-41.

Dolan, Claire (éd.), *Entre justice et justiciables: les auxiliaires de la justice du Moyen-âge au XXe siècle* (Québec-Paris, 2005).

Donato, Clorinda, 'F. B. De Felice e l'edizione di Yverdon dell'*Encyclopédie*', *Studi settecenteschi* 16 (1996), p.373-96.

–, 'Religion et Lumières en Italie, 1745-1775: le choix protestant de Fortunato Bartolomeo De Felice', dans *L'Encyclopédie d'Yverdon et sa résonance européenne: contextes, contenus, continuités*, éd. Jean-Daniel Candaux *et al.* (Genève, 2005), p.89-120.

Dorigny, Marcel (éd.), *Les Abolitions de l'esclavage: de Sonthonax à Schœlche, 1793, 1794, 1848* (Paris, 1995).

Draper, Anthony J., 'Cesare Beccaria's influence on English discussions of punishment, 1764-1789', *History of European ideas* 26 (2000), p.177-99.

Duchet, Michèle, *Anthropologie et histoire au siècle des Lumières* (1971, Paris, 1995).

Dulong, Renaud (éd.), *L'Aveu: histoire, sociologie, philosophie* (Paris, 2001).

Dupuis-Berruex, Marjorie, 'La question pénale dans l'*Encyclopédie*: aperçu sur la lutte opposant le parti des Lumières au parti de la tradition', *L'Irascible: revue de l'Institut Rhône-Alpin de Sciences Criminelles* 4 (2013), p.39-76.

Durand, Bernard et Leah Otos-Cour (éd.), *La Torture judiciaire: approches historiques et juridiques*, 2 vols (Lille, 2002).

Ehrard, Jean, 'L'esclavage devant la conscience morale des Lumières françaises: indifférence, gêne, révolte', dans *Les Abolitions de l'esclavage*, éd. M. Dorigny, p.143-52.

–, *L'Idée de nature en France dans la première moitié du XVIIIe siècle* (Paris, 1994).

–, *Lumières et esclavage: l'esclavage colonial et l'opinion publique en France au XVIIIe siècle* (Bruxelles, 2008).

Ehrlich, Isaac, 'The deterrent effect of capital punishment: a question of life and death', *American economic review* 65 (June 1975), p.397-417.

Esmein, Adhémar, *Histoire de la procédure criminelle en France et spécialement de la procédure inquisitoire depuis le XIIIe siècle jusqu'à nos jours* (Paris, 1882).

Estève, Laurent, 'L'ironie du droit naturel: pour une nouvelle lecture du livre XV, 5', *Kairos* 14 (1999), p.91-112.

–, *Montesquieu, Rousseau, Diderot: du genre humain au bois d'ébène. Les silences du droit naturel* (Paris, 2002).

Felice, Domenico, 'Pace e guerra in Hobbes e in Montesquieu, o le alternative della modernità', dans Domenico Felice, *Per una scienza universale dei sistemi politico-sociali: Dispotismo, autonomia della giustizia e carattere delle nazioni nell'"Esprit des lois" di Montesquieu* (Florence, 2005), p.147-70.

Ferrajoli, Luigi, *Diritto e ragione: teoria del garantismo penale* (Rome-Bari, 1989).

Ferrand, Jérôme, 'La philosophie de la réforme criminelle dans l'œuvre de Michel Joseph Antoine Servan', *L'Irascible: revue de l'Institut Rhône-Alpin de sciences criminelles* 1 (2011), p.59-149.

Ferrari, Stefano, 'La conversione "filosofica" di Fortunato Bartolomeo De Felice', dans *Illuminismo e protestantesimo*, éd. Giulia Cantarutti et Stefano Ferrari (Milan, 2010), p.87-105.

–, (éd.), *Il Piacere di tradurre: François-Vincent Toussaint e la versione incompiuta dell'"Histoire de l'art chez les anciens" di Winckelmann* (Rovereto, 2011).

Ferrone, Vincenzo, *La Società giusta ed equa: repubblicanesimo e diritti dell'uomo in Gaetano Filangieri* (Roma-Bari, 2003) (tr. fr. de Sylvie Pipari: *La Politique des Lumières: constitutionnalisme, républicanisme, droits de l'homme, le cas Filangieri* (Paris, 2009).

–, et Gianni Francioni (éd.), *Cesare Beccaria: la pratica dei Lumi* (Florence, 2000).

Finley, Moses I., *Esclavage antique et idéologie moderne*, trad. fr. D. Fourgous (Paris, 1981).

Fiorelli, Piero, *La Tortura giudiziaria nel diritto comune*, 2 vols (Milan, 1953).

Fletcher, Dennis J., 'The Chevalier de Jaucourt', *Diderot studies* 16 (1973), p.29-34.

Foucault, Michel, *Surveiller et punir. Naissance de la prison* (1975, Paris, 1993).

Francioni, Gianni, 'Beccaria filosofo utilitarista', dans *Cesare Beccaria tra Milano e l'Europa*, éd. Sergio Romagnoli, Gian Domenico Pisapia (Milan-Rome-Bari, 1990), p.69-87.

Furet, François, 'Terreur', dans *Dictionnaire critique de la Révolution française*, éd. François Furet et Mona Ozouf (Paris, 2007), p.293-315.

Garnot, Benoît, *C'est la faute à Voltaire...: une imposture intellectuelle?* (Paris, 2009).

–, *Histoire de la justice: France XVIe-XXIe siècle* (Paris, 2009).

–, *Vivre en prison au XVIIIe siècle, lettres de Pantaléon Gougis, vigneron chartrain (1758-1762)* (Paris, 1994).

Gaspari, Gianmarco, 'Beccaria lettore di d'Alembert', dans *Letteratura delle riforme: da Beccaria a Manzoni* (Palerme, 1990), p.154-72.

Gauthier, Florence, '"Périssent les colonies": de Jaucourt à Marx en passant par Robespierre', dans *Pour la Révolution française: recueil d'études en hommage à Claude Mazauric*, éd. Christine Le Bozec et Eric Wauters (Rouen, 1998), p.407-10.
Gaven, Jean-Christophe, 'Boucher d'Argis Antoine-Gaspard', dans *Dictionnaire historique des juristes français XIIe-XXe siècle*, éd. Patrick Arabeyre *et al.* (Paris, 2007), p.113-15.
Gilot, Michel, 'Delacroix', dans *Dictionnaire des journalistes (1600-1789)*, http://dictionnaire-journalistes.gazettes18e.fr/journaliste/214-jacques-delacroix.
Glaziou, Yves, *Hobbes en France au XVIIIe siècle* (Paris, 1993).
Goldzink, Jean, *La Solitude de Montesquieu: le chef d'œuvre introuvable du libéralisme* (Paris, 2011).
Good, Christoph, *Emer de Vattel (1714-1767), Naturrechtliche Ansätze einer Menschenrechtsidee und des humanitären Völkerrechts im Zeitalter des Aufklärung* (Zürich, 2011).
Goyard-Fabre, Simone, 'La philosophie du droit de Jean Domat ou la convergence de l'ordre naturel et de l'ordre rationnel', dans *Justice et force: politiques au temps de Pascal*, éd. Gérard Ferreyrolles (Paris, 1996), p.187-207.
–, *La Philosophie du droit de Montesquieu* (Paris, 1973).
Greenberg, Karen J. et Joshua L. Datel, *The Torture paper: the road to Abu Ghraib* (Cambridge, 2005).
Groffier, Ethel, *Criez et qu'on crie! Voltaire et la justice pénale* (Québec, 2011).
–, *Le Statut des minorités dans l'Ancien Régime* (Québec, 2009).
–, *Un Encyclopédiste réformateur: Jacques Peuchet (1758-1830)*, (Québec, 2009).
Groult, Martine, *Savoir et matières: pensée scientifique et théorie de la connaissance de l'"Encyclopédie' à l'"Encyclopédie méthodique'* (Paris, 2011).
–, (éd.), *Les Encyclopédies: construction et circulation du savoir de l'Antiquité à 'Wikipédia'* (Paris, 2011).
Guenard, Florent, 'La liberté et l'ordre public: Diderot et la bonté des lois', *Revue de métaphysique et de morale* 1 (janvier 2005), p.109-25.
–, *Corpus, revue de philosophie* 51 (2006).
Gueniffey, Patrice, *La Politique de la terreur* (Paris, 2003).
Guillarme, Bertrand, *Penser la peine* (Paris, 2003).

Haakonssen, Knud, *L'Art du législateur: la jurisprudence naturelle de David Hume et d'Adam Smith*, trad. fr. Françoise Kearns (Paris, 1998).
Habermas, Jürgen, *L'Espace public: archéologie de la publicité comme dimension constitutive de la société bourgeoise*, trad. M.-B. de Launay (Paris, 1978).
Haechler, Jean, *L'Encyclopédie de Diderot... et de Jaucourt* (Paris, 1995).

Halperin, Jean-Louis, *L'Impossible Code civil* (Paris, 1992).
Hélie, Faustin, *Traité de l'instruction criminelle* (Paris, 1845).
Hesse, Philippe, 'Le Code noir: de l'homme et de l'esclave', dans *De la traite à l'esclavage*, éd. Serge Daget (Nantes-Paris, 1988), vol.2, p.185-91.
Hochart, Patrick, 'Le droit en débat', *RDE* 36 (2003), p.61-68.
Horkheimer, Max, et Theodor W. Adorno, *Dialektik der Aufklärung: philosophische Fragmente* (New York, 1944) (trad. fr. *La Dialectique de la raison* (Paris, 1983)).
Hunt, Lynn, *Inventing human rights: a history* (New York, Londres, 2007) [*L'Invention des droits de l'homme: histoire, psychologie et politique*, traduit de l'anglais par Sylvie Kleiman-Lafon, Genève, 2013].

Ippolito, Dario, 'Giusnaturalismo: elementi filosofici e lineamenti storici', dans *Filosofia del diritto: introduzione critica al pensiero giuridico e al diritto positivo*, éd. Giorgio Pino, Aldo Schiavello, Vittorio Villa (Turin, 2013), p.3-20.
–, 'La philosophie pénale des Lumières entre utilitarisme et rétributivisme', *Lumières* 20 (2012), p.21-33.
–, 'Montesquieu et le droit naturel', dans *(Re)lire 'L'Esprit des lois'*, éd. Luigi Delia et Catherine Volpilhac-Auger (Paris, 2014), p.83-103.

Kafker, Frank A., (éd.), *Notable Encyclopedias of the late eighteenth century: eleven successors of the 'Encyclopédie'*, *SVEC* 315 (1994).
–, et Serena Kafker, *The Encyclopedists as individuals*, *SVEC* 257 (1988).
–, 'L''*Encyclopédie*' et le cercle du baron d'Holbach', *RDE* 3 (1987), p.118-24.
Kappeler, Victor E., Mark Blumberg, Gary W. Potter, *The Mythology of crime and criminal justice* (Long Grove, IL, 1996).
Kervégan, Jean-François, 'Les droits de l'homme', dans *Notions de philosophie, II*, éd. Denis Kambouchner (Paris, 1995), p.637-96.
Kiernan, Victor G., *The Duel in European history: honour and the reign of aristocracy* (Oxford, 1988).
Koselleck, Reinhart, *Le Règne de la critique*, trad. H. Heidenbrand (Paris, 1979).

Laingui, André, 'La peine de mort au XVIIIe siècle: opinion publique et réalité', dans *La Peine de mort: droit, histoire, anthropologie, philosophie*, éd. Ioannis S. Papadopoulos et Jacques-Henri Robert (Paris, 2000).
–, 'P. F. Muyart de Vouglans ou l'anti-Beccaria (1713-1791)', *Archives de philosophie du droit* 39 (1995), p.169-79.
Langbein, John, *Torture and the law of proof: Europe and England in the Ancien Regime* (1976, Chicago, IL, 2006).
Lardier, Alexandre, *Histoire biographique de la chambre des pairs* (Paris, 1829).
Larrère, Catherine, 'Droit de punir et qualification des

crimes de Montesquieu à Beccaria', dans *Beccaria et la culture juridique des Lumières*, éd. M. Porret (Genève, 1997), p.89-108.

Lascoumes, Pierre, 'Beccaria et la formulation d'un ordre public moderne', dans *Beccaria et la culture juridique des Lumières*, éd. M. Porret, p.110-17.

Lazzeri, Christian et Reynié, Dominique, *La Raison d'Etat: politique et rationalité* (Paris, 1992).

Lebigre, Arlette, *La Justice du roi: la vie judiciaire dans l'ancienne France* (Bruxelles, 1995).

Leca-Tsiomis, Marie, *Ecrire l'"Encyclopédie": Diderot, de l'usage des dictionnaires à la grammaire philosophique*, *SVEC* 375 (1999).

Le Ru, Véronique (éd.), *Subversives Lumières: l'"Encyclopédie" comme machine de guerre* (Paris, 2007).

Leuwers, Hervé, *Merlin de Douai (1754-1838): un juriste en politique* (Arras, 1996).

Levinson, Sanford (éd.), *Torture: a collection* (Oxford, 2004).

Lough, John, 'Louis, chevalier de Jaucourt (1704-1780): a biographical sketch', dans *The Encyclopédie in eighteenth-century England and other studies* (Newcastle, 1970), p.25-70.

–, 'The problem of unsigned articles in the *Encyclopédie*', *SVEC* 33 (1965).

Maestro, Marcello, *Cesare Beccaria and the origins of penal reform* (Philadelphie, PA, 1973).

Magoni, Clizia, 'L'Europe des constitutions dans l'ouvrage de Jacques-Vincent Delacroix (1791-1801)', *La Révolution française: cahiers de l'Institut d'histoire de la Révolution française* (2011), 'Dire et faire l'Europe à la fin du XVIIIe siècle', mis en ligne le 8 juin 2011: http://lrf.revues.org/268 (dernière consultation le 7 janvier 2015).

Malherbe, Michel, 'L'humanité des hommes au siècle des Lumières', *Corpus, revue de philosophie* 57 (2009), p.51-73.

Markovits, Francine, 'Droit et politique dans l'*Encyclopédie*', dans *Le Décalogue sceptique: l'universel en question au temps des Lumières* (Paris, 2011), p.393-423.

–, 'Montesquieu et la peine de mort', *Corpus, revue de philosophie* 62 (2012), p.107-134.

Martin-Haag, Eliane, 'Droit naturel et histoire dans la philosophie de Diderot', *RDE* 26 (1999), p.37-47.

Martinage, Renée, *Histoire du droit pénal en Europe* (Paris, 1998).

Marzano, Michela, *Visages de la peur* (Paris, 2009).

Medlin, Dorothy, 'André Morellet, translator of liberal thought', *SVEC* 174 (1978), p.189-201.

Mellor, Alec, *La Torture: son histoire, son abolition, sa réapparition au XXe siècle* (Tours, 1961).

Mer, Louis-Bernard, 'La procédure criminelle au XVIIIe siècle: l'enseignement des archives bretonnes', *Revue historique* (1985), p.9-42.

Mervaud, Christiane, 'Voltaire et le Beccaria de Grenoble: Michel-Joseph-Antoine

Servan', dans *Voltaire and the 1760s*, éd. Nicholas Cronk (Oxford, 2008), p.171-81.

Minois, Georges, *Histoire du suicide: la société occidentale face à la mort volontaire* (Paris, 1995).

Mirri, Mario, 'La culture suisse, Rousseau et Beccaria', dans *Atti del Convegno Internazionale su Cesare Beccaria*, Torino, 4-6 octobre 1964, dans *Memorie dell'Accademia delle Scienze di Torino*, série 4, n° 9 (Turin, 1966), p.133-239.

Mondot, Jean, 'Avant-propos' du numéro spécial de la revue *Lumières* 3 (2004), 'L'esclavage et la traite sous le regard des lumières', p.7-12.

Montazel, Laurence, 'Les parlements de France et la torture judiciaire du XVe au XVIIIe siècle', dans *La Torture judiciaire: approches historiques et juridiques*, éd. B. Durand et L. Otos-Cour, t.2, p.621-28.

Moreau, Isabelle (éd.), *Les Lumières en mouvement: la circulation des idées au XVIIIe siècle*, (Lyon, 2009).

Mornet, Daniel, *Les Origines intellectuelles de la Révolution française, 1715-1787*, avec une préface de René Pomeau (Lyon, 1989).

Morris, Madeleine, *Le Chevalier de Jaucourt, un ami de la terre, 1704-1780* (Genève, 1979).

Mosher, Michael, 'Montesquieu on conquest: three Cartesian heroes and five good enough empires', *Revue Montesquieu* 8 (2005-2006), p.81-110.

Muchembled, Robert, *Le Temps des supplices* (Paris, 1992).

Nadeau, Christian, 'Autodéfense et conflits internationaux: le problème de l'analogie entre agents collectifs et agents individuels', *Raison publique* 5 (2006), p.67-85.

–, et Julie Saada, *Guerre juste, guerre injuste: histoire, théorie et critiques* (Paris, 2009).

Nordmann, Claude, *Gustave III: un démocrate couronné* (Lille, 1986).

Nye, Robert A., *Masculinity and male codes of honor in modern France* (Oxford, 1993).

Padoa Schioppa, Antonio, *Storia del diritto in Europa: dal medioevo all'età contemporanea* (Bologne, 2007).

Pallares-Burke, Maria Lucia, 'A spectator of the spectators: Jacques-Vincent Delacroix', dans *Enligthenment, revolution and the periodical press*, éd. Hans-Jürgen Lüsebrink et Jeremy D. Popkin, *SVEC* 2004:06, p.145-57.

Pandolfi, Jean, 'Beccaria traduit par Morellet', *DHS* 9 (1977), p.291-316.

Pappas, John, 'La campagne des philosophes contre l'honneur', *SVEC* 205 (1982), p.31-44.

Peabody, Sue, *'There are no slaves in France': the political culture of race and slavery in the Ancien Regime'* (Oxford, 1996).

Pejrone, Giulietta, 'Fortunato Bartolomeo De Felice: éducateur, publiciste, éditeur', *Annales Benjamin Constant* 14 (1993), p.57-62.

Perla, Georges, 'La philosophie de Jaucourt dans l'*Encyclopédie*',

Revue de l'histoire des religions 197:1 (1980), p.59-78.

Perret, Jean-Pierre, *Les Imprimeries d'Yverdon au XVII*[e] *et au XVIII*[e] *siècle* (Genève, Paris, 1981).

Perret, Laetitia, 'Eloge de Montesquieu par Jean-Baptiste de Secondat et D'Alembert', *RDE* 42 (2007), p.95-105.

Peters, Edward, *Torture* (Oxford, 1985).

Pétré-Grenouilleau, Olivier, *Les Traites négrières: essai d'histoire globale* (Paris, 2004).

Platania, Marco, 'Guerre ed equilibrio europeo in Montesquieu', *Studi settecenteschi* 22 (2002), p.175-206.

Plavinskaia, Nadejda, 'Le *Nakaz* et l'*Encyclopédie*', dans *Sciences, musiques, Lumières: mélanges offerts à Anne-Marie Chouillet*, éd. Ulla Kölving et Irène Passeron (Ferney-Voltaire, 2002), p.603-10.

Porret, Michel, 'A la une de *Surveiller et punir*: l'anachronisme du supplice de Damiens', dans *Les Sphères du pénal avec Michel Foucault*, éd. Marco Cicchini et Michel Porret (Lausanne, 2007), p.111-24.

–, *Beccaria: le Droit de punir* (Paris, 2003).

–, 'Les "lois doivent tendre à la rigueur plutôt qu'à l'indulgence". Muyart de Vouglans *versus* Montesquieu', *Revue Montesquieu* 1 (1997), p.65-76.

–, 'Sage-femme, chirurgien, médecin: les légistes de l'Ancien Régime auxiliaires de justice', dans *Entre justice et justiciables: les auxiliaires de la justice du Moyen-âge au XX*[e] *siècle*, éd. Claire Dolan (Québec-Paris, 2005), p.719-35.

–, 'Voltaire: justicier des Lumières', *Cahiers Voltaire* 8 (2009), p.6-28.

– (éd.), *Beccaria et la culture juridique des Lumières* (Genève, 2000).

Portelli, Serge, *Pourquoi la torture?* (Paris, 2011).

Prieto Sanchís, Luis, *La Filosofía penal de la Ilustración* (Lima, 2007).

Proschwitz, Gunnar von, *Gustave III par ses lettres* (Stockholm, Paris, 1986).

Proust, Jacques, *Diderot et l'Encyclopédie'* (Paris, 1995).

–, *L'Encyclopédie' de Diderot et de d'Alembert* (Paris, 1985).

–, 'L'"*Encyclopédie*" et la Révolution', *Romanistische Zeitshrift für Literaturgeschichte*, Sonderdruck, Heft 3/4 (Heidelberg, 1989), p.302-20.

–, 'Le protestantisme dans l'"*Encyclopédie*"', *DHS* 17 (1985), p.52-66.

Quémada, Bernard, *Les Dictionnaires du français moderne, 1539-1863, étude sur leur histoire, leurs types et les méthodes* (Montréal, 1967).

Rabourdin, Monique, *Condamnés à mort par le Tribunal révolutionnaire: 1793-1795* (Paris, 1998).

Radica, Gabrielle, 'Trois interprétations de la notion de "loi fondamentale" au XVIIIe siècle', dans *Les Lumières*

en mouvement: la circulation des idées au XVIIIe siècle, éd. Isabelle Moreau (Lyon, 2009), p.229-53.
Raynaud, Philippe, *Le Juge et le philosophe: essais sur le nouvel âge du droit* (Paris, 2008).
Rétat, Pierre (éd.), *L'Attentat de Damiens: discours sur l'évènement au XVIIIe siècle* (Lyon, 1979).
–, *Le Dictionnaire de Bayle et la lutte philosophique au XVIIIe siècle* (Paris, 1971).
Richard, Hugues, 'Un criminaliste bourguignon: François Serpillon (1695-1772)', dans *Histoire et criminalité: nouvelles approches*, éd. Benoît Garnot (Dijon, 1991), p.439-48.
Roche, Daniel, *La France des Lumières* (Paris, 1993).
Rodeschini, Silvia, *Stati di natura: saggi sul contrattualismo moderno e contemporaneo* (Rome, 2012).
Rodin, David, *War and self-defense* (Oxford, 2002).
Royer, Jean-Pierre, *Histoire de la justice en France* (Paris, 2001).

Sala-Molins, Louis, *Les Misères des Lumières: sous la raison, l'outrage* (Paris, 1992).
–, (éd.), *Le Code noir ou Le Calvaire de Canaan* (Paris, 1998).
Santucci, Marie-Renée, 'L'exception anglaise', dans *La Torture judiciaire: approches historiques et juridiques*, éd. B. Durand et L. Otis-Cour (Lille, 2002), t.I, p.209-40.
Sbriccoli, Mario, *'Crimen laesae maiestatis': il problema del reato politico alle soglie della scienza penalistica moderna* (Milan, 1974).
–, 'Giustizia criminale', dans *Lo Stato moderno: istituzioni e diritto*, éd. Maurizio Fioravanti (Rome, Bari, 2008), p.163-205.
Schnapper, Bernard, *Les Peines arbitraires du XIIIe au XVIIIe siècle* (Paris, 1974).
Sellin, Thorsten, *The Death penalty* (Philadelphia, PA, 1959).
Senellart, Michel, *Machiavélisme et raison d'Etat* (Paris, 1989).
Serge, Victor, *Les Hommes dans la prison* (Paris, 2011).
Shackleton, Robert, 'The greatest happiness of the greatest number: the history of Bentham's phrase', *SVEC* 90 (1972), p.1461-82.
Spallanzani, Mariafranca, *L'Arbre et le labyrinthe: Descartes selon l'ordre des Lumières*, trad. fr. Martin Rueff (Paris, 2009).
Spector, Céline, 'D'un droit de résistance à l'oppression? Jaucourt et le républicanisme anglais', Colloque international 'Chantiers des Lumières', organisé par Florence Lotterie (Paris VII, mars 2013),
–, '"Il est impossible que nous supposions que ces gens-là soient des hommes": la théorie de l'esclavage au livre XV de *L'Esprit des lois*', *Lumières* 3 (2004), p.15-21.
–, '"Il faut éclairer l'histoire par les lois et les lois par l'histoire": statut de la romanité et rationalité des coutumes dans *L'Esprit des lois* de Montesquieu', dans *Généalogie des savoirs juridiques: le carrefour des Lumières*, éd. Mikhaïl Xifaras (Bruxelles, 2007), p.15-41.

–, *Montesquieu: liberté, droit et histoire* (Paris, 2010).
–, 'Rousseau: l'honneur au tribunal de l'opinion publique', dans *Penser et vivre l'honneur à l'époque moderne*, éd. Hervé Drévillon et Diego Venturino (Rennes, 2011), p.127-42.
–, 'Souveraineté et raison d'Etat: du crime de lèse-majesté dans *L'Esprit des lois*', *Lumières* 20 (2012), p.55-72.
–, 'Vices privés, vertus publiques: de la *Fable des abeilles* à *L'Esprit des lois*', dans *Montesquieu and the spirit of modernity*, éd. David Carrithers et Patrick Coleman (Oxford, 2002), p.127-57.
–, 'Y-a-t-il une politique des renvois dans l'*Encyclopédie*? Montesquieu lu par Jaucourt', *Corpus, revue de philosophie* 51 (2007), p.215-47.
Spitz, Jean-Fabien, *John Locke et les fondements de la liberté moderne* (Paris, 2001).
Starobinsky, Jean, 'Remarques sur l'*Encyclopédie*', *Revue de métaphysique et de morale* 75 (1970), p.284-91.
Steiner, Philippe, 'L'esclavage chez les économistes français (1750-1830)', in *Les Abolitions de l'esclavage*, éd. M. Dorigny, p.165-70.
Strauss, Leo, *Natural right and history* (Chicago, IL, 1953).
Sumi, Yiochi, 'Puiser aux sources de l'*Encyclopédie*', *RDE* 46 (2011), p.227-32.

Tarello, Giovanni, 'Montesquieu criminalista', *Materiali per una storia della cultura giuridica* V (1975), p.201-60.
–, *Storia della cultura giuridica moderna: 1. assolutismo e codificazione del diritto* (Bologne, 1976).
Terestchenko, Michel, *Du bon usage de la torture, ou comment les démocraties justifient l'injustifiable* (Paris, 2008).
Terrel, Jean, 'A propos de la conquête: droit et politique chez Montesquieu', *Revue Montesquieu* 8 (2005-2006), p.137-50.
Thielemann, Leland J., 'Thomas Hobbes dans l'*Encyclopédie*', *Revue d'histoire littéraire de la France* (juillet-septembre 1951), p.333-46.
Thomas, Yan, 'L'institution de la majesté', *Revue de synthèse* 3-4 (1991), p.331-86.
Tillet, Edouard, *La Constitution anglaise, un modèle politique et institutionnel dans la France des Lumières* (Aix-en Provence, 2001).
Tocqueville, Alexis de, *L'Ancien Régime et la Révolution*, éd. J. P. Mayer (Paris, 1998).
Tricaud, François, 'Le procès de la procédure criminelle à l'âge des Lumières', *Archives de philosophie du droit* 39 (1994), p.145-67.
Tuck, Richard, *Natural rights theories: their origin and development* (Cambridge, 1979).

Venturi, Franco, *Europe des Lumières: recherches sur le XVIII*[e] *siècle* (Paris, 1971).
–, *Le Origini dell'Enciclopedia'* (Turin, 1977).
–, *Settecento riformatore*, vol.I, *Da Muratori a Beccaria* (Turin, 1969).

–, *Utopia and reform in the Enlightenment* (Cambridge, 1971).
Vervaele, John, 'Les grandes théories de la peine aux XVIIIe et XIXe siècles', in *La Peine, punishment: troisième partie, Europe depuis le XVIIIe siècle* (Bruxelles, 1989).
Villey, Michel, 'Des délits et des peines dans la philosophie du droit naturel classique', *Archives de philosophie du droit* 28 (1983), p.181-203.
–, *Le Droit et les droits de l'homme* (1983, Paris, 2009).
Volpilhac-Auger, Catherine, 'Pitié pour les nègres', *L'Information littéraire* 1 (2003), p.11-16.
–, *Un auteur en quête d'éditeurs? Histoire éditoriale de l'œuvre de Montesquieu (1748-1964)* (Lyon, 2011).
–, (éd.), *Montesquieu: mémoire de la critique* (Paris, 2003).

Walton, Charles, *Policing public opinion in the French Revolution* (Oxford, 2009).
Walzer, Michael, *Just and unjust wars* (New York, 1977) (*Guerres justes et injustes: argumentation morale avec exemples historiques*, trad. fr. S. Chambon et A. Wicke, Paris, 2006).
Wattson, Alan, *The Making of the civil law* (Cambridge, MA, 1981).
Weidmann, Marc, 'Un pasteur naturaliste du XVIIIe siècle: Elie Bertrand (1713-1797)', *Revue historique vaudoise* XCIV (1986), p.63-108.
Wenzel, Eric, *La Torture judiciaire dans la France de l'Ancien Régime: lumières sur la Question* (Dijon, 2011).
Wolodkiewicz, Witold, *Le Droit romain et l''Encyclopédie'* (Naples, 1986).

Zagrebelsky, Gustavo, 'La guerra al terrorismo e l'immoralità della tortura', *La Repubblica*, septembre 2006.
Zamagni, Gianmaria, 'Jaucourt, interprete (originale?) di Montesquieu per l'*Encyclopédie*', dans *Montesquieu e i suoi interpreti*, éd. Domenico Felice (Pise, 2005), t.I, p.109-29.

Index des articles encyclopédiques cités[1]

1. Cet index relève les occurrences des articles dans l'*Encyclopédie* de Diderot et D'Alembert, ainsi que dans les recueils suivants: *Dictionnaire de droit et de pratique* de Ferrière (*Ferrière*), *Suppléments à l'Encyclopédie* (*SE*), *Encyclopédie* d'Yverdon (*EY*), *Code de l'Humanité* (*CH*), *Répertoire de Jurisprudence* de Guyot (*Guyot*), *Dictionnaire de Jurisprudence* de l'*Encyclopédie méthodique* (*JEM*), et *Cyclopaedia*, éd. A. Rees, 1778-1788.

Index des noms[1]

1. Cet index onomastique ne relève pas les occurrences des noms de Cesare Beccaria, Louis de Jaucourt et Montesquieu.